ARENA-BIBLIOTHEK
DER ABENTEUER

BRUNO TRAVEN

Der Schatz der Sierra Madre

Goldsuche im zwanzigsten Jahrhundert –
mehr als nur ein Abenteuer

Arena

Die Reihe »Arena-Bibliothek der Abenteuer«
wird herausgegeben von Dr. Heinrich Pleticha und Georg Popp

Lizenzausgabe 1974 im Arena-Verlag Georg Popp Würzburg
Mit freundlicher Genehmigung des Universitas Verlages, Berlin

1. Auflage 1974

Schutzumschlag, Einband und Titelillustration: Herbert Lentz
Gesamtherstellung: Richterdruck Würzburg
ISBN 3 401 03722 6

Der Schatz, den zu finden du die Mühen
einer Reise nicht für wert hältst,
das ist der echte Schatz, den zu suchen
dir dein Leben zu kurz erscheint.
Der funkelnde Schatz, den du meinst,
der liegt auf der andern Seite.

Die Bank, auf der Dobbs saß, war keineswegs gut. Die eine Latte war herausgebrochen, und eine zweite Latte bog sich nach unten durch, darum konnte man recht gut das Sitzen auf dieser Bank als Strafe empfinden. Ob er diese Strafe verdient habe oder ob sie ungerecht über ihn verhängt worden sei, wie die Mehrzahl der Strafen, die verhängt werden, darüber dachte Dobbs in diesem Augenblick gerade nicht nach. Daß er unbequem saß, würde er wahrscheinlich erst erfahren haben, wenn ihn jemand gefragt hätte, ob er auf der Bank gut sitze. Die Gedanken, die Dobbs beschäftigten, waren dieselben, die so viele Menschen beschäftigen. Es war die Frage: Wie komme ich zu Geld? Wenn man schon etwas Geld hat, dann ist es leichter, zu Geld zu kommen, weil man etwas anlegen kann. Wenn man aber gar nichts besitzt, dann hat es seine Schwierigkeiten, diese Frage zur Zufriedenheit zu lösen.

Dobbs hatte nichts. Man darf ruhig sagen, er hatte weniger als nichts, weil er nicht einmal ganze und vollständige Kleidung hatte, die unter beschränkten Verhältnissen als ein bescheidenes Anfangskapital angesehen werden darf.

Aber wer arbeiten will, der findet Arbeit. Nur darf man nicht gerade zu dem kommen, der diesen Satz spricht; denn der hat keine Arbeit zu vergeben und der weiß auch niemand zu nennen, der einen Arbeiter sucht. Darum gebraucht er ja gerade diesen Satz, um zu beweisen, wie wenig er von der Welt kennt.

Dobbs würde Steine gekarrt haben, wenn er solche Arbeit bekommen hätte. Aber selbst diese Arbeit bekam er nicht, weil zu viele da waren, die auf diese Arbeit warteten, und die Eingeborenen immer mehr Aussicht hatten, sie zu bekommen, als ein Fremder.

An der Ecke der Plaza hatte ein Schuhputzer seinen hohen Eisenstuhl stehen. Die übrigen Schuhputzer, die sich keinen Stuhl leisten konnten, liefen mit ihren Kästchen und Klappbänkchen wie die Wiesel rund um die Plaza und ließen niemand in Ruhe, dessen Schuhe nicht spiegelblank waren. Er mochte auf einer der zahlreichen Bänke sitzen oder spazierengehen, er wurde immerwährend belästigt. Also selbst die Schuhputzer hatten es nicht leicht, Arbeit zu finden, und gegenüber Dobbs waren sie Kapitalisten, denn sie besaßen eine Ausrüstung, die wenigstens drei Pesos kosten mochte.

Selbst wenn Dobbs die drei Pesos gehabt hätte, Schuhputzer hätte er nicht werden können. Nicht hier zwischen den Eingeborenen. Es hat noch nie ein Weißer versucht, Schuhe auf der Straße zu putzen, hier nicht. Der Weiße, der zerlumpt und verhungernd auf der Bank auf der Plaza sitzt, der Weiße, der andere Weiße anbettelt, der Weiße, der einen Einbruch verübt, wird von den übrigen Weißen nicht verachtet. Wenn er aber Stiefel auf der Straße putzt oder bei Indianern bettelt oder Eiswasser in Eimern herumschleppt und verkauft, sinkt er tief unter den schmutzigsten Eingeborenen hinab und verhungert doch. Denn kein Weißer würde seine Arbeit in Anspruch nehmen.

Auf den hohen Eisenstuhl an der Ecke hatte sich ein Herr in weißem Anzug hingesetzt, und der Putzer machte sich über dessen braune Schuhe her. Dobbs stand auf, schlenderte langsam hinüber zu dem Stuhl und sagte ein paar leise Worte zu dem Herrn. Der Herr sah kaum auf, griff in die Hosentasche, brachte einen Peso hervor und gab ihn Dobbs.

Einen Augenblick stand Dobbs ganz verblüfft, dann ging er zurück zu seiner Bank. Er hatte auf nichts gerechnet oder auf zehn Centavos vielleicht. Er hielt die Hand in der Tasche und koste den Peso. Was sollte er damit tun?

Nach einer kurzen Weile verließ er die Bank und wanderte die paar Straßen hinunter zum Hotel Oso Negro.

Das Hotel war eigentlich nur eine Casa de Huespedes, ein Logierhaus. In der Vorderfront war an der einen Seite ein Laden mit Schuhen, Hemden, Seifen, Damenwäsche und Musikinstrumenten; an der anderen Seite war ein Laden mit Drahtmatratzen, Liegestühlen und photographischen Apparaten. Zwischen diesen beiden Läden war der breite Hausdurchgang, der zum Hof führte. In dem Hof befanden sich die morschen und fauligen Holzbaracken, die das Hotel bildeten. Alle diese Baracken hatten kleine, enge, dunkle, fensterlose Kammern. In jeder Kammer standen vier bis acht Schlafgestelle. Auf jedem Gestell lagen ein schmutziges Kissen und eine alte verschlissene Wolldecke. Licht und Luft für die Kammern kamen durch die Türen, die immer offenstanden. Trotzdem waren die Kammern stets dumpfig, weil sie alle zu ebener Erde lagen und die Sonne nur ein Stück weit in jeden Raum eindringen konnte. Luftzug war auch nicht, weil die Luft in dem Hof stillstand. Diese Luft wurde durch die Abortanlagen, die keine Wasserspülung hatten, noch mehr verschlechtert. Außerdem brannte mitten auf dem Hof Tag und Nacht ein Holzfeuer, auf dem große Konservenbüchsen standen, in denen Wäsche gekocht wurde. Denn in dem Hotel befand sich auch noch die Wäscherei eines Chinesen.

Links in dem Hausdurchgang, ehe man zu dem Hof kam, war ein kleiner Raum, in dem der Hausmeister saß. Ein zweiter Raum, gleich neben diesem Empfangsraum, war bis oben hin mit Drahtnetz vergittert. Hier lagen auf Regalen die Koffer, Kisten, Pakete und Pappschachteln der Hotelgäste aufbewahrt. Es lagen da Koffer von Leuten, die hier vielleicht nur eine Nacht geschlafen hatten; denn manche der Koffer und Kisten waren dicht mit Staub bedeckt. Es hatte gerade für eine Nacht gereicht, das Geld, das der Gast hatte. Am nächsten Tag hatte der Mann dann irgendwo draußen geschlafen und auch die folgenden Nächte. Eines Tages kam er dann, nahm ein Hemd oder eine Hose oder sonst einen Gebrauchsgegenstand aus dem Koffer, schloß ihn ab und gab ihn wieder zurück zum Weiteraufbewahren. Und eines andern Tages machte sich der Mann auf die Reise. Da er kein Bahngeld oder Schiffsgeld hatte, mußte er zu Fuß wandern, und dabei konnte er seinen Koffer nicht gebrauchen. Heute war der Mann vielleicht in Brasilien oder längst irgendwo in einer Wüste verdurstet oder auf einem Buschweg erschlagen.

Nach einem Jahr, wenn der Aufbewahrungsraum für die Koffer so vollgepackt war, daß nicht einmal mehr die Sachen der Neuankömmlinge untergebracht werden konnten, machte der Hotelbesitzer ein Aufräumen. An den Sachen befand sich manchmal ein Zettel mit dem Namen des Besitzers jener Kiste oder der Pappschachtel. Es kam vor, daß der Mann vergaß, welchen Namen er angegeben hatte, und weil er inzwischen seinen Namen geändert hatte, nun seinen Koffer nicht zurückverlangen konnte. Er vermochte den Koffer wohl zu bezeichnen. Dann fragte der Hausmeister nach dem Namen, und weil der Name mit dem Zettel, der mit einer Stecknadel auf den Koffer gepickt war, nicht übereinstimmte, so wurde ihm der Koffer nicht ausgehändigt.

Oft war der Zettel mit dem Namen auch abgefallen. Manchmal war er nur mit Kreide angeschrieben, die sich ausgewischt hatte. Zuweilen hatte der Hausmeister in der Eile vergessen, nach dem Namen zu fragen, und er hatte nur die Bettnummer mit Blaustift auf die Pappschachtel geschrieben. Die Bettnummer aber hatte der Besitzer der Pappschachtel nie gewußt, und hätte er sie gewußt, würde er sie wohl kaum behalten haben. Ein Datum war nie mit angegeben.

Es war also nie festzustellen, wie lange eine Kiste oder ein Koffer hier in dem Aufbewahrungsraum lag. Die Dauer der Aufbewahrungszeit wurde nach der Dicke der Staubschicht beurteilt, die auf den Sachen lag. Und nach dieser Dicke vermochte der Hotelbesitzer ziemlich genau zu sagen, wieviel Wochen jener Koffer oder dieser Zuckersack hier lag. Berechnet wurde für die Aufbewahrung nichts. Wenn aber der Raum zu eng wurde, dann kamen die Sachen, die den dicksten Staub aufweisen konnten, heraus. Der Besitzer durchsuchte den Inhalt und sortierte ihn. Meist waren es Lumpen. Es kam ganz selten vor, daß irgendein Gegenstand von Wert in den Koffern gefunden wurde; denn wer noch Wertgegenstände besaß, ging nicht in den Oso Negro übernachten, oder er verbrachte dort nur eine Nacht. Die Lumpen verschenkte der Logierhausbesitzer dann an zerlumpte Hotelgäste, die darum bettelten, oder an andre zerlumpte Leute, die gerade vorbeikamen. Es ist ja nun einmal so in der Welt, daß keine Hose so zerlumpt, kein Hemd so zerschlissen, kein Stiefel so abgetreten sein kann, als daß sich nicht jemand fände, der jene Hose oder jenes Hemd noch als sehr gut bezeichnen würde; denn kein Mensch kann so arm sein, daß nicht ein andrer sich noch ärmer glaubt.

Dobbs hatte keinen Koffer, den er zum Aufbewahren hätte geben können, nicht einmal eine Pappschachtel oder einen Papiersack. Er hätte nicht gewußt, was er hätte hineinstecken sollen; denn alles, was er besaß, trug er in seinen Hosentaschen. Eine Jacke hatte er seit Monaten nicht mehr.

Er trat in den kleinen Raum des Hausmeisters. Dieser Raum hatte zwar in der Vorderwand, die im Haupteingang lag, ein Schalterbrett, aber niemand benutzte es, nicht einmal der Hausmeister selbst. Auf diesem Schalterbrett, dicht vor dem Schiebfenster, standen eine Wasserflasche und ein kleiner Krug aus Steingut. Das war die gemeinschaftliche Wasserflasche für alle Hotelgäste. In den Schlafräumen selbst war kein Wasser und keine Wasserflasche. Wer Durst hatte, mußte hier zu dem Schalterfensterchen kommen, um zu trinken. Einige erfahrene Gäste, besonders solche, die nachts häufig Durst bekamen, nahmen eine leere Tequilaflasche mit Wasser gefüllt in die Schlafräume.

Der Hausmeister war noch ein ganz junger Mann, kaum fünfundzwanzig Jahre alt. Er war klein und mager und hatte eine lange spitze Nase. Er hatte Dienst von morgens um fünf bis abends um sechs. Abends um sechs trat der Hausmeister für die Nacht seinen Dienst an. Denn das Hotel war Tag und Nacht ununterbrochen geöffnet, nicht so sehr wegen der Eisenbahnzüge, die nur dann nachts einliefen, wenn sie Verspätung hatten, als vielmehr derjenigen Arbeiter wegen, die hier im Hotel schliefen und die in Restaurants oder in andern Geschäftszweigen tätig waren, wo die Arbeitszeit sehr spät in der Nacht, manchmal erst gegen Morgen, zu Ende war.

Tag und Nacht wurde in dem Hotel geweckt, weil immer welche da waren, die zu irgendeiner Zeit aufstehen mußten, weil sie zu ihrer Arbeit zu gehen hatten. Da schliefen Privatnachtwächter, Bäcker, Asphaltierer, Straßenpflasterer, Zeitungsverkäufer, Brotaustrager und Angehörige von Berufen, die sich mit einem Wort gar nicht beschreiben lassen. Viele dieser Leute hätten sich ein Privatlogis mieten können, wo sie besser geschlafen hätten und sauberer und nicht in Gemeinschaft mit Unbekannten, Fremden und Strolchen. Aber des Weckens wegen, ihres pünktlichen Arbeitsbeginns wegen, wohnten sie hier im Hotel, wo sie sich darauf verlassen konnten, daß sie genau zu der Minute geweckt wurden, die sie angaben. Beide Hausmeister waren sehr tüchtige Leute. Es kamen täglich neue Gäste und alte verschwanden. Es wechselte jeden Tag. Alle Nationalitäten waren vertreten, es kamen weiße, gelbe, schwarze, braune, rotbraune Gesichter an dem Schalter vorüber. Aber der Hausmeister, der Dienst hatte, wußte stets, ob der Mann bezahlt hatte oder nicht. Wenn er im Zweifel war, sah er sofort im Buch nach und verfolgte den Mann vom Fenster aus, das nach dem Hof zu ging, in welchen Raum er lief.

Es waren einige ganz kleine Räume noch vorhanden, in denen nur ein Bett stand, ein verhältnismäßig breites und mit einer Matratze. Die Matratze war zwar sehr hart, aber die Gäste waren nicht verwöhnt. Diese Räume waren für zwei Personen bestimmt und kosteten für jede Person einen Peso. Es waren die Räume, die von denen genommen wurden, die mit einer Frau kamen. Für einzelne Frauen und Mädchen waren auch einige Baracken vorhanden mit mehreren Schlafgestellen für fünfzig Centavos. Diese Räume hatten zwei Türen, aber die Türen schlossen nicht und hingen so schief in den Angeln, daß man sie nicht einmal richtig zumachen konnte. Die Schlafgestelle der weiblichen Einzelgäste hatten aber Moskitonetze, unter denen sich die Mädchen verbergen und auskleiden konnten. Besonders die Mädchen einfacher Herkunft und die indianischen Mädchen besitzen eine erstaunliche Geschicklichkeit, sich unter diesen Netzen aus- und anzukleiden und darunter die Nacht so ungesehen zu verbringen, als wären sie innerhalb der gemauerten vier Wände eines Hauses. Meist waren es Küchenmädchen aus den Restaurants, die hier wohnten.

Die Männer hatten alle viel zuviel mit ihren eigenen Angelegenheiten zu tun, als daß sie sich um die Mädchen bekümmert hätten. Und die Mädchen schliefen in diesem Hotel, wo alles so offen und unabgeschlossen war, wie es sich nicht vorstellen läßt, sicherer als an manchen andern Plätzen, die unter dem Namen »Gutes Familienhotel« laufen. Die zerlumpten männlichen Schlafgäste des Oso Negro würden den Mann totgeschlagen haben, der es gewagt haben würde, sich zu den Mädchen hineinzuschleichen und dort einen Unfug zu verüben.

Es waren Gäste in dem Hotel, die hier schon zwei, drei, ja sogar fünf Jahre wohnten. Da sie immer dasselbe Schlafgestell innehatten, dieselbe Ecke bewohnten, so wohnten sie eigentlich ebenso sauber wie in einem Privathaus. Nur ihre Schlafgenossen wechselten natürlich meist jede Nacht. Aber es kam vor, daß sich genügend Dauergäste zusammenfanden, die einen ganzen Raum für sich füllten. Das Leben für die Männer war viel freier als in einem Privathaus. Sie konnten kommen, wann sie wollten, ohne die Wirtin wütend zu machen, sie durften gehen, wann sie wollten, ohne daß sich jemand um sie bekümmerte, und wenn sie schwergeladen heimkamen, so kümmerte sich erst recht niemand um sie.

Schränke gab es nicht in den Räumen. Die Sachen hängte

man an Nägeln auf, die in die Holzwände getrieben waren. Manche Gäste, die schon länger hier wohnten und in Arbeit standen, packten ihre Sonntagssachen in eine große Holzkiste, die sie mit einem Vorhängeschloß verschließen konnten. Andre machten einen Überhang aus Sackleinen, um ihre Sachen vor Staub zu schützen. Wieder andere zogen kreuz und quer dicke Schnur über ihre aufgehängten Sachen, so fest, daß sich eine einzelne Hose nur sehr schwer hervorstehlen ließ. Es wurde selten gestohlen; denn wenn jemand etwas im Arm trug, wurde er von dem Hausmeister mißtrauisch betrachtet, und wenn der Hausmeister gar die Hose kannte, daß sie einem anderen gehörte, dann kam der Spitzbube schon gar nicht damit durch. Und die Hausmeister kannten die Jacken und Hosen ihrer Dauergäste recht gut.

Der Hausmeister saß ziemlich eng in seinem Raum, denn der Raum war vollgepackt mit allen möglichen Gegenständen. Kleine Pakete, kleine Schachteln, ganz kleine Handtaschen und solche Sachen, die sich kaum lohnten, daß man ihretwegen den Drahtkäfig aufschloß, weil sie nur auf kurze Zeit hier abgegeben waren. Sie sollten in einer halben Stunde oder so abgeholt werden. Meist wurden sie auch in der verabredeten Zeit abgerufen, manchmal aber lagen sie auch Wochen hier und waren von dem Besitzer vergessen worden, der plötzlich abgereist war, vielleicht als Seemann bis an das entgegengesetzte Ende der Welt. Denn wenn ein Schiff gerade 'rausfuhr und es fehlten Leute, so wurde der mitgenommen, der am schnellsten bereit war zu gehen und alles hinter sich im Stich ließ, gerade ging, wie er da stand.

Dann war in dem engen Raum noch ein hohes Regal mit Handtüchern, Seife und Seiflappen aus Bast für die Badegäste. Es gab nur Brausebäder. Jedes kostete fünfundzwanzig Centavos. Das Wasser war kalt und sehr knapp.

Dann stand da noch ein Regal für Briefe und allerlei Papiere. Es war alles verstaubt.

Endlich war da noch ein Geldschrank. Hier wurden die Wertsachen aufbewahrt, die von den Schlafgästen abgegeben wurden: Geld, Uhren, Ringe und Apparate, die Wert hatten. Unter solchen Apparaten waren Kompasse, Feldmeßinstrumente und ähnliche Sachen, die Geologen oder Gold- und Silbersucher brauchten. Denn auch Leute, die solche Apparate hatten, kamen oft tief herunter und landeten hier als Schlafgänger. Gewehre, Revolver, Angelgeräte hingen auch herum.

Vor sich auf der kleinen Ecke des Tisches, die noch frei geblieben war von Papieren, Paketen und Schachteln, lag das dicke Fremdenbuch. Hier wurde jeder Hotelgast eingeschrieben. Nur der Familienname und die Bettnummer sowie die bezahlte Summe. Wie der Gast sonst noch hieß, welche Nationalität er besaß, welchen Beruf, welches Ziel und woher er kam, das interessierte den Hotelbesitzer gar nicht. Noch weniger interessierte sich die Polizei dafür, die sich das Buch nie ansehen kam. Das Buch interessierte bestenfalls nur noch die Steuerbehörde, wenn der Hotelbesitzer nachweisen wollte, daß man seine Einnahmen zu hoch festgesetzt hatte. Nur da, wo viele überflüssige Beamte herumlaufen und vom Staat bezahlt werden, kümmert sich die Polizei um jeden Dreck und will bis auf die Farbe des einzelnen Haares einer Warze wissen, wer der Hotelgast ist, woher er kommt, was er hier tun will und wohin er zu gehen beabsichtigt. Die Beamten wüßten ja sonst nicht, womit sie sich beschäftigen sollten, und die Steuerzahler würden bald herausfinden, daß man sie nicht nötig hat.

Dobbs kam hinein zu dem Hausmeister, legte seinen Peso auf den Tisch und sagte: »Lobbs, für zwei Nächte.«

Der Hausmeister blätterte in dem Buch herum, bis er ein leeres Bett fand, schrieb »Jobbs«, weil er nicht richtig verstanden hatte und zu höflich war, noch einmal zu fragen, und fügte dann hinzu: »Raum sieben, Bett zwei.«

»Gut«, sagte Dobbs und ging seiner Wege. Er hätte sich gleich hinlegen dürfen, den Rest des Nachmittags, die ganze Nacht, den ganzen folgenden Tag, die darauffolgende Nacht und den ganzen nächsten Vormittag bis zwölf Uhr durchschlafen dürfen, wenn er gewollt hätte. Aber er hatte Hunger und mußte auf die Jagd gehen oder auf den Fischfang.

Die Fische bissen aber nicht so leicht an. Es gab ihm niemand etwas. Dann sah er vor sich einen Herrn im weißen Anzug gehen. Er holte ihn ein, murmelte etwas, und der Herr gab ihm fünfzig Centavos.

Mit diesen fünfzig Centavos ging Dobbs erst einmal zu einem Chinesen, um zu Mittag zu essen. Mittag war zwar längst vorbei. Aber es gibt immer Mittagessen beim Chinesen, und wenn es schon zu spät ist, daß man es noch Comida Corrida nennen könnte, dann nennt man dasselbe Essen eben einfach Cena, und das ist dann Abendessen, wenn es auch kaum vier Uhr von der Kathedrale geschlagen hat.

Dann ruhte sich Dobbs ein wenig auf der Bank aus, und endlich dachte er an Kaffee. Er pirschte wieder eine Weile vergebens, bis er einen Herrn im weißen Anzug sah. Und der Herr gab ihm fünfzig Centavos. Ein Silberstück.

»Ich habe Glück mit Herren im weißen Anzug heute«, sagte Dobbs und ging zu dem runden Kaffeestand an der Seite der Plaza de la Libertad, die dem Zoll- und Passagierhafen am nächsten lag.

Er setzte sich auf den hohen Barstuhl und bestellte ein Glas Kaffee mit zwei Hörnchen. Das Glas wurde zu drei Viertel mit heißer Milch gefüllt und dann schwarzer heißer Kaffee draufgegossen, bis das Glas bis an den Rand gefüllt war. Dann wurde ihm die Zuckerdose hingestellt, die zwei schönen braunen Kreuzhörnchen und ein Glas Eiswasser.

»Warum habt ihr Banditen denn den Kaffee schon wieder um fünf Centavos erhöht?« fragte Dobbs, dabei verrührte er den Berg Zucker, den er sich in das Glas geschüttet hatte.

»Die Unkosten sind zu hoch«, sagte der Kellner, während er sich mit einem Zahnstocher im Mund herumfuhrwerkte und sich dann gelangweilt gegen die Bar lehnte.

Dobbs hatte die Frage nur gestellt, um etwas zu sagen. Für ihn und seinesgleichen machte es zwar sehr viel aus, ob der Kaffee fünfzehn oder zwanzig Centavos kostete. Aber er regte sich über die Preiserhöhung nicht auf. Wenn er fünfzehn Centavos aufbringen konnte, dann konnte er auch zwanzig aufbringen, und wenn er keine zwanzig machen konnte, dann fehlten ihm auch die fünfzehn. Im Grunde genommen war es also ganz gleich.

»Ich kaufe keine Lose, verflucht noch mal, laß mich endlich zufrieden«, rief er dem Indianerjungen zu, der ihm schon seit fünf Minuten die langen dünnen Fahnen der Lotterielose vor der Nase herumschwenkte.

Aber der Junge ließ sich so leicht nicht abweisen.

»Ist die Lotterie des Staates Michoacan. Sechzigtausend Pesos der Hauptgewinn.«

»Mach endlich, daß du fortkommst, du Räuber, ich kaufe kein Los.« Dobbs tauchte sein Hörnchen in den Kaffee und schob es in den Mund.

»Das ganze Los ist nur zehn Pesos.«

»Hundesohn, ich habe keine zehn Pesos.« Dobbs wollte einen Schluck Kaffee trinken, aber das Glas war zu heiß, er konnte es nicht anfassen.

»Dann nehmen Sie doch nur ein Viertel, das ist zwei Pesos fünfzig.«

Dobbs hatte sehr geschickt das Glas an den Mund gebracht. Aber als er jetzt gerade trinken wollte, verbrannte er sich die Lippen, so daß er das Glas rasch wieder hinsetzen mußte, weil es ihm durch das lange Halten auch in den Fingern zu heiß geworden war.

»Wenn du jetzt nicht sofort machst, daß du mit deinen gestohlenen Losen zum Teufel gehst, dann gieße ich dir das Wasser ins Gesicht.«

Dobbs sagte es diesmal wütend. Nicht aus Wut über den geschäftstüchtigen Jungen als vielmehr aus Wut, daß er sich die Zungenspitze verbrüht hatte. An seiner Zunge konnte er seine Wut nicht auslassen, auch nicht an dem Kaffee, den zu vergießen er sich wohl hütete. Darum ließ er seine Wut an dem Jungen aus.

Der Junge machte sich nicht viel daraus. Er war solche Wutausbrüche gewohnt. Auch war er ein guter Kaufmann, der seine Leute kannte. Wer hier um diese Zeit Kaffee trinken und zwei Hörnchen dazu essen konnte, der war auch imstande, ein Lotterielos zum Besten des Staates Michoacan zu kaufen.

»Dann nehmen Sie doch nur ein Zehntel, Senjor. Kostet nur einen Peso.« Dobbs nahm das Glas mit dem Eiswasser auf und schielte dabei zu dem Jungen hin. Der Junge sah es, ging aber nicht vom Fleck.

Dobbs trank einen Schluck von dem Wasser. Der Junge schwenkte ihm dabei seine Fahnen mit den Losen vor der Nase herum. Mit einem Schwupp hatte ihm Dobbs das Wasser ins Gesicht geschüttet, und die Lose trieften vom Wasser.

Der Junge war aber nicht wütend darüber. Er lachte nur, schüttelte das Wasser aus den Losen und strich sich mit dem halben Handrücken das Wasser von seinem zerlumpten Hemd herunter. Diesen Wasserguß betrachtete er mehr als einen Ausdruck freundschaftlicher Geschäftsanbahnung denn als ein Zeichen unversöhnlicher Feindschaft. In seinem kleinen Kopf hatte sich einmal die Meinung festgesetzt, daß derjenige, der ein Glas Milchkaffee trinken und zwei Hörnchen dazu essen könne, auch ein Los kaufen müsse, um durch einen Lotteriegewinn diese Ausgabe wieder hereinzubekommen.

Das größte Glas Kaffee geht einmal mit seinem Inhalt zu Ende. Dobbs drückte den letzten Tropfen heraus, der nur herauszuholen war, ohne das Glas zerbrechen zu müssen. Endlich war auch die letzte Krume der schönen Hörnchen aufgepickt, und Dobbs gab seinen Fünfziger hin, um zu zahlen. Er bekam zwanzig Centavos heraus, in einem kleinen Silberstück. Darauf schien der Junge nur gewartet zu haben.

»Kaufen Sie doch ein Zwanzigstel von der Monterreylotterie, Senjor. Kostet nur zwanzig Centavos. Hauptgewinn zwanzigtausend Pesos. Da nehmen Sie das. Das ist eine gute Nummer.«

Dobbs wiegte das Silbermünzchen in der Hand. Was sollte er damit machen? Zigaretten kaufen. Er hatte gerade jetzt nach dem Kaffee keinen Geschmack auf Zigaretten. Lotterielos war weggeworfen. Immerhin, weg ist weg. Und man konnte ein paar Tage hoffen. Es dauerte ja nicht viele Monate, sondern immer nur ein paar Tage, bis die Ziehung war.

»Na, gib her dein Los, du Hundesohn. Nur damit ich dich endlich nicht mehr mit deinen Losen sehe.«

Eilfertig riß der kleine Kaufmann das Zwanzigstel von der langen Fahne herunter. Es war ganz hauchdünnes Papier. So dünn, daß der Druck auf der rückwärtigen Seite ebenso stark war wie auf der Vorderseite.

»Das ist eine sehr gute Nummer, Senjor.«

»Warum spielst du sie denn da nicht selbst?«

»Ich habe nicht das Geld dazu. Da ist das Los. Vielen, vielen Dank, Senjor. Beehren Sie mich beim nächstenmal.«

Dobbs schob sein Los ein, ohne sich die Nummer anzusehen. Dann ging er baden. Das war ein weiter Weg. 'raus, weit hinter dem Cementerio. Dann den Berg hinunter zum Fluß. Ehe man herankam, mußte man über Kanäle und Pfützen springen und durch sumpfige Stellen waten.

Im Wasser tummelten sich schon Dutzende von Indianern sowie von Weißen, die auf der gleichen gesellschaftlichen Stufe standen wie Dobbs und von dem lebten, was andere abfallen ließen. Badehosen hatte niemand. Aber es war auch niemand da, der sich darum bekümmert hätte. Es gingen sogar Frauen und Mädchen an diesen Badestellen vorüber, die nichts Besonderes darin sahen, daß die Männer hier ganz unbekleidet badeten, und auch mit keinem Gedanken daran dachten, Ärgernis oder Anstoß daran zu nehmen. Freilich, die feinen amerikanischen oder europäischen Frauen hätten es unter ihrer Würde gefunden, hier vorbeizugehen. Die standen oben auf der Höhe, auf den Balkonen und in den Fenstern ihrer Häuser mit guten Prismengläsern und sahen den Badenden zu. Die Damen, die nicht hier wohnten, sondern auf der andern Seite der Avenida Hidalgo, in der Colonia Guadelupe und in den andern Kolonien, die ließen sich von Damen, die hier wohnten, zum Tee einladen. Jede Dame brachte ihr Prismenglas mit, um – um sich die weite Landschaft von der Höhe aus zu betrachten. Denn die Aussicht war sehenswert. Darum hieß die Kolonie hier auch Colonia Buena Vista.

Das Baden war erfrischend, und Dobbs sparte fünfundzwanzig Centavos, die er für das Brausebad im Hotel hätte bezahlen müssen. Aber das Baden hatte auch wieder seine Schattenseiten. Da waren die Riesen-Taschenkrebse, die im Schlamm saßen. Und diese Krebse dachten zuweilen, die Zehen der Badenden seien gutes Fleisch, das man nicht verachten dürfe. Es zwickte ganz verteufelt, wenn so ein guter alter ausgewachsener Krebs ordentlich zupackte und mit der Zehe abrücken wollte.

Der Fluß teilte sich hier in viele Arme. An einzelnen Ufern saßen die Krebsfischer. Es war ein mühseliges Geschäft, und es konnte nur ausgeführt werden von jemand, der unerhört viel Geduld hatte.

Die Krebsfischer waren meist Indianer oder sehr armes Halbblut. Der Köder war altes stinkiges Fleisch. Je mehr es stank, desto besser war es. Ein großer Brocken des Fleisches wurde auf einen Angelhaken gespießt, der an einer sehr langen Schnur befestigt war. Dann wurde der Brocken sehr weit in den Flußarm hinausgeworfen.

Hier blieb er eine gute Weile liegen. Nun begann der Fischer, die Schnur ganz, ganz langsam einzuziehen, so langsam, daß man es kaum sah. Es dauerte eine Ewigkeit, bis der Haken mit dem Brocken wieder am Ufer war. Dann wurde die Schnur weiter langsam herausgezogen auf das flach aufsteigende schlammige Ufer. Sechs- bis zehnmal war es vergebens. Der Haken mußte wieder hinausgeworfen werden, oft mit einem neuen Brocken, weil der alte abgefressen war, dann wieder mit unendlicher Geduld langsam herangeholt werden.

Die Krebse packten mit der Schere den Brocken Fleisch fest, und sie hielten so krampfhaft den Brocken fest, daß sie sich damit herausziehen ließen, weil sie den Brocken nicht mehr hergeben wollten. Wurde zu rasch gezogen, dann konnte der Krebs so schnell nicht mit, oder es kam ihm verdächtig vor, und er ließ los. Oft packte er auch den Brocken so kräftig, daß er ihn vom Haken abkniff, und dann hatte der Krebs gewonnen.

Geduldige Fischer machten ein gutes Tagesgeschäft, denn

manche der Krebse wogen ein halbes oder gar dreiviertel Kilo, und die Restaurants zahlten gute Preise, weil das Fleisch von Liebhabern sehr begehrt ist.

Als Dobbs den Fischern so zusah, fand er, daß es kein Geschäft für ihn sei. Er hätte die Geduld nicht gehabt, die hier nötig war. Ein kleiner, unbedachter hastiger Ruck ließ die Beute gehen. Dieses Fischen erforderte eine Ruhe der Nerven, die Dobbs, der im Tumult einer amerikanischen Großstadt aufgewachsen war, nicht hätte aufbringen können, selbst wenn er für jeden Krebs fünf Pesos bekommen hätte.

Er torkelte wieder zurück zur Stadt. Das Baden und die Wanderung hatten ihn hungrig gemacht, und er mußte zusehen, wie er zu seinem Abendessen kam. Wieder war es eine Zeitlang vergebens, und er mußte manche peinliche Bemerkung einstecken und 'runterschlucken. Aber man wird abgebrüht, wenn man Hunger hat und wenn man keinen andern Weg sieht, um zu einem Abendessen zu kommen.

Endlich sah er einen Herrn in einem weißen Anzug. Er dachte, mit Herren im weißen Anzug habe ich heute Glück, wir werden es wieder einmal versuchen. Und er hatte richtig geraten. Es waren fünfzig Centavos, die für das Abendessen reichten.

Nach dem Abendessen und nach einer angemessenen Ruhe auf einer Bank dachte er, es wäre doch recht gut, wenn ich etwas Kleingeld in der Tasche hätte, weil man ja nie weiß, was vorkommen kann. An dieses Kleingeld dachte er nicht aus sich selbst heraus, sondern der Gedanke kam ihm, als er einen Herrn in einem weißen Anzug drüben auf der anderen Seite der Plaza vorübergehen sah. Er ging gleich auf ihn los.

Der Herr griff auch richtig in die Tasche und brachte einen Fünfziger hervor. Dobbs wollte zulangen, aber der Herr hielt seinen Fünfziger fest. Dann sagte er ganz trocken: »Hören Sie mal, mein Junge, eine so unerhörte Frechheit ist mir doch noch nie im Leben vorgekommen, und wenn mir das jemand erzählen würde, so würde ich es nicht glauben.«

Dobbs stand ganz verdattert da. So etwas war ihm auch

noch nicht vorgekommen, daß jemand eine so lange Ansprache an ihn hielt. Er wußte nicht recht, ob er stehenbleiben oder ob er fortlaufen sollte. Aber da er den Fünfziger immer noch in der Hand des Herrn sah, hatte er das Gefühl, daß dieser Fünfziger früher oder später doch für ihn bestimmt sei und daß der Herr eben nur das Vergnügen haben wolle, eine Predigt dabei anzubringen. Die Predigt kann ich mir für den Fünfziger ja ruhig mit anhören, ich habe ja weiter nichts zu tun, sagte sich Dobbs. Und so blieb er ruhig stehen.

»Heute nachmittag erzählten Sie mir«, fuhr der Herr jetzt fort, »Sie hätten noch nicht gegessen. Daraufhin gab ich Ihnen einen Peso. Dann traf ich Sie wieder, und Sie sagten, Sie hätten kein Schlafgeld, daraufhin gab ich Ihnen fünfzig Centavos. Wieder später kamen Sie und sagten, Sie hätten noch nicht zu Abend gegessen, und ich gab Ihnen abermals einen Fünfziger. Nun sagen Sie mir das eine, wozu wollen Sie denn jetzt noch Geld?«

»Für morgen früh zum Frühstück«, sagte Dobbs geistesgegenwärtig.

Der Herr lachte, gab ihm den Fünfziger und sagte: »Das ist das letztemal, daß ich Ihnen etwas gebe. Nun gehen Sie auch einmal zu einem anderen und nicht gerade immer zu mir. Es fängt mir an, langweilig zu werden.«

»Entschuldigen Sie nur«, sagte Dobbs, »ich habe nicht gewußt, daß Sie immer derselbe sind. Ihr Gesicht habe ich mir nie angesehen, das sehe ich jetzt zum ersten Male. Aber ich werde nun nicht wiederkommen.«

»Damit Sie auch Ihr Wort bestimmt halten und mich nicht mehr belästigen, will ich Ihnen noch einen Fünfziger mehr geben, damit Sie auch noch morgen das Mittagessen haben. Aber von dann an wollen Sie gefälligst für Ihren Lebensunterhalt ohne meine Mitwirkung sorgen.«

»Dann wäre diese Quelle ja auch erschöpft«, sagte Dobbs zu sich. Und er kam zu der Erkenntnis, daß es besser sei, einmal über Land zu gehen und zu sehen, wie es da ausschaut.

Es traf sich so, daß Dobbs in seinem Schlafraum einen Mann fand, der einem andern Schlafkameraden erzählte, daß er nach Tuxpam gehen wolle, aber keinen Weggenossen hätte. Kaum hatte Dobbs das gehört, als er auch gleich sagte: »Mensch, ich gehe mit nach Tuxpam.«

»Sind Sie Driller?« fragte der Mann von dem Bett aus.

»Nein, Pumpmann.«

»Gut«, sagte der Mann darauf, »warum nicht, wir können ganz gut zusammen gehen.«

Am nächsten Morgen machten sich die beiden auf, die zahlreichen Ölfelder auf der Strecke nach Tuxpam nach Arbeit abzusuchen. Sie frühstückten erst ihr Glas Kaffee und ihre beiden Brötchen in einem Kaffeestand, und dann zogen sie beide ab.

So direkt kann man ja nun nicht nach Tuxpam gehen. Da gibt es keine Bahn. Nur Flugzeuge. Und da kostet eine Fahrt fünfzig Pesos. Aber da fahren viele Lastautos hinunter zu den Feldern. Das eine oder andere nimmt einen vielleicht mit. Den ganzen Weg zu laufen ist nicht so einfach. Es sind mehr als hundert Meilen, und immer in glühender Tropensonne und wenig Schatten.

»Das ist das allerwenigste«, sagte Barber, »wenn wir nur erst 'rüber sind über den Fluß.«

Das Übersetzen über den Fluß kostete fünfundzwanzig Centavos, und diese fünfundzwanzig Centavos wollten sie nicht ausgeben.

»Ja, da bleibt uns nichts weiter übrig«, sagte Barber, »da müssen wir auf die Huasteca-Frachtfähren warten. Die nehmen uns umsonst mit hinüber. Das kann aber bis um elf Uhr dauern, ehe wieder eine kommt, die fahren ja nicht nach der Zeit, sondern nach der Fracht, die sie haben.«

»Dann setzen wir uns nur hier in Geduld auf die Mauer«, erwiderte Dobbs. Er hatte sich von dem Überschuß des Frühstücksgeldes ein Päckchen mit vierzehn Zigaretten gekauft für zehn Centavos. Er hatte Glück. In dem Päckchen war ein Bon für fünfzig Centavos, den er gleich beim Zigarettenhändler gegen Bargeld eintauschte. Nun besaß er die große Summe von einem Peso und zehn Centavos in barer Münze.

Barber hatte auch etwa einen Peso und fünfzig Centavos als Reisekapital. Sie hätten das Fährgeld ja bezahlen können; aber da sie reichlich Zeit hatten und nichts versäumten, so konnten sie auch ganz gut auf die Frachtfähre warten und das Geld sparen.

Hier an der Fähre war ein reger Verkehr. Dutzende von großen und kleinen Motorbooten warteten auf Fahrgäste. Spezialboote, die über der Taxe fuhren, brachten die Kapitäne und die Manager der Ölkompagnien hinüber, die es zu eilig hatten, um auf die Taxboote zu warten, die immer erst ihre vier oder sechs Fahrgäste voll haben wollten, ehe sie losratterten. Und da hier immer Aufenthalt war und besonders die Arbeiter, die drüben arbeiteten und hier wohnten, in den Morgen- und in den Nachmittagsstunden hier zu Hunderten und oft zu Tausenden schwärmten, ging es an der Fähre zu wie auf einem Jahrmarkt. Da waren Tische, wo es Mittagessen gab oder Kaffee oder geröstete Bananen oder Früchte oder Enchiladas oder heiße Tamales oder Zigaretten oder Süßigkeiten. Alles lebte von der Fähre und durch die Fähre. Autos und Straßenbahnen brachten die Fahrgäste aus dem Stadtinnern in ununterbrochener Folge. Das ging den ganzen Tag und die ganze Nacht ohne Aufhören. Drüben waren die Hände, hier auf dieser Seite, in der Stadt, war das Hirn, waren die Zentralbüros, die Banken. Drüben auf der andern Seite des Flusses war die Arbeit, hier war die Erholung, die Rast, das Vergnügen. Drüben war der Reichtum, das Gold des Landes, das Öl. Drüben war es wertlos. Hier erst, auf dieser Seite, in der Stadt, in den steilen Bürohäusern, in den Banken, in den Konferenzräumen, in der All America Cable Service bekam das Öl, das auf der anderen Seite völlig wertlos war, seinen Wert. Denn Öl wie Gold sind wertlos an sich, ihr Wert wird erst durch viele andre Handlungen und Vorgänge bestimmt.

An dieser Fähre wanderten Milliarden an Dollars vorüber.

Nicht in Banknoten, nicht in gemünztem Gold, ja nicht einmal in Schecks. Diese Milliarden wanderten hier vorüber in kurzen Notizen, die jene Leute, die meist, aber nicht immer in Spezialbooten außer Taxe fuhren, in ihren kleinen Taschenbüchern, manchmal nur auf einem Stückchen Papier, trugen. Reichtümer und Werte in unserem Jahrhundert lassen sich in Notizen ausdrücken und in Notizen herumtragen.

Um halb elf kam dann endlich die Frachtfähre, angefüllt mit Fässern, Kisten und Säcken. Dutzende von indianischen Männern und Frauen kamen herüber, schwer bepackt mit Körben, in denen sie Feldfrüchte zur Stadt brachten oder Matten, Taschen aus Bast, Hühner, Fische, Eier, Käse, Blumen und kleine Ziegen.

Barber und Dobbs stiegen ein, aber es dauerte noch eine Stunde, ehe die Fähre wieder hinüberfuhr. Die Fahrt war lang, ging den Fluß weit hinunter, ehe die Anlegestelle erreicht wurde. Weit den Fluß hinauf lag ein Tankschiff neben dem anderen, um das Öl aufzunehmen und über den Ozean zu tragen.

Auf der gegenüberliegenden Seite des Flusses war der Verkehr ebenso rege, und es war ein ebensolcher Jahrmarktsverkehr wie auf der Stadtseite. Nicht nur den Fluß hinauf, sondern noch viel weiter den Fluß hinunter, bald bis zur Mündung, lagen die großen Tankschiffe.

Weiter zurück vom Ufer, auf den Höhen, lagen die Riesentanks, vollgefüllt mit dem wertvollen Öl. Zahlreiche Rohre führten das Öl aus den Tanks hinunter zum Flußufer. Hier wurde es durch Metalldrahtschläuche in die gewaltigen Tanks der Schiffe gepumpt. Wenn das Öl einkam oder das Schiff voll gefüllt war, hißte es die rote Gefahrflagge. Denn das Rohöl gaste, und eine unvorsichtige Behandlung mit offenem Feuer konnte das Schiff ausbrennen bis auf das Wasser.

Scharen von Händlern mit Früchten, Papageien, Tigerkatzen, Tiger- und Löwenfellen, Affen, Büffelhörnern, mit kleinen Palästen und Kathedralen, aus Muscheln kunstvoll gebaut, trieben sich hier herum und boten den Seeleuten ihre Waren an. Wenn sie kein Geld bekommen konnten, nahmen sie auch andere Dinge, Anzüge, Regenmäntel, Lederkoffer oder was sie sonst an wertvollen Sachen eintauschen konnten.

Die Raffinerien bliesen Wolken von Rauch und Gas aus. Das abgeblasene Gas setzte sich in den Lungen und Luftröhren fest, wo es wie dünne Nadeln stach. Dann hüstelten die Leute, und wenn der Wind diese Gase gar hinübertrieb in die große Stadt, dann fühlte sich die ganze Bevölkerung wie in einem Giftofen. Die Ungewohnten, die Neuankömmlinge, bekamen ein unsicheres, ängstliches Gefühl. Sie faßten sich immerwährend an die Kehle oder versuchten zu niesen oder zu schnauben und wußten meist nicht, was los war. Viele der Neuen hatten ein Empfinden, als müßten sie sterben, so giftig war das stechende Gefühl in der Kehle und in der Lunge.

Aber die Altgewohnten nahmen es leicht. Solange dieses stechende giftige Gas durch die Stadt schwelte, rann das Gold durch die Gassen, und das Leben sah rosig aus, von welcher Seite aus man es auch betrachtete.

Hier waren die Saloons, einer neben dem anderen. Alle lebten sie von den Seeleuten. Die besten Kunden waren die amerikanischen Seeleute. Denn die bekamen in ihrer Heimat weder Bier noch Wein noch Branntwein. Die holten hier alles nach, was sie daheim versäumten, und tranken soviel Vorrat, daß sie es gut eine Weile in ihrem trocknen, stumpfen Land wieder aushalten konnten. Sie waren an hohe Preise für geschmuggelten Branntwein gewöhnt. Und hier, wo die Preise normal waren, erschien es ihnen, als ob der Whisky und das Bier überhaupt nichts kosteten, als ob sie alles geschenkt erhielten. So wanderte ein Dollar nach dem anderen in die Cantinas und in die Bars. Und wenige Häuser weiter waren die schönen Damen, die ihnen den Rest ihres Geldes abnahmen. Aber die Seeleute fühlten sich nie übervorteilt. Sie waren glücklich, und sie würden den, der ihnen durch Verbote und Gesetze das Trinken und die schönen Damen genommen hätte, mit tausend Flüchen belastet haben. Sie brauchten keinen Vormund. Und die Seemannsmission, die sich nur darum bekümmert, daß die Seeleute ein sauberes Bett bekommen und einen trockenen warmen

Raum, wo sie Zeitungen lesen können, wird von den Seeleuten am höchsten geachtet.

Wer Sehnsucht hat, in die Kirche zu gehen, findet immer eine Kirche; man braucht sie dem Seemann nicht an den Mittagstisch oder in den Schlafsaal tragen und das wenige an Religion, das ihm die Schule noch gelassen hat, hier auch noch verekeln. Seeleute und Gefängnisgäste sind die beiden Volksklassen, die man als die wehrloseste Beute ansieht, die man mit Religion bis zum Überdruß des Erbrechens vollpacken darf. Aber Überfütterung hat noch nie gut getan. Und weil sie nie guttut und das Gegenteil erzeugt von dem, was beabsichtigt ist, wird dem Verbrecher und wird dem Seemann immer noch mehr Religion aufgepackt. Der Verbrecher im Gefängnis und der Seemann an Land, nachdem er sein ganzes Geld ausgegeben hat, bilden die beste Betgemeinde. Sie würden beide eine kräftige Kinovorführung vorziehen, aber die können sie nicht umsonst haben.

Barber sagte: »Es ist gerade Mittag, wir könnten eigentlich zu einem Tanker 'raufklettern. Vielleicht fällt ein Mittagessen ab.«

»Das ist nicht so übel«, erwiderte Dobbs. »Wir können nur wieder 'runtergepfeffert werden, das ist alles.«

Sie sahen zwei Männer mit nackten Armen bei einem Fruchthändler stehen. Barber ging gleich drauflos und sagte: »Von welchem seid ihr denn?«

»Von der Norman Bridge. Warum?«

»Habt ihr schon gegessen?« fragte Barber.

»Nein, wir sind gerade auf dem Weg dazu.«

»Wie ist es denn mit einem Mittagessen für uns beide?«

»Kommt nur gleich mit 'rauf. Die sind alle 'rübergegangen in die Stadt. Masse übrig.«

Als Dobbs und Barber eine Stunde später das Schiff verließen, konnten sie kaum gehen, so voll hatten sie sich gegessen. Sie setzten sich an eine Wand, um erst eine Weile zu verdauen. Aber dann wurden sie unruhig, weil sie ja weiter wollten und für die Nacht ein Unterkommen haben mußten.

»Wir können auf zwei Wegen gehen«, sagte Barber. »Wir können hier auf dem Hauptweg gehen, immer in der Nähe der Lagune bleibend. Aber ich denke, der Weg ist nicht gut. Der wird von allen abgelaufen. Da gibt es nichts in den Camps, die sind alle überlaufen von den Strolchen. Arbeit gibt es hier auch nicht, weil da genug Leute kommen.«

»Dann brauchten wir doch überhaupt gar nicht erst 'rüber, wenn das aussichtslos ist«, sagte Dobbs unwillig.

»Aussichtslos? Das habe ich nicht gesagt«, verteidigte sich Barber. »Nur hier auf diesem Hauptverkehrsweg da ist nicht viel los, weil zu viele da laufen. Ich denke, wir gehen besser auf dem inneren Weg. Da treffen wir mehr Felder, die ganz unbekannt sind, die mehr abseits der großen Wege liegen. Da stoßen wir auch auf Camps, die gerade anfangen zu bauen. Da gibt es immer etwas zu tun. Wir gehen jetzt mal hier den Fluß 'rauf und gehen dann links ab, und in einer halben Stunde sind wir schon in Villa Cuauhtemoc.«

»Dann los, wenn Sie glauben, daß jener Weg besser ist«, sagte Dobbs.

Der ganze Weg war Öl und nichts als Öl. Links auf den Höhen standen die Tanks wie Soldaten aufmarschiert. Rechts war der Fluß. Bald hörten die Schiffe auf, und das Fußufer wurde frei. Aber das Wasser war dick mit Öl überzogen, die Ufer waren dick mit Öl bedeckt, und alle Gegenstände, die der Fluß oder die einkommende Flut auf das Ufer geworfen hatten, waren mit zähem schwarzem Öl überzogen. Der Weg, auf dem die beiden gingen, war an vielen Stellen sumpfig von dickem Öl, das aus geborstenen Röhren quoll oder aus der Erde sickerte. Öl und nichts als Öl, wohin auch immer man sah. Selbst der Himmel war mit Öl bedeckt. Dicke schwarze Wolken, die von den Raffinerien herüberwehten, trugen Ölgase mit sich davon.

Es kamen dann Anhöhen, die freundlicher aussahen. Dort waren die hölzernen Wohnhäuser der Ingenieure und der Bürobeamten. Sie wohnten hier schön und luftig, und was sie am Stadtleben einbüßten, das mußten sie hier durch Grammophone und Radioapparate ersetzen. Denn abends aus der Stadt hierher zurückzukommen war ziemlich umständlich und auch nicht sicher. Es trieb sich genug Gesindel herum, das auf leichte Gelegenheiten wartete und das Leben eines andern nicht hoch einschätzte.

Villa Cuauhtemoc ist die eigentliche alte Stadt, eine uralte Indianerstadt, die schon hier war, ehe die Spanier kamen. Sie liegt gesünder als die neue Stadt, und sie liegt am Ufer eines großen Sees, der Fische, Enten und Gänse in unübersehbarer Menge spendet. Das natürliche Trinkwasser in der alten Stadt ist besser als das in der neuen Stadt. Aber die neue Stadt wußte die alte weit und schnell zu überholen. Denn die neue Stadt liegt dicht am Ozean und an einem Fluß, auf dem die größten Ozeanriesen bis zum Hauptbahnhof fahren können und hier so sicher gegen die wildesten Orkane ruhen, als ob sie in einer Badewanne lägen. Von der alten Stadt wird in der neuen kaum noch gesprochen. Tausende, Zehntausende von Bewohnern der neuen Stadt wissen gar nichts davon, daß auf der anderen Seite des Flusses und eine halbe Stunde weiter ins Land hinein die eigentliche ursprüngliche Stadt liegt. Aber diese beiden Städte, Mutter und Tochter, entfernen sich immer mehr. Die neue Stadt, gerade hundert Jahre alt, die zweihunderttausend Einwohner hat, mit ständiger Wohnungsnot, liegt im Staat Tamaulipas, während die alte Stadt im Staat Vera Cruz liegt. Die alte Stadt wird immer bäuerlicher, die neue Stadt wird immer mehr und mehr Weltstadt, die ihren Namen in die fernsten Winkel der Erde sendet.

Kaum hatten die beiden Wanderer, die nun sehr eilig waren, um voranzukommen, am Ende der Stadt, gegenüber der Lagune, den Höhenweg erreicht, als sie einen Indianer am Weg hocken sahen. Der Indianer hatte gute Hosen an, ein sauberes blaues Hemd, einen hohen spitzen Strohhut und Sandalen. Eine große Basttasche lag vor ihm auf dem Boden.

Sie beachteten den Mann nicht und gingen rasch weiter. Nach einer Weile drehte sich Dobbs um und sagte: »Sie, was will denn der Indianer, der kommt immer hinter uns her.«

Barber wandte sich um und sagte: »Es scheint so. Jetzt bleibt er stehen und tut, als ob er etwas da im Busch sucht.«

Zu beiden Seiten war der dicke, undurchdringliche Busch.

Sie gingen weiter, aber als sie sich umdrehten, sahen sie, daß der Indianer ihnen folgte. Er schien sogar rascher zu gehen, um näher heranzukommen. Barber fragte: »Hatte der Bursche einen Revolver?«

»Ich habe keinen gesehen«, meinte Dobbs.

»Ich auch nicht. Ich fragte Sie nur, um zu erfahren, ob Sie vielleicht etwas gesehen haben. Scheint also kein Bandit zu sein.«

»So sicher ist das nicht«, sagte Dobbs nach einer Weile, nachdem er sich wieder umgedreht hatte und den Indianer folgen sah. »Er kann ja ein Spion der Banditen sein, der uns im Auge zu behalten hat. Wenn wir dann Lager machen, überfällt er uns, oder seine Spießgesellen kommen.«

»Unangenehm«, erwiderte Barber. »Am besten wäre es, wenn wir umkehrten. Man weiß nie, was diese Burschen im Sinn haben.«

»Was will man uns denn nehmen?« Dobbs suchte nach Sicherheiten.

»Nehmen?« wiederholte Barber. »Aber wir tragen doch kein Schild an uns, daß wir nur jeder etwa einen Peso haben. Und wenn wir ein solches Schild trügen, würden sie es nicht glauben, sondern uns erst recht überfallen, weil sie denken, wir haben eine Menge Geld. Zwei Pesos sind für diese Leute überhaupt eine Masse Geld. Wir haben ja auch Schuhe, Hosen und jeder ein Hemd und einen Hut. Das alles sind Wertsachen.«

Sie gingen weiter. Immer wenn sie sich umdrehten, sahen sie, daß der Indianer hinter ihnen war, jetzt kaum noch fünfzehn Schritte entfernt. Wenn sie stehenblieben, blieb der Indianer auch stehen. Sie fingen an, nervös zu werden. Der Schweiß brach ihnen aus.

Dobbs atmete schwer. Endlich sagte er: »Wenn ich jetzt einen Revolver hätte oder ein Gewehr, ich würde den Burschen ohne weiteres erschießen. Dann hätte man Ruhe. Das halte ich nicht mehr aus. Wie wäre es, Barber, wenn wir ihn fangen und irgendwo festbinden an einen Baum oder ihm eins über den Kopf hauen, daß er nicht mehr hinter uns herlaufen kann?«

»Ich weiß nicht«, gab Barber zur Antwort, »ob das gut wäre. Vielleicht ist er ganz unschuldig. Aber wenn man ihn los würde, es wäre ganz gut.«

»Ich bleibe jetzt stehen und lasse ihn herankommen«, sagte Dobbs plötzlich. »Ich kann so nicht mehr laufen. Das macht mich verrückt.«

Sie blieben stehen, taten aber so, als ob sie von einem Baum irgend etwas herunterholen wollten, eine Frucht oder einen Vogel.

Auch der Indianer blieb stehen.

Dobbs kam nun auf eine Idee. Er wurde immer eifriger um den Baum beschäftigt, als ob dort irgendein Wunder in den Ästen sei. Wie vermutet, fiel der Indianer darauf herein. Er kam langsam, Schritt für Schritt, näher, die Augen stierend auf den Baum gerichtet. Als er endlich ganz dicht neben den beiden Männern stand, machte Dobbs eine aufgeregte Geste und schrie: »Da, da rennt er davon!« Und dabei zeigte er mit ausgestrecktem Arm in den Dschungel hinein, Barber heranzerrend und ihm den Davonrennenden genau zeigend.

Gleich darauf aber drehte er sich um und sagte zu dem Indianer: »Wo wollen Sie denn hin? Warum laufen Sie denn immer hinter uns her?«

»Ich will dorthin«, sagte der Indianer und zeigte in die Wegrichtung, in die Barber und Dobbs ebenfalls zu gehen gewillt waren.

»Wohin?« fragte Dobbs wieder.

»Dorthin. Da, wo Sie hingehen wollen.«

»Sie wissen doch nicht, wo wir hin wollen«, sagte Dobbs.

»Doch, das weiß ich«, erwiderte der Indianer ruhig. »Sie wollen nach den Ölcamps. Da möchte ich auch hin, vielleicht kriege ich Arbeit.«

Barber und Dobbs atmeten erleichtert auf. Das war die

Wahrheit. Der Mann wollte nur Arbeit suchen, genauso wie sie. Er sah auch gar nicht so aus, als ob er ein Bandit wäre.

Um aber auch den letzten Rest von Mißtrauen in sich zu verscheuchen, fragte Dobbs: »Warum gehen Sie denn nicht allein? Warum rennen Sie denn hinter uns her?«

»Ich sitze da schon drei Tage von frühmorgens bis zum Abend, da am Ende der Stadt und warte auf Weiße, die zu den Camps gehen wollen.«

»Sie finden den Weg doch auch allein?«

»Das schon«, sagte der Mann. »Aber ich fürchte mich vor den Tigern und Löwen. Es gibt hier so viele.«

»Ich glaube nicht, daß wir selbst so sicher vor den Tigern sind«, meinte Dobbs.

»Doch«, erwiderte der Indianer. »Die mögen Weiße nicht. Die gehen lieber auf Indianer. Aber wenn ich in Gesellschaft gehe, dann kommen sie nicht und fressen mich auch nicht.«

Nun lachten Barber und Dobbs über ihre eigne Angst, die sie gehabt hatten, als sie so erfahren mußten, daß der Indianer, vor dem sie sich gefürchtet hatten, mehr Furcht hatte als sie.

Der Indianer lief jetzt mit ihnen. Er redete kaum und trottete nebenher oder hinterdrein, gerade wie es der Weg zuließ.

Kurz vor Sonnenuntergang kamen sie an ein Indianerdorf, und sie gedachten hier in einer der Hütten zu übernachten. Die Indianer sind sehr gastfreundlich, aber jeder wies die drei zu dem Nachbar, immer mit der Entschuldigung, daß sie keinen Platz hätten. Das Dorf hatte nur ein paar Hütten. Und auch der letzte der Dorfbewohner, den sie aufsuchten, konnte sie nicht aufnehmen.

Er machte ein besorgtes und ängstliches Gesicht und sagte: »Es ist besser, Sie gehen zum nächsten Dorf. Das ist ein großer Ort mit mehr als dreißig Hütten. Da werden Sie alle gut aufgenommen.«

»Wie weit ist denn das?« fragte Dobbs mißtrauisch.

»Weit?« sagte der Indianer. »Das ist gar nicht weit. Das sind nur eben zwei Kilometer. Da sind Sie dort lange vor der Nacht. Die Sonne ist ja noch nicht ganz unter.«

Es blieb nichts anderes übrig, sie mußten auf das nächste Dorf losgehen. Sie wanderten zwei Kilometer, aber von einem Dorf war nichts zu sehen. Sie liefen zwei Kilometer mehr, und immer noch nicht war ein Dorf in Sicht.

»Der hat uns schön angeschwindelt«, sagte Barber ärgerlich. »Ich möchte nur wissen, warum die uns nicht dabehalten wollten und uns hier in die Wildnis hinausgeschickt haben?«

Dobbs, nicht weniger ärgerlich, sagte: »Ich kenne die Indianer ja auch ein wenig. Und ich hätte es besser wissen sollen. Die machen es sonst nie, daß sie jemand fortweisen. Aber die haben Furcht vor uns gehabt. Das ist der ganze Grund. Wir sind drei Mann und können die Familie nachts in der Hütte leicht erschlagen.«

»So ein Unsinn«, erwiderte Barber. »Warum sollten wir denn die armen Teufel erschlagen. Die haben ja selber nichts, vielleicht noch weniger als wir.«

»Die haben aber Furcht. Da ist nichts dagegen zu machen. Die beurteilen ihre Werte, die sie haben, ganz anders als wir. Da ist ein Pferd oder zwei oder eine Kuh oder ein paar Ziegen. Das ist alles hoher Wert. Wir können doch Banditen sein. Wer sagt ihnen denn, daß wir keine sind. Und vor Banditen haben sie eine Höllenangst.«

Barber nickte und sagte dann: »Das ist ja alles gut. Aber was nun? Wir sitzen jetzt hier mitten im Busch, und in zehn Minuten ist stockdunkle Nacht.«

»Bleibt uns eben nichts anderes übrig, als hier haltzumachen.« Dobbs sah keinen anderen Ausweg. »Ein Dorf ist hier sicher nicht allzu weit. Der Weg ist befahren, und Kuhdreck liegt auch herum und Pferdeäpfel. Aber das Dorf kann noch eine Stunde weit sein. In der Nacht können wir nicht gehen. Da kommen wir vom Weg ab und landen vielleicht in irgendeinem Sumpf oder in einem Dickicht, wo wir nicht mehr 'rausfinden. Und wenn wir auch in das Dorf kommen, die hetzen uns die Hunde auf den Hals. Um diese Zeit ist es ganz und gar verdächtig, wenn da drei Mann in das Dorf kommen und Unterkunft haben wollen.«

Mit einigen Zündhölzern suchten sie den Boden ab, um einen geeigneten Schlafplatz zu finden. Aber da waren nur dicke Kakteen und andere Stachelgestrüppe. Auf dem Boden selbst kroch alles mögliche Getier herum, das ein Ruhen oder gar Schlafen verhindert hätte. Nun hatte der Indianer auch noch von Tigern und Löwen gesprochen, die hier in dieser Gegend frei herumliefen. Der Indianer mußte es ja wohl wissen.

Sie standen eine Weile herum, dann wurden sie müde vom Stehen und legten sich doch. Dobbs lag neben Barber. Aber kaum lagen sie zwei Minuten, da drängte sich der Indianer zwischen sie wie ein Hund. Ganz vorsichtig und langsam, aber nachdrücklich. Er fühlte sich nur sicher, wenn er zwischen den beiden Weißen lag; denn der Tiger wird ja nicht gerade den mittelsten wählen, sondern den, der außen liegt. Und für die eine Nacht wird er an dem einen ja wohl genug haben.

Dobbs und Barber waren aber mit dieser Platzverteilung nicht einverstanden. Sie preßten und pufften an dem Indianer herum, daß er einen blauen Fleck neben dem anderen haben mußte. Aber er ließ sich das ruhig und widerspruchslos gefallen. Hatten sie ihn endlich mit Fäusten und Füßen aus ihrer Mitte herausgeschoben, so wartete er eine Weile, bis er glaubte, sie seien am Einschlafen. Und es brauchte sich nur der eine oder der andere ein wenig mehr auf die Seite zu legen und so einen schmalen Spalt zwischen beiden zu öffnen, sofort schob er sich wieder dazwischen und würgte so lange, bis er der ganzen Länge nach wieder regelrecht zwischen beiden lag. Sie gaben schließlich den Kampf auf, weil es ganz vergebens war.

Barber wachte auf durch irgendein Kriechtier, das ihm über das Gesicht gelaufen war. Er setzte sich aufrecht und strich sich den Körper ab. Aber er fand nichts weiter. Während er nun so saß und in das Singen und Zirpen des nächtlichen Busches hineinlauschte, schreckte er plötzlich zusammen.

Er hörte ganz deutlich ein Heranschleichen von vorsichtigen Tritten. Es war kein Zweifel, es waren die Tritte eines großen Tieres. Sobald er die Tritte wieder gehört hatte und überzeugt war, daß er sich nicht täuschte, rüttelte er Dobbs auf.

»Was ist denn los?« fragte Dobbs schläfrig.

»Da ist ein Löwe oder ein Tiger auf der Fährte. Gleich hinter uns.«

»Ich glaube, Sie träumen«, sagte Dobbs, langsam wach werdend. »Ich glaube nicht, daß ein Tiger herankommt und sich an uns wagt.«

Er lauschte nun ebenfalls. Als er das Geräusch hörte, sagte er, sich weiter aufrichtend: »Das scheint doch so, als ob Sie recht haben. Das ist ein großes Tier. Ein Mensch schleicht nicht zur Nachtzeit hier umher. Der hat mehr Angst als wir. Das ist ein Tier, die Tritte sind ziemlich schwer.«

Ob der Indianer schon die ganze Zeit wach gelegen hatte oder jetzt erst aufwachte, war nicht ganz klar. Jedenfalls dachte er, daß er am sichersten sei, wenn er sich nicht melde und ruhig hier zwischen den beiden liegenbleibe. Nun aber richtete er sich mit einem Ruck auf, und gleich stand er. Sein Gesicht konnte man nicht erkennen, denn es war stockfinster. Aber sicher war es von Furcht verzerrt. Aus dem Tonfall seiner Stimme konnten die beiden anderen fühlen, wie sein Gesicht wohl jetzt aussehen müsse.

»Da ist ein Tiger, gleich da dicht bei uns«, sagte er mit bebender Stimme. »Nun sind wir alle verloren. Der wird gleich losspringen. Der steht da drüben im Gebüsch und lauert.«

Dobbs und Barber blieb der Atem stecken. Der Indianer kannte den Schritt und den Geruch eines Tigers, er gehörte ja zu diesem Land.

»Was machen wir da nur?« fragte Dobbs.

»Am besten, wir schreien und machen großen Lärm«, riet Barber.

»Das ist nicht gut. Daraus macht sich ein Tiger nichts. Das lockt ihn erst noch mehr und rascher an.«

Atemlos standen die drei da und lauschten auf die Schritte. Minutenlang hörten sie nichts, dann wieder vernahmen sie einen oder zwei Tritte.

»Ich weiß einen Ausweg«, sagte mit leiser Stimme Dobbs. »Wir klettern auf einen Baum. Da sind wir am sichersten.«

»Tiger klettern auch auf Bäume«, sagte darauf Barber ebenso leise. »Das sind doch Katzen, die klettern und springen wie nichts.«

»Das ist aber der sicherste Platz.« Dobbs bestand auf seinem Plan.

Er tastete sich vorsichtig herum und kam auch nach zwei Schritten zu einem Mahagonibaum. Ohne noch lange zu überlegen, begann er hochzuklimmen.

Kaum hatte der Indianer gemerkt, was los sei, sofort war er auch an dem Baum, nur um nicht der letzte und unterste sein zu müssen. Er folgte Dobbs ziemlich rasch nach auf den Baum. Seine Basttasche hatte er aber mitgenommen.

Barber wollte nicht allein hier unten zurückbleiben, und so kletterte er endlich auch nach.

Hier oben, nachdem sie sich so eingenestelt hatten, wie das in der Dunkelheit nur möglich war, atmeten sie das erstemal wieder ein wenig auf und betrachteten ihre Lage ruhiger. Sie fühlten sich nun doch sicherer hier als auf dem Boden. Barber hatte ganz recht, als er sagte: »Unten kann der Tiger einen wegschleppen. Hier kann man sich festhalten.«

»Festhalten, ja«, meinte Dobbs. »Aber ein Bein oder einen Arm nimmt er mit.«

»Besser, als wenn man ganz mit muß«, sagte Barber.

Die Müdigkeit wurde größer und die Furcht geringer. Der Indianer war wieder in der Mitte, unter sich hatte er Barber, über sich Dobbs. Er fühlte sich am geborgensten. Sie hatten sich alle drei mit ihren Leibgürteln an einem Ast festgeschnallt, um zu verhüten, daß sie etwa im Schlaf hinunterfielen.

Es war eine lange Nacht, oft unterbrochen von schweren Träumen und von halbwachen Visionen. Endlich aber wurde es Morgen.

Beim hellen Licht der Sonne sah alles sehr natürlich aus, nichts von dem Grauen und den wilden Vorstellungen der Nacht war geblieben. Sogar der Erdboden sah viel einladender aus, als er in der Nacht erschienen war. Nur dreißig Schritte weiter lag eine Grasfläche, die durch die Bäume leuchtete.

Die drei setzten sich nieder und frühstückten jeder eine Zigarette. Der Indianer brachte ein paar trockene Tortillas zum Vorschein, von denen er den beiden je eine abgab.

Während die drei nun dasaßen und rauchten und kauten, gerade einmal nicht redeten, hörten sie wieder die Tritte des Tigers. Alle drei schreckten gleichzeitig auf. Diese Art der Tritte kannten sie so genau, als ob sie die Tritte ihres nächsten Verwandten seien. Sie würden sie nach zehn Jahren noch genauso wiedererkannt haben wie heute; denn sie waren in jede Fiber ihres Körpers eingedrungen und hatten sich dort festgesetzt.

Am hellen lichten Tag ein Tiger. Warum nicht? Aber so dicht in der Nähe von drei Menschen? Das war denn doch zu ungewöhnlich.

Dobbs hatte sich umgedreht in die Richtung, von woher die Tritte in der Nacht gekommen waren und auch jetzt kamen. Er lugte durch die Bäume, sah rüber auf die Grasfläche, und dort war der Tiger.

Jetzt konnten ihn alle drei deutlich sehen. Der Tiger graste und war an einen Baumstumpf mit einer langen Leine angebunden, damit er nicht entlaufen solle. Es war ein harmloser Tiger, der froh war, wenn man ihm nichts tat und ihm sein Gras gönnte. Es war ein Esel.

Der Indianer sagte nichts darauf. Er wußte genau, daß er in der Nacht einen Tiger gehört hatte, und er kannte Tiger.

Dobbs und Barber sahen sich an. Sie sagten kein Wort, aber sie wurden beide rot im Gesicht. Dann lachten sie, als ob sie bersten wollten.

Endlich sagte Dobbs: »Um eins bitte ich Sie, Mensch, erzählen Sie das niemand. Wir können uns sonst nirgends wieder sehen lassen.«

Das Dorf, von dem die Indianer vergangenen Abend gesprochen hatten, war nur kaum zwanzig Minuten entfernt. Daß hier ein Esel angebunden war und graste, bewies ja schon genügend, daß ein Dorf nicht weit sein konnte. Aber man kann sich auch täuschen, denn es kann der Esel eines Holzfällers oder eines Kohlenbrenners sein.

In dem Dorf bekamen sie etwas zu essen, Bohnen, Tortillas und Tee aus Zitronenblättern. Spät am Nachmittag kamen sie in das erste Camp. Dobbs ging gleich zu dem Aufseher, aber es war keine Stelle frei.

»Wollen Sie essen?« fragte der Aufseher.

»Ja«, sagte Dobbs. »Wir möchten auch gern übernachten hier, wenn es geht.«

»Es wird sich wohl auch dafür ein Plätzchen finden«, sagte der Aufseher und ging in seine Baracke, nachdem er zur Küchenbaracke 'rübergewinkt hatte.

Der Indianer ging den beiden nicht vom Hals. Er heftete sich an sie, als sei er an sie angebunden. Als sie nun 'rüberkamen zur Küche, guckte sie der chinesische Küchenvorsteher an, und dann entschied er, daß sie in der Küche zu essen hätten. Es war des Indianers wegen. Wären Dobbs und Barber allein gewesen, so hätten sie in dem Speiseraum für die weißen Arbeiter gegessen. Mit dem Indianer ging das nicht, weil die ihre eigene Küchenbaracke haben.

»Den Mann müssen wir uns vom Hals schaffen«, sagte Dobbs kauend. »Wir können doch nicht mit ihm in all den Camps herumziehen. Das geht so nicht mehr.«

»Morgen früh werden wir ihn heimjagen«, erwiderte Barber, der sich den Appetit nicht verderben wollte dadurch, daß er jetzt Pläne entwarf.

Später gingen Dobbs und Barber zu den Arbeitern, um zu hören, was hier oder in den Nachbarcamps los sei.

»Nichts ist los«, sagte ein langer Schwede. »Alles tote Brunnen. Vier haben Salzwasser, zwei haben Sand und acht nichts als Lehm. Bauen alle ab. Braucht gar nicht weiterzugehen. Weiter 'runter nach Süden wird wieder neu gebohrt. Aber da könnt ihr von hier aus nicht hin. Da müßt ihr über Panuco, oder ihr könnt auch über Ebano, da kommt ihr in den anderen Distrikt.«

Sie fanden Schlafgelegenheit in einem Lagerschuppen auf alten Säcken, wo sie vor Eseln sicher waren und den Schlaf, den sie der Tiger wegen in der vergangenen Nacht verloren hatten, nachholten. Es gab am Morgen auch noch ein leichtes Frühstück, und dann marschierten sie ab.

»So, ehe wir nun noch zu den zwei anderen Camps gehen, wo vielleicht was los ist oder wo wir wenigstens unser Essen holen können, müssen wir den Indianer umbringen«, sagte Dobbs, als sie eine halbe Stunde vom Camp fort waren.

»Hören Sie«, redete Dobbs den Indianer an, »wir gehen jetzt allein. Wir können Sie nicht gebrauchen«.

Ängstlich blickte der Indianer auf und sagte: »Aber die Tiger, Senjor!«

»Das müssen Sie mit den Tigern allein abmachen«, mischte sich nun Barber ein. »Wir wollen Sie los sein.«

»Ja, das ist richtig«, sagte Dobbs, »und wenn Sie nicht freiwillig gehen, dann setzt es was, aber etwas Kräftiges.«

Unschlüssig stand der Indianer da. Er dachte nicht daran, zu bitten oder zuzureden. Die beiden hatten gesagt, er solle sich seiner Wege scheren, und damit hatte er sich zufriedenzugeben. Ob er verstand, daß er ihnen lästig sei, ob er begriff, daß die beiden durchaus im Recht seien, sich die Reisegesellschaft zu wählen, die ihnen zusagte, wurde nicht klar. Er stand da und sagte nichts.

Dobbs und Barber gingen los. Aber wie ein verstoßener Hund, der sich nicht von seinem Herrn trennen kann, folgte der Indianer hinter ihnen her. Anhänglichkeit oder Treue oder irgendein ähnliches Gefühl leitete ihn nicht. Er war ein ganz nüchterner Materialist. Er wußte, daß die beiden zu den Ölfeldern gehen; er wußte, daß die beiden immer zu essen bekommen; und er wußte endlich, daß, wenn er sich an sie anhänge, er nie verhungern könne. Ginge er allein, so würde er in keinem Camp auch nur eine Krume bekommen, kaum von seinen eigenen Rasseangehörigen, die dort zu Dutzenden in jedem Camp arbeiteten. Die Furcht vor den Tigern war echt. Zu den Camps wollte er unter allen Umständen, um wegen Arbeit zu fragen; aber allein zu gehen oder mit einem anderen Indianer traute er sich nicht. Er kannte die Schrecken des Busches und des Dschungels besser als die Weißen.

Nachdem die beiden eine halbe Stunde gegangen waren, drehte sich Barber um und sagte: »Da kommt dieser braune Teufel doch wieder hinter uns hergeschlichen.«

Dobbs nahm Steine auf und begann, den Indianer mit Steinen zu bombardieren. Aber der Indianer ging den Steinen gut aus dem Weg und blieb jetzt nur noch weiter zurück, um nicht getroffen zu werden, wenn Dobbs oder Barber ab und zu unversehens einen Stein aufnahmen und ihn auf den Indianer lospfefferten.

»Den werden wir nicht los«, sagte Barber. »Ich weiß kein Mittel mehr.«

»Erschlagen wie eine kranke Katze«, sagte Dobbs wütend, während er wieder einen Stein nahm und ihn nach dem Indianer feuerte.

Richtig, als sie im nächsten Camp ankamen, trottete der Indianer wieder mit ihnen in die Küchenbaracke und bekam seine Portion Essen mit. Der Aufseher machte ein merkwürdiges Gesicht, als er den Indianer hinter den beiden sah.

Dobbs und Barber erzählten dem Aufseher, daß der Indianer immer hinter ihnen herlaufe, aber der Aufseher zuckte mit den Schultern. Er wußte nicht recht, was er aus den beiden machen sollte, die mit einem Indianer durch die Camps ziehen.

Hier im Camp hatten die beiden den Indianer ständig zur Hand, um ihn gründlich zu verprügeln. Aber hier konnten sie es nicht tun. Der Aufseher würde alle drei sofort aus dem Camp verwiesen haben, wenn sie zu prügeln anfingen. Und in der Nacht draußen im Busch zu sein, war das letzte, was sich Dobbs und Barber wünschten.

So ging es auch den folgenden Tag. Der Indianer trottete immer getreulich hinter ihnen her, stets aus der Schußweite bleibend, und gegen alles, was die beiden sagten, war er so stumpf, daß nichts mit ihm anzufangen war. Er klebte fest an ihnen.

Da endlich kamen die beiden zu einer Entscheidung. Hier in den Camps herum war sowieso kaum irgendeine Arbeit zu erwarten, und so beschlossen sie, auf dem kürzesten Weg zurück zur Stadt zu gehen. Es war die einzige Möglichkeit, den Indianer loszuwerden.

Gegen Abend kamen sie nach Villa Cuauhtemoc, wo sie den Indianer an der Straße zu den Feldern getroffen hatten. Er war nicht verwundert, daß die Reise schon zu Ende sei. Er hockte sich wieder auf seinen Platz, wo er vor drei Tagen gesessen hatte. Und dort wartete er auf neue Opfer, die zu den Camps gehen wollten.

Dobbs und Barber gingen am selben Abend zurück zum Flußufer. Übersetzen konnten sie nicht hier. Sie schliefen auf dieser Seite des Flusses unter einem breitästigen Baum, wo sie noch drei andre Schlafgäste antrafen, die hier schon seit vier Wochen ihr Leben fristeten, im Freien unter diesem Baum schliefen und ihre Mahlzeiten von den Tankschiffen bezogen. Es gab hungrige Tage, und es gab fette Tage. Es gab Tage, wo sie auf keinem Schiff auch nur einen Bissen Brot erhielten, und es gab wieder Tage, wo sie auf drei oder vier Schiffen zu Mittag oder zu Abend essen gehen konnten. Es war das reine Lotteriespiel.

Am nächsten Morgen setzten die beiden mit der Fähre 'rüber zur Stadt. In den paar Tagen, die sie fortgewesen waren, hatte sich in der Stadt nichts geändert. An der Bank, vor dem Imperial, vor den Speiserestaurants, in denen die Ölleute verkehrten, trieben sich noch genau dieselben Burschen herum, die zwei, drei, sechs Wochen vorher dort gewesen waren und ihre Sprüchlein hergesagt hatten.

Barber ging wieder seine eignen Wege, und Dobbs war in der Zwischenzeit nur um das klüger geworden, daß in den Ölfeldern die Arbeit ebenso knapp sei wie hier. Diese Erfahrung war etwas wert. Man machte sich keine Vorwürfe, daß man nicht jede Gelegenheit, die sich einem böte, mit beiden Händen ergriffe. Mehr konnte man nicht tun, als daß man der Arbeit nachlief, wo immer welche auftauchte. In den Feldern war keine und hier war keine.

Aber eines Morgens bekam Dobbs etwas zu tun. Maschinenteile verladen. Es war schwere Arbeit, und es gab nur drei Pesos den Tag, von denen sich nichts ersparen ließ. Nach fünf Tagen war auch diese Arbeit beendet.

Eines Tages stand er wieder an der Fähre, die hinübergeht zu dem Bahnhof für die Bahn nach Panuco. Da kamen fünf Leute gelaufen, die es sehr eilig zu haben schienen.

Einer von den Leuten, ein untersetzter, knorriger Mann, sah Dobbs dastehen. Er hielt an, sagte ein Wort zu seinen Begleitern und rief dann 'rüber zu Dobbs: »Sie, he! Suchen Sie Arbeit?«

»Ja«, rief Dobbs und kam einen Schritt näher.

»Kommen Sie her! Flink! Ich habe Arbeit für Sie, wenn Sie tüchtig zupacken können.«

Dobbs war jetzt ganz dicht herangekommen.

»Ich habe da einen Kontrakt übernommen, ein Camp aufzuriggen. Ein Mann ist mir ausgeblieben. Wird Fieber haben oder Malaria. Weiß ich nicht. Kann nicht auf den Jungen warten. Sie können an seine Stelle treten.«

»Gut, mache ich. Was wird gezahlt?« fragte Dobbs.

»Ich zahle acht Dollars den Tag. Verpflegung geht ab. Macht eins achtzig oder zwei, weiß ich noch nicht. Sechs Dollar bleiben Ihnen klar in der Tasche. He? Was ist?«

»Ich komme mit.« Dobbs, der zehn Minuten vorher einer Beschäftigung, die nur zwei Dollar den Tag brachte, nachgelaufen wäre wie eine hungrige Katze, war jetzt so, als ob er dem Contractor einen Gefallen erwiese, wenn er sofort mit ihm mitginge.

»Da müssen Sie aber gleich kommen, auf der Stelle«, sagte nun der Contractor hastig. »So wie Sie da sind. Ihre Sachen zu holen, dazu haben wir keine Zeit. Der Zug nach Panuco fährt in einer Viertelstunde, und wir müssen noch übersetzen. Also los, los! Hurtig, abgefegt!«

Er packte ihn am Ärmel und zerrte ihn hinter sich her zur Fähre.

Pat McCormick, der Contractor, war Amerikaner irischer Herkunft. Er war nicht mehr sehr jung. Den größten Teil seines Lebens hatte er in den Ölfeldern von Texas und Mexiko verbracht. Er hatte gearbeitet als Driller, als Tooldresser, als Truckdriver, als Teamster, als Timekeeper, als Bodegaman, als Pumpmann und noch in allen möglichen andern Zweigen, die in den Ölfeldern vorkommen mögen. In den letzten Jahren arbeitete er mehr selbständig. Er übernahm das Aufriggen der Camps. Und diese Arbeit übernahm er in Kontrakt. Er machte seinen Preis, nachdem er die Stelle, wo das Camp errichtet werden sollte, sorgfältig geprüft hatte. Diese Vorprüfung vorteilhaft auszuführen, erforderte gerade die lange Erfahrung, die er besaß. Es kam darauf an, wie weit das Camp von der nächsten Eisenbahnstation lag, wie weit von der nächsten Straße, auf der man noch mit Lastautos fahren konnte, ob es Busch oder Dschungel oder Prärie war, wo das Camp errichtet wurde. Ob Wasser in der Nähe war, ob es billige Hilfsarbeiter unter den Eingeborenen in jener Gegend gab, alles mußte vorgeprüft werden, ehe der Preis festgesetzt wurde. War der Preis zu hoch, übergab die Kompanie den Kontrakt vielleicht einem anderen; war der Preis zu niedrig, verlor der Contractor von seinen Ersparnissen. Aber die amerikanischen Kompanien sind nicht knickrig; wenn es ihnen bewiesen wurde, daß Umstände vorlagen, die eine Erhöhung der Kontraktsumme nötig machten, zahlten sie nach.

Von Panuco fuhren sie mit Lastautos, die gleich Material mitnahmen, 'runter zu den südlichen Distrikten, bis die Straße, die schlecht genug war, zu Ende ging. Von dieser Endstelle aus war ein Weg durch den Busch gehauen, etwa drei Meilen lang. Dieser Weg war gerade breit genug, daß die indianischen Hauptstraße so zu verbreitern, daß man auf ihr mit den Last- in einer Lichtung von etwa hundert Meter Durchmesser, die aus dem Busch herausgehauen worden war. In dieser Lichtung sollte das Camp errichtet werden, weil die geologischen Sachverständigen der Kompanie gefunden hatten, daß hier mit hoher Wahrscheinlichkeit Öl sei.

Zwanzig indianische Hilfsarbeiter, die in Dörfern wohnten, einige Meilen entfernt, waren hier bereits eine Weile tätig, um die Lichtung herauszuschlagen und jetzt die Straße bis zur Hauptstraße so zu verbreitern, daß man auf ihr mit den Lastwagen fahren konnte.

Die ersten paar Tage schliefen die sechs Leute in einem einfachen Zelt. Zwei Chinesen sorgten für das Zubereiten der Mahlzeiten.

Bohlen und Bretter, Werkzeuge, Nägel, Schraubenbolzen waren schon auf Maultieren und Eseln herbeigeschleppt, und alle zwei Stunden traf wieder eine neue Karawane ein. Die Karawanenführer arbeiteten ebenfalls im Kontrakt. Sie erhielten für jede Ladung bezahlt und nicht für die Zeit, die sie arbeiteten. Hätte man ihnen nach der Zeit bezahlt, so hätten sie sich unterwegs hingelegt und geschlafen. Auch das Ausschlagen der Lichtung und der Straße, alles wurde in Kontrakt vergeben. Die Leute verdienten gut dabei, viel besser, als wenn sie im Tagelohn gearbeitet hätten. Zuerst wurde nun eine Baracke gebaut, wo die weißen Arbeiter wohnen und schlafen konnten. Dann kamen die Küche und der Speisesaal an die Reihe. Das alles war in zwei Tagen getan.

Einer der Leute nun wurde freigestellt, um mit einer ganzen Horde von Indianern die weiteren Baracken aufzurichten, während die übrigen fünf unter dem Kommando Pats das Derrick aufbauten.

Das war eine ganz verteufelte Arbeit. Dobbs hatte noch nie an einem Derrick gearbeitet. Zentnerschwere Bohlen mußte er auf den Schultern herbeischleppen, während die Sonne erbarmungslos heruntergluhte. Nach drei Tagen waren seine Schultern wie rohes Fleisch. Die Haut hing in Fetzen und Streifen von seinem Hals herum, zur Hälfte abgebrannt, zur Hälfte abgeschürft.

Waren die Bohlen herangeschleift, dann mußten die Löcher für die Schraubbolzen durchgedrillt werden. Und das alles ging wie ein Expreßzug. Kaum richtig Zeit zum Essen wurde genommen, um das Tageslicht voll auszunützen. Nach der Uhr wurde nicht gesehen. Vom ersten Strahl der Sonne bis zum letzten rötlichen Schimmer wurde gewuchtet und geschuftet. Nach Sonnenuntergang wurde auch noch bei Laternenlicht gearbeitet, wenn es sich um Arbeiten handelte, die man bei Lampenlicht verrichten konnte. Das elektrische Licht kam ja erst viel später, wenn die Maschinen hier waren.

Die geübteren Leute richteten die Bohlen auf, verbolzten sie, verstrebten sie, und immer weiter stieg der Bohrturm in die Lüfte, und immer gefährlicher wurde das Arbeiten in schwindelnder Höhe. Die Derrickbauer klammerten sich mit den Knien an eine Strebe, während sie mit den beiden Armen und Händen und mit Unterstützung der Oberschenkel wieder eine dieser wuchtigen Bohlen höherschoben und dann, in schwindelnder Höhe in den Kniegelenken hängend, die schwere Bohle so lange hin und her dirigieren und halten mußten, bis der Bolzen in die gedrillten Löcher geschoben und verschraubt war. Wie die Affen mußten die Leute sein oder gar noch geschickter als die Affen, um nicht abzustürzen und sich das Genick zu brechen oder Arme und Beine zu zertrümmern.

Endlich konnte das fertige Derrick, der Bohrturm, gekrönt werden. Die schweren eisernen Rollen, über die die dicken Drahtseile laufen, die den Bohrer und den Klärer heben und senken, wurden hochgewunden und festgebolzt.

Die schwerste Arbeit war getan. Nun kam das Maschinenhaus an die Reihe. Dann die Werkzeug- und Lagerschuppen.

Inzwischen war der Weg fertig geworden, und das erste Lastauto konnte von der Bahnstation aus unmittelbar bis hierher durchfahren.

Ein schmaler Fluß lag drei Meilen weiter in den Busch hinein. Zu diesem Fluß wurden Wasserrohre gelegt, und am Ufer des Flusses wurde das Pumphaus errichtet und die Motorpumpe aufgesetzt. Bis zu diesem Tag war das Wasser für das Camp in Kannen, die auf Eseln geschleppt wurden, vom Fluß herbeigeschafft worden. Nun wurde es hergepumpt und in Tanks aufgespeichert.

Dann kam die Dampfmaschine an, die auf einem mächtigen Traktor herangefahren wurde. Am nächsten Tag brachte der Traktor, den man stundenweit durch den Busch fauchen und stöhnen und rattern hörte, den Dampfkessel.

Wieder einen Tag später wurden die gewaltigen hölzernen Triebräder herbeigeschleift, die wie große Räder einer Wassermühle aussehen und über die die Seile und Ketten für die Bohrer, Klärer und Rohre laufen. Und der Dynamo kam, die Leitungen wurden gelegt, und eines Abends erstrahlte der Platz in dem Busch, der noch vor wenigen Wochen unberührt in seiner tropischen Einsamkeit gelegen hatte, in dem grellen elektrischen Licht, das keine Nächte mehr kennt. Dem Busch wurde die Nachtruhe genommen, und wohin die Strahlen des nie vergehenden Lichtes trafen, begann der Busch zu siechen. In hohen Hügeln lagen des Morgens Millionen und aber Millionen von Insekten unter den elektrischen Lampen aufgehäuft.

Von dem Geratter der Maschinen, das nun ununterbrochen, Tag und Nacht, den Busch erfüllte, wurden die Bewohner des Busches hinweggetrieben aus ihrer Heimat. Sie mußten auswandern in unbekannte neue Gebiete, wo sie hofften, Ruhe und Nahrung zu finden.

Nun kamen die eigentlichen Ölmänner. Die Arbeit der Rigbuilder, der Camp-Erbauer, war getan. Sie reisten zurück zur Stadt und warteten auf einen neuen Kontrakt. Der neue Kontrakt konnte in drei Tagen kommen, er konnte in sechs Wochen da sein, und es war auch möglich, daß sie auf den neuen Kontrakt in sechs Monaten noch immer warteten. Öl ist wie Würfelspiel. Es werden zehntausend, zwanzigtausend, fünfzigtausend Dollar in ein Camp gesteckt, und wenn so tief gebohrt worden ist, wie das nur irgend angängig ist, dann ist da kein Öl, sondern Salzwasser, oder Sand oder Lehm. Und der Busch wird seinen rechtmäßigen Besitzern zurückgegeben, die so schnell von ihm Besitz ergreifen und so nachhaltig, daß ein Jahr darauf jede Spur von Menschen verwischt ist.

Öl ist ein Glücksspiel. Man kann sein ganzes Vermögen verlieren, und man kann mit fünftausend Dollar fünf Millionen Dollar gewinnen. Und darum sind alle, die mit Öl zu tun haben, heute reich und morgen arm. Sie arbeiten wochen- und monatelang tief im Busch oder im Dschungel vergraben. Und was sie dort in schwerer Arbeit verdient haben, verlumpen sie in drei Tagen in der Stadt. Und die es nicht verlumpen, die Vorsichtigen und Sparsamen, werden ihr Geld auch los. Sie warten und warten und warten auf Arbeit, bis der letzte Peso ausgegeben ist und sie die Leute anbetteln, die in das Imperial, in die Luisian, in das Southern, in die Bank gehen. Arbeit zu bekommen ist eine Glückssache in den Ölländern, wie es eine Glückssache ist, auf Öl zu stoßen.

So war es Dobbs gegangen. Er stand da und dachte nicht an Arbeit. Und da fiel sie ihm in die Tasche.

»Wie ist denn das nun mit meinem Geld?« fragte Dobbs den Contractor.

»Was ist denn los?« sagte Pat. »Drängen Sie doch nicht so. Sie werden Ihr Geld schon kriegen. Ich laufe Ihnen nicht fort.«

»Dann geben Sie wenigstens etwas«, forderte nun Dobbs.

»Na gut«, erwiderte Pat. »Ich gebe Ihnen dreißig Prozent.«

»Und das andre?« fragte Dobbs.

»Weiß ich noch nicht. Habe mein Geld selbst noch nicht bekommen.«

Dobbs bekam die dreißig Prozent seines verdienten Lohnes. Die übrigen Leute hatten ihr Geld auch nicht erhalten. Diejenigen, die energisch drängten, bekamen von Pat vierzig oder fünfzig Prozent. Zwei andere, die ihn bei guter Laune halten wollten, damit er sie beim nächsten Kontrakt wieder mitnehmen möge, erhielten nur fünf Prozent, weil sie ihm ganz schüchtern erzählten, daß sie noch nicht zu Abend gegessen hätten und auch ihr Hotel nicht bezahlen könnten.

»Ich möchte nur wissen, ob der Schwindler sein Geld bekommen hat oder nicht«, sagte Dobbs zu Curtin, der auch mit zu dem Kontrakt gehört hatte.

»Ja, wenn man das nur wüßte«, antwortete Curtin. »Die Kompanien sind manchmal sehr langsam in dem Auszahlen des Kontrakts, weil sie knapp mit barem Geld sind und nun das Drillen losgeht, das eine Unmasse Geld verschlingt.«

Eine Woche lang konnten weder Dobbs noch Curtin den McCormick ausfindig machen. In seinem Hotel war er nicht. Aber eines Tages ging Pat McCormick auf der anderen Seite der Straße vorüber.

»Los, drauf auf ihn!« rief Curtin dem Dobbs zu. Und wie der Teufel war er drüben. Dobbs war sofort an seiner Seite.

Curtin packte Pat am Hemdärmel. Pat hatte keine Jacke an.

»Wo ist unser Geld, du Hundesohn? Sofort gibst du jetzt unser verdientes Geld her, oder wir schlagen dich in kleine Stücke. Auf der Stelle!« Curtin sagte es ziemlich laut und mit drohenden Fäusten.

»Aber flink, und keine Ausflüchte mehr!« mischte sich nun auch Dobbs ein. »Wir warten nun über drei Wochen auf unser Geld.«

»Seien Sie doch ruhig«, sagte Pat halblaut und zog sie mit sich in eine Bar, wo er sofort drei große Glas Habanero bestellte. »Wir können doch das alles in aller Ruhe erledigen. Sehen Sie mal, ich habe da in nächster Woche wieder einen neuen schönen Kontrakt, und gleich darauf noch einen, den einen in Amatlan, den anderen in Corcovado. Da nehme ich Sie beide wieder mit. Sie sind tüchtige Arbeiter, mit denen ich gern zusammenarbeite. Gesundheit!«

Er hob sein Glas und stieß mit den beiden an.

Sie tranken.

Dann sagte Curtin: »Das ist ganz gut, daß Sie uns wieder mit in Ihre neuen Kontrakte nehmen wollen. Aber ohne Geld arbeiten wir nicht. Wo ist unser Geld?«

»Ich habe das Geld noch nicht bekommen. Der Scheck ist noch nicht überwiesen.« Dann wandte er sich gleichzeitig zu dem Bartender und kommandierte: »Noch drei große Habaneros.«

»Sie, Mann«, sagte nun Curtin ungeduldig, »glauben Sie nicht, daß Sie uns jetzt entwischen und uns hier mit dem Schnaps einseifen können.«

»Einseifen?« Pat tat erstaunt. »Ich Sie einseifen mit Schnaps? Das ist nicht gerade sehr...«

»Was es ist, das ist ganz gleichgültig«, sagte Dobbs. »Wir wollen unser Geld, für das wir schwer genug gearbeitet haben. Ob Sie uns wieder mit in neue Kontrakte nehmen oder nicht, hat doch keinen Wert, wenn Sie nicht zahlen.«

»Hund, verfluchter, wo ist unser Geld?« Curtin schrie es ganz plötzlich heraus, als ob er mit einem Mal seine Sinne verloren habe. Vielleicht hatte der Schnaps auf ihn eine andere Wirkung, als Pat erwartet hatte.

»Aber ich kann euch doch nur wiederholen, ich habe das Geld selbst noch nicht ausgezahlt bekommen.«

Da packte ihn Curtin vorn an der Kehle, schüttelte ihn und sagte: »Das Geld jetzt her, du Räuber, oder ich zerhämmere deinen Schädel hier auf der Tischplatte.«

»Ruhig, Gentlemen, ruhig«, mischte sich nun der Bartender ein. Er nahm im übrigen aber keine Notiz weiter von dem Vorgang. Er putzte die Barplatte ab, wo die Gläser ihre Ränder zurückgelassen hatten, und zündete sich dann eine Zigarette an.

Pat war ein kräftiger Bursche, und er wehrte sich. Aber Curtin besaß die größere Wut. Dobbs kam näher, als ob er auch gleich auf Pat mit losspringen wolle.

Nun drehte sich Pat aus der Kehlschlinge heraus, ging einen halben Schritt zurück und sagte hämisch: »Ihr seid ja in der

Tat die richtigen Banditen. Das hätte ich nur wissen sollen. Aber lieber schneide ich mir sonst was ab, als daß ich euch beide Schufte noch einmal in einen meiner Kontrakte nehme. Da habt ihr euer Geld, und nun laßt euch ja nicht mehr sehen.«

»Da werden wir Sie nicht um Erlaubnis fragen«, sagte Curtin.

Pat griff in die Hosentasche und holte eine Handvoll Dollarscheine hervor, die er ganz zerknüllt in der Tasche trug.

»Da ist Ihr Geld«, sagte er zu Dobbs. Er hatte im Augenblick die richtige Summe abgezählt. Er wußte im Kopf auf den Cent genau, wieviel er jedem schuldete. Er schob das Geld Dobbs hin, und dann zählte er mit derselben Hand, mit der er die Scheine hielt, das Geld für Curtin ab und warf es ihm 'rüber.

»So«, sagte er nun in dem Ton, wie man lästige Gläubiger abfertigt, »nun belästigen Sie mich gefälligst nicht mehr. Sie haben jetzt Ihr Geld, und ich werde mich wohl hüten, noch einmal solche Handlanger, die nichts verstehen, in meinen Kontrakt zu nehmen.«

Er warf drei Pesos auf die Bar für die Schnäpse. Dann schob er den Hut in den Nacken und verließ das Lokal, die beiden Leute stehenlassend, als hätten sie ihm eine unerhörte Beleidigung zugefügt.

»Warum wohnen Sie denn im Cleveland, Mensch?« fragte Dobbs Curtin, als sie auf die Straße traten und am Southern Hotel vorüberschlenderten. »Da zahlen Sie doch wenigstens drei Pesos für die Nacht.«

»Vier«, gab Curtin zur Antwort.

»Kommen Sie doch mit in den Oso Negro, fünfzig Centavos«, riet Dobbs.

»Ist mir zu dreckig da und nichts als Beachcombers und solche Strolche«, sagte Curtin.

»Wie Sie wollen. Wenn das Geld alle ist, landen Sie auch im Oso Negro wie wir alle. Ich hätte es ja selbst nicht nötig. Aber ich will die paar Bröckchen zusammenhalten. Wer weiß, wann wieder etwas aufblüht. Ich gehe auch zum Chink essen für fünfzig, genau wie vorher.«

Sie waren zur Ecke der Plaza gekommen, wo das große Juwelengeschäft La Perla war. Sie blieben dort stehen und sahen sich die Herrlichkeiten an. Das funkelte von Gold und Diamanten. Ein Diadem lag da für achtzehntausend Pesos. Sie sagten nichts, betrachteten nur die aufgespeicherten Schätze, dachten an den Wert, der hier lag, und dachten an das viele Geld, das manche Leute hier in der Stadt besitzen müssen, um solche Dinge kaufen zu können.

Vielleicht waren es die Dinge, die sie hier aufgehäuft sahen, die ihre Gedanken einmal vom Öl ablenkten. Denn wer hier lebte, dachte nur an Öl, dachte nur in Öl und dachte nur an Lebensmöglichkeiten, die mit Öl irgendwie verknüpft waren. Ob man arbeitete oder spekulierte, immer war es Öl. Sie lehnten mit dem Rücken gegen die großen Glasscheiben und sahen gelangweilt über die Plaza, hinter der die Schiffsmasten sichtbar waren. Das erinnerte sie beide an Reisen und auch daran, daß es noch andere Länder gäbe und andere Erwerbsquellen als die, die hier in dieser Stadt in Frage kamen.

»Was haben Sie nun eigentlich vor, Curtin?« fragte Dobbs nach einer Weile. »Immer hier herumstehen und herumwarten, bis man rein zufällig etwas bekommt, das wird man endlich leid. Es ist immer nur Warten und Warten. Das Geld wird immer weniger, bis man eines Tages gar nichts mehr hat. Dann geht die alte Flöte wieder los, die anbetteln, die aus den Camps für einen Tag oder für eine Nacht hereinkommen. Ich habe ganz ernsthaft im Sinn, nun einmal etwas anderes zu tun. Gerade jetzt ist Zeit, solange man noch Geld hat. Ist es erst wieder fort, dann steht man da und kann sich nicht rühren.«

»Dieselbe Frage beschäftigt mich nun zum dritten Male«, erwiderte Curtin. »Ich weiß, wie das ist und wie das geht. Aber ich habe keine einzige Idee. Goldgraben, das ist das einzige.«

»Da haben Sie es gesagt«, fiel Dobbs ein. »Daran dachte ich auch gerade. Es ist schließlich keine gewagtere Spekulation, als auf Arbeit in den Ölfeldern zu warten. Es gibt ja kaum noch ein Land, wo soviel Gold und soviel Silber darauf wartet, daß man es ausbuddelt, wie dieses Land hier.«

»Lassen Sie uns da hinübergehen und auf die Bank setzen«, sagte Curtin. »Ich will Ihnen sagen, ich bin hier 'runter gekommen nicht wegen Öl, sondern wegen Gold«, erzählte nun Curtin, nachdem sie sich niedergesetzt hatten. »Ich habe hier in den Öldistrikten nur einige Zeit arbeiten wollen, bis ich genügend Geld in den Fingern haben würde, um auf die Goldsuche zu gehen. Es kostet eine gute Summe. Da ist die Reise, da sind die Schaufeln, Hacken, Pfannen und sonstige Werkzeuge. Dann muß man auch vier bis acht Monate leben können, ehe man was verdient. Kommt es endlich zum Rechnunglegen, kann es sein, daß man alles verloren hat, Geld und Mühe, weil man nichts gefunden hat.«

Dobbs wartete darauf, daß Curtin noch weitersprechen sollte, aber Curtin schwieg, er schien nichts mehr zu sagen zu haben.

Da sagte nun Dobbs: »Das Risiko ist nicht so groß. Hier herumzulungern und auf Arbeit zu warten ist ein ebensolches Risiko. Hat man Glück, kann man monatlich dreihundert Dollar verdienen, vielleicht noch mehr, sechs, zehn, achtzehn Monate lang. Hat man kein Glück, findet man keine Arbeit, hat man genausogut alles verloren. So glatt liegt das Gold ja nicht auf dem Haufen, daß man es nur abzuschaben und einzusacken braucht. Das weiß ich auch. Aber ist es nicht Gold, dann ist es vielleicht Silber, und ist es kein Silber, so ist es vielleicht Kupfer oder Blei oder ein guter Stein. Wenn man das auch nicht selbst ausbeuten kann, so findet man immer eine Kompanie, die einem die Mutung abkauft oder die einen mit guten Anteilen als Teilhaber aufnimmt. Jedenfalls werde ich mir das einmal gut überlegen.«

Sie sprachen nun von etwas anderem. So schwergewichtig werden solche Gespräche über Goldsuchen hier nie genommen. Jeder sagt es, jeder plant es, und von zehntausend geht dann einer los und tut es, weil das eben nicht so einfach ist, als ob man auf Kaninchenjagd zu gehen beabsichtigt. Es lebt nicht ein Mann hier, der nicht einmal wenigstens daran gedacht hat, auf Goldsuche zu gehen. Die vielen Hunderte von Minen für andere Metalle, die hier im Lande sind, wurden alle gefunden und gegründet von Leuten, die Gold suchten und dann nahmen, was sie fanden. Manche Mine, die weder Silber noch Gold hervorbringt, trägt ihren Besitzern größere Reichtümer zu, als zahlreiche Goldminen es können. Je mehr die elektrische Industrie sich ausbreitet, desto wertvoller wird Kupfer. Es kann die Zeit kommen, daß man Gold für durchaus entbehrlich ansieht; von Kupfer, Blei und vielen anderen Metallen kann man das nicht so leicht sagen.

Kein Mensch hat einen Gedanken ganz für sich allein, und es hat noch nie jemand ganz für sich allein eine originelle Idee gehabt. Jede neue Idee ist das Kristallisationsprodukt tausend verschiedener Ideen, die andere Menschen haben. Einer findet dann plötzlich das rechte Wort und den richtigen Ausdruck für die neue Idee. Und sobald das Wort da ist, erinnern sich Hunderte von Menschen, daß sie diese Idee schon lange vorher gehabt haben.

Wenn in einem Menschen ein Plan auftaucht, der Gedanke, etwas Bestimmtes zu unternehmen, heranreift, darf man sicher sein, daß zahlreiche Menschen in seiner Nähe den gleichen oder einen ähnlichen Plan haben. Darum verbreiten sich Massenstimmungen so rasch wie ein fegender Feuerbrand.

Etwas Ähnliches geschah hier.

Curtin wollte noch eine Nacht im Cleveland bleiben und erst am folgenden Tage umziehen zum Oso Negro. Als Dobbs heimkam, waren außer ihm nur noch drei Amerikaner in dem Raum. Die übrigen Betten schienen heute nicht besetzt zu sein. Einer der Neuangekommenen war ein älterer Mann, dessen Haar weiß zu werden begann.

Als Dobbs den Raum betrat, unterbrachen die drei ihr Gespräch. Aber nach einer Weile nahmen sie es wieder auf. Der Alte lag im Bett, der eine der beiden anderen lag angekleidet auf dem Bett, und der dritte saß auf dem Bett. Dobbs begann sich auszukleiden.

Zuerst verstand er nicht, wovon die Rede war. Dann aber wußte er mit einemmal, daß der Alte seine Erfahrungen als Goldsucher den Jüngeren mitteilte. Die beiden Jüngeren waren hierhergekommen, um Gold zu suchen; denn man hatte in den Staaten unerhörte Dinge von dem Goldreichtum des Landes erzählt.

»Gold ist eine verteufelte Sache«, sagte Howard, der Alte. »Es ändert den Charakter. Man kann noch soviel haben, noch soviel finden, soviel aufzupacken haben, daß man es allein gar nicht wegschleppen kann, immer denkt man daran, noch etwas hinzuzubekommen. Und um noch etwas hinzuzubekommen, hört man auf, zwischen Recht und Unrecht zu unterscheiden. Wenn man 'rausgeht, nimmt man sich vor, mit dreißigtausend Dollar zufrieden zu sein. Wenn man nichts findet, setzt man seine Erwartungen herab auf zwanzigtausend, dann auf zehntausend, und man erklärt, daß man sich mit fünftausend völlig begnügen würde, wenn man sie nur finden möchte, auch wenn man hart darum arbeiten muß. Findet man dann aber etwas, dann ist man mit den ursprünglich erhofften dreißigtausend nicht sattzukriegen, dann geht man immer höher und höher, möchte fünfzig-, hundert-, zweihunderttausend Dollar haben. Dann kommen die Verwicklungen, die einen hin und her schmeißen und nicht mehr zur Ruhe kommen lassen.«

»Bei mir nicht«, sagte einer der beiden, »bei mir nicht, das kann ich beschwören. Zehntausend und Schluß. Schluß, und wenn da noch für eine halbe Million läge. Das ist gerade die Summe, die ich brauche.«

»Wer nicht selber draußen war«, meinte Howard in seiner langsamen Redeweise, »der glaubt es nicht. Von einer Spielbank kann man leicht weg, von einem Haufen Gold, den man nur zu nehmen braucht, um ihn zu besitzen, kann keiner weg. Ich habe in Alaska gegraben und gefunden, ich habe in Britisch-Columbia gegraben, in Australien, in Montana, in Colorado. Habe ganz schön etwas zusammengebracht. Na, und nun bin ich hier im Oso Negro und fertig. Meine letzten fünfzigtausend im Öl verloren. Jetzt muß ich alte Freunde anbetteln, auf der Straße. Vielleicht gehe ich noch mal los mit meinen alten Knochen. Habe aber nicht das Betriebskapital. Das ist nun überhaupt auch so: Geht man allein, ist es am besten. Man muß aber die Einsamkeit vertragen können. Geht man zu zweit oder zu dritt, lauert immer Mord herum. Geht man zu einem Dutzend, dann kommt nicht viel auf den einzelnen Mann, und Zank und Mord ist erst recht herum. Solange nichts da ist, hält die Bruderschaft. Wenn aber die Häufchen wachsen und wachsen, dann wird die Bruderschaft eine Luderschaft.«

Und so begann der Alte, Goldgeschichten zu erzählen, Geschichten, die unter den fahrenden Gästen des Oso Negro und verwandter Häuser mit mehr Eifer gehört werden als die schamlosesten Liebesgeschichten. Wenn so ein alter Goldgräber erzählte, dann konnte er die ganze Nacht erzählen, und keiner schlief ein, und keiner rief: »Nun will ich Ruhe haben.« Ein solches Rufen nach Ruhe wäre ja in jedem Fall, ob es sich um Goldgeschichten, um Diebesgeschichten oder um Liebesgeschichten handelte, immer vergeblich gewesen. Ruhe durfte einer ja verlangen. Tat er es aber zu oft und vielleicht gar zu energisch, dann gab es Senge, weil die Erzähler darauf bestanden, ebensoviel Recht hier zu besitzen wie die, die Ruhe haben wollten. Es ist das gute Recht eines jeden Menschen, seine Nächte mit Erzählen zu verbringen, wenn er das Bedürfnis dazu fühlt. Wenn einem anderen das nicht gefällt, so hat er das Recht, sich einen ruhigeren Platz zu suchen. Wer nicht unter dem Donner von Geschützen, unter dem Gerassel von Wagen, unter dem Gefauche von Autos, unter dem Gewirr kommender und gehender, lachender, singender, schwätzender, schimpfender Menschen sanft und ruhig schlafen kann, soll nicht auf Reisen gehen und soll nicht in Hotels wohnen.

»Kennt ihr die Geschichte von der Grünwassermine in New Mexico?« fragte Howard. »Die kennt ihr sicher nicht. Aber ich kenne Harry Tilton, der dabei war und von dem ich die Geschichte weiß. Da ging eine Bande von fünfzehn Mann los auf die Suche. Sie gingen nicht so ganz blind. Da war ein altes Gerücht, daß in einem Tal eine reiche Goldmine sei, die von den alten Mexikanern gefunden und ausgebeutet wurde und die ihnen später die Spanier wegnahmen, nachdem sie durch gräßliche Folterungen, durch Ausreißen der Zungen, durch Anbohren des Schädels und mehr solcher christlicher Liebesbezeigungen die Indianer gezwungen hatten, ihnen den Ort der Mine zu verraten.

Dicht bei der Mine war ein ganz kleiner See, der in einem Felsenbett lag. Und das Wasser dieses kleinen Sees war grün wie ein Smaragd. Darum hieß die Mine die Grünwassermine, La Mina del Agua Verde. Es war eine ungemein reiche Mine. Das Gold lag rein in dicken Adern da. Man brauchte es nur so fortzunehmen.

Die Indianer aber hatten die Mine mit einem Fluch belegt, so wurde von den Spaniern behauptet, weil alle Spanier, die mit der Mine zu tun hatten, weggerafft wurden. Manche durch Schlangenbisse, andere durch Fieber, wieder andere durch entsetzliche Hautkrankheiten oder durch Krankheiten, deren Ursache niemand erklären konnte. Und eines Tages war die Mine verschwunden. Kein Mensch wurde mehr gesehen, der zu der Zeit bei der Mine gewesen war.

Als die Sendungen ausblieben und auch keine Berichte einliefen, sandten die Spanier eine Expedition zu der Mine. Trotzdem die Mine genau in den Karten eingezeichnet war, trotzdem man weit genug den Weg verfolgen konnte, die Mine war nicht mehr zu finden. Und es war so leicht, ihre Lage zu bestimmen. Da waren drei steile Berggipfel, die mußten alle drei in einer Linie liegen, dann war man auf dem richtigen Weg, und wenn eine vierte Bergspitze, deren Form sehr auffallend war, in Sicht trat und in einem bestimmten Winkel zu der Linie stand, dann war man so dicht bei der Mine, daß man sie nicht verfehlen konnte. Aber obgleich monatelang gesucht wurde, es wurde weder die Mine noch der Felsensee gefunden. Das war im Jahre 1762.

Diese reiche Mine ist nie aus dem Gedächtnis aller derjenigen entschwunden, die sich für Goldminen interessieren.

Als New Mexico von den Amerikanern annektiert wurde, machten sich gleich wieder Leute auf, um diese Mine zu suchen. Viele kamen nicht wieder. Und die wiederkamen, waren halb idiotisch von dem vergeblichen Suchen und von Halluzinationen, die sie in dem Herumirren in jenem Felsental gehabt hatten.

Es war dann Mitte der achtziger Jahre, ich glaube, es war 1886, da zogen wieder einmal Leute auf die Suche, ebenjene fünfzehn Mann. Sie hatten Abschriften von den alten Berichten und Kopien von den alten spanischen Karten. Das mit den vier Bergspitzen war ja so einfach. Aber sie mochten noch so sehr und noch so genau die Bergspitzen zur Zielrichtung nehmen, von der Mine war nichts zu sehen. Sie gruben und sprengten da und dort, und nicht eine Spur kam auf. Sie arbeiteten in Kolonnen, jede Kolonne zu drei Mann, um große Umkreise abzusuchen. Ihre Lebensmittel wurden immer knapper, aber die Männer gaben nicht auf.

Eines Spätnachmittags bereitete eine Kolonne ihr Abendessen. Das Feuer brannte, aber der Kaffee wollte nicht kochen, weil der Wind zu stark war, der die Kanne kühlte. Deshalb begann einer das Feuer tiefer zu legen. Und als er grub und auf etwa einen und einen halben Fuß war, fand er einen Knochen. Er warf den Knochen beiseite, ohne ihn näher anzusehen, und schob nun das Feuer in das Loch, nachdem er Züge gemacht hatte.

Als die Kolonne dann beim Abendessen saß, nahm einer so beiläufig jenen Knochen in die Hand und malte damit in den Sand.

Da sagte plötzlich sein Nachbar zu ihm: ›Lassen Sie mal den Knochen sehen.‹ Und nach einer Weile sagte er: ›Das ist der Armknochen eines Menschen. Wo ist der denn her?‹

Der Mann, der das Loch gegraben hatte, sagte nun, daß er beim Graben darauf gestoßen sei und den Knochen aus dem Sand gezogen habe.

›Dann muß da das ganze Skelett liegen, denn wie sollte nur ein einzelner Armknochen gerade hierherkommen?‹ sagte der Mann nachdenklich.

Es war nun dunkel geworden. Sie hüllten sich in ihre Dekken und legten sich schlafen.

Am nächsten Morgen sagte der, der den Armknochen entdeckt hatte, ich will ihn Bill nennen, weil ich seinen Namen nicht weiß, also da sagte Bill: ›Da, wo der Armknochen war, muß das Skelett sein. Nun ist mir in der Nacht ein Gedanke gekommen. Ich habe mich gefragt, wie das Skelett hierherkommt.‹

›Einfach. Jemand erschlagen worden oder verhungert‹, sagte einer.

›Das ist natürlich möglich‹, sagte Bill darauf. ›Es sind ja viele hier herumgelaufen. Aber ich glaube nicht, daß sie gerade hier erschlagen wurden oder gerade hier verhungerten. Mir ist nun der Gedanke gekommen, daß die Mine durch einen Sandsturm oder durch ein Erdbeben oder durch einen Bergsturz oder so etwas Ähnliches verschüttet worden ist. Und weil von den Spaniern keiner wiederkam, so sind die dabei mit verschüttet worden. Sie sind in der Nähe der Mine verschüttet worden. Wenngleich dieser Armknochen auch ganz gut jemand gehört haben kann, der vor uns hier gesucht hat und hier umgekommen ist, so kann es ebensogut möglich sein, daß dieser Armknochen einem der verschütteten Spanier gehörte. Und wenn hier sein Armknochen liegt, dann liegt auch hier dicht dabei sein Skelett. Und wenn wir diesem Skelett nachgehen, kommen wir vielleicht auf die Mine. Ich denke, wir graben einmal hier bei dem Feuerloch.‹

Sie gruben und fanden auch wirklich die übrigen Teile des Skeletts, Stück bei Stück. Sie gruben im Kreise weiter und fanden ein zweites Skelett. Sie gruben in der Richtung des zweiten Skeletts weiter und kamen auf ein drittes. Und so fanden sie die Richtung, die der Bergsturz oder das Erdbeben genommen hatte. Sie folgten dem Weg und gruben Werkzeuge aus, und endlich stießen sie auf Goldbrocken, die offenbar verstreut worden waren.

›Wir haben die Mine. Was nun?‹ sagte Bill.

›Wollen die andern herbeirufen‹, sagte einer.

›Daß du ein Esel bist, habe ich immer gewußt‹, sagte der Dritte, ›aber daß du so ein großes Rind bist, das habe ich nicht gewußt. Wir werden schön brav das Maul halten und nichts sagen. Wir gehen in ein paar Tagen mit den andern zurück. Und nach ein paar Wochen kommen wir drei allein wieder hierher und legen die Mine aus.‹

Damit waren die drei auch einverstanden. Sie sammelten die paar Goldbrocken zusammen und steckten sie ein, damit sie dafür eine gute Ausrüstung kaufen könnten. Dann schütteten sie alles wieder sorgsam zu. Ehe sie aber alles zu hatten, kam eine andere Kolonne herbei. Die Männer der andern Kolonne betrachteten sich das Gegrabe mißtrauisch, und dann sagte der eine von ihnen: ›He, ihr Burschen, was spielt ihr denn hier? Wollt uns wohl ’raushalten aus der heiligen Messe.‹

Die drei bestritten, daß sie etwas gefunden hätten und daß sie faules Spiel treiben wollten. Es kam zum Zanken. Und als ob die Luft die Reden der ersten Kolonne davongetragen hätte, fanden sich hier in derselben Stunde zwei weitere Kolonnen ein. Die erste Kolonne und die zweite, die die erste überrascht hatte, waren gerade dicht vor dem Augenblick, wo sie bereit waren, sich zu einigen und einen Pakt zu schließen, bei dem die übrigen drei Kolonnen ausgeschaltet werden sollten, als die beiden anderen Kolonnen ebenfalls eintrafen.

Jetzt natürlich kehrte die zweite Kolonne sofort von dem halben Pakt ab und beschuldigte die erste Kolonne des Verrats. Ein Mann wurde abgeschickt, um auch die letzte Kolonne herbeizuholen, und als sie angelangt war, wurde Rat gehalten. Es wurde beschlossen, die drei Mitglieder der ersten Kolonne wegen der beabsichtigten Unterschlagung des Fundes zu hängen.

Die drei wurden gehängt. Es erfolgte kein Widerspruch, denn es fielen drei Anteile weg, die nun unter die übrigbleibenden zwölf mit verteilt werden konnten.

Dann wurde an die Arbeit gegangen, und die Mine wurde bloßgelegt. Es war in der Tat eine unerschöpflich reiche Mine. Aber nach einiger Zeit wurden die Lebensmittel so knapp, daß fünf Mann abgeschickt wurden, um Lebensmittel heranzuholen.

Harry Tilton, der mir selbst die Geschichte erzählte, sagte, daß er mit dem, was bis jetzt auf seinen Anteil falle, zufrieden sei und daß er mit den fünf Männern, die Lebensmittel holen gehen sollten, abwandern wolle. Er nahm seinen Anteil und zog ab. Es wurden ihm dafür in der Bank achtundzwanzigtausend Dollars ausbezahlt. Für das Geld kaufte er sich eine Farm, wo er sich dauernd niederließ.

Die fünf Mann, die um Lebensmittel gegangen waren, kauften Packpferde ein, bessere Werkzeuge, reichlich Lebensmittel und ließen ihr Mutungsrecht registrieren. Dann kehrten sie zurück.

Als sie bei der Mine ankamen, fanden sie das Camp niedergebrannt und die zurückgelassenen Männer ermordet, oder richtiger, von den Indianern erschlagen. Das Gold war nicht angetastet. Nach den Spuren zu urteilen, hatte ein fürchterlicher Kampf stattgefunden. Die zurückgekehrten Männer begruben die getöteten Kameraden und begannen, weiter in der Mine zu arbeiten.

Es vergingen nur drei oder vier Tage, da kehrten die Indianer zurück. Sie waren mehr als sechzig Mann stark. Sie griffen sofort an und töteten nun auch noch den Rest. Einer dieser Leute aber war nicht getötet worden, sondern nur schwer verwundet. Als sein Bewußtsein wiederkam, kroch er voran. Tagelang oder wochenlang. Er wußte es nicht. Endlich wurde er von einem Farmer gefunden und zu dessen Haus gebracht. Er erzählte seine Erlebnisse. Ehe er jedoch genau den Ort, wo sich das alles zugetragen hatte, bezeichnen konnte, starb er an seinen Wunden.

Die Farmer der Gegend, wo der Mann gestorben war, machten sich auf, die Goldmine zu finden. Sie suchten viele Wochen, aber sie fanden sie nicht. Harry Tilton, der in einen der Nordstaaten gegangen war, erfuhr von den Dingen, die sich hier ereignet hatten, nichts. Er kümmerte sich nicht mehr darum, lebte zufrieden auf seiner Farm, und er glaubte, alle seine Kameraden, die mit ihm ausgezogen waren, seien reiche oder wohlhabende Leute, die, nachdem sie genügend Gold erworben hatten, nach dem Osten gereist seien. Er war an sich ein schweigsamer Mensch. Er hatte davon gesprochen, daß er sein Geld durch Goldgraben erworben hätte. Aber das war nicht ungewöhnlich. Da er nicht übertrieb, sondern, wenn er schon von seiner Goldgräberzeit sprach, nur ganz schlicht und einfach erzählte, so kam die reiche Mine ganz in Vergessenheit.

Mit der Zeit jedoch verdichtete sich das Gerücht immer mehr, daß Tilton sein Geld in wenigen Tagen erworben habe. Das bestritt er nicht. Und daraus schloß man, daß die Stelle, wo er das Gold gegraben habe, sehr reich an Schätzen sein müsse. Immer mehr Glücksjäger bedrängten ihn, doch einen Plan auszuarbeiten, so daß man die Mine wiederfinden könne. Er tat es schließlich auch. Aber inzwischen waren mehr als dreißig Jahre vergangen. Sein Gedächtnis war nicht mehr so gut. Ich war mit einer der Kolonnen ausgerückt, die dem Plan nachgingen.

Wir fanden die Orte alle, die Tilton angegeben hatte. Aber die Mine selbst fanden wir nicht. Sie war vielleicht abermals durch einen Bergsturz oder durch ein Erdbeben verschüttet worden, oder die Indianer hatten alle Spuren verwischt, und sie hatten es so gut getan, daß nichts zu finden war. Sie wollten keine Leute in ihrem Gebiet haben; denn eine solche Mine hätte Hunderte von Menschen herangelockt und die Gegend in einen solchen Tumult geworfen, daß das Leben, das sie zu führen gewohnt waren, verdorben worden wäre.

Ja, wenn man so eine Mine finden könnte«, beendigte Howard seine Erzählung, »wäre man gemacht. Aber da kann man vielleicht sein ganzes Leben lang suchen, und man findet nichts.

Das ist wie mit jedem anderen Geschäft. Wenn man das rechte Geschäft findet und man hat Glück, dann hat man seine Goldmine. Jedenfalls, wenn ich auch ein alter Knabe schon bin, ich mache immer wieder mit, wenn es auf Gold losgeht. Aber man braucht Kapital wie für jedes andere Ding.«

Die Geschichte, die Howard hier erzählt hatte, enthielt nichts, das ermutigte, und nichts, das warnte. Es war eine übliche Goldsuchergeschichte, zweifellos wahr und doch wie ein Märchen klingend. Aber alle Geschichten, die von reichen Gewinnen erzählen, klingen märchenhaft. Um zu gewinnen, muß man wagen. Wer Gold haben will, muß es suchen gehen. Und Dobbs beschloß in dieser Nacht, auf die Goldsuche zu gehen, selbst wenn er nur mit einem Taschenmesser ausgerüstet sein sollte.

Nur eine Frage, eine einzige Frage war es, die sich in seinen Plan drängte. Sollte er allein gehen oder mit Curtin oder mit dem alten Howard oder mit Curtin und Howard?

Es war am nächsten Morgen, als Dobbs die Geschichte, die er von Howard gehört hatte, an Curtin weitererzählte. Curtin hörte andächtig zu. Endlich sagte er: »Ich glaube, das ist eine wahre Geschichte.«

»Aber natürlich ist es eine wahre Geschichte. Warum sollte sie denn erlogen sein?« Dobbs war höchst verwundert, daß jemand die Richtigkeit der Geschichte bezweifeln könnte. Aber der Zweifel, den Curtin geäußert hatte, hatte eine Einwirkung auf ihn. Ihm war die Geschichte so natürlich erschienen wie die Tatsache, daß es Morgen sei, wenn die Sonne aufgeht, und Abend, wenn sie untergeht. Es war nichts in der Geschichte enthalten gewesen, was erdichtet hätte sein können. Der Zweifel jedoch, den Curtin in seine Frage gelegt hatte, machte die

Geschichte abenteuerlich. Und während Dobbs bisher das Suchen von Gold mit ebenso nüchternen Augen angesehen hatte wie das Suchen von passenden Stiefeln in den verschiedenen Schuhgeschäften einer Stadt oder wie das Suchen nach Arbeit, sah er plötzlich ein, daß Goldsuche unbedingt mit etwas Unheimlichem umgeben sein müsse. Nur darum war ihm jetzt so sonderbar zumute, weil er dieses Unheimliche, Mystische, Fremdartige niemals vorher empfunden hatte, wenn von Goldsuchern die Rede war. Als Howard ihm die Geschichte so trocken erzählt hatte, hatte er keine andere Empfindung gehabt als die, daß Gold und Steinkohle ganz dasselbe seien, daß Steinkohle einen Menschen, der sich mit ihr befaßt, genauso reich machen kann, als wenn es sich um Gold handelt.

»Erlogen?« sagte Curtin. »Davon habe ich nichts gesagt. Die Geschichte an sich ist nicht erlogen. Da gibt es Hunderte solcher Geschichten. Ganze Berge solcher Geschichten habe ich in den Zeitschriften gelesen, die solches Zeug drucken. Aber ich glaube, die Geschichte ist, auch wenn alles andere unwahrscheinlich sein sollte, sicher wahr in jenem Teil, wo diese drei Burschen versuchen, die übrigen von der Kompanie übers Ohr zu hauen und kalt abfahren zu lassen.«

»Richtig!« Dobbs nickte. »Das ist der Fluch, der auf dem Gold lastet.« Als er das sagte, kam ihm klar zum Bewußtsein, daß er einen solchen Satz eine Stunde vorher nicht gesprochen haben würde, weil ihm gar nicht der Gedanke gekommen wäre, daß Fluch am Gold haften müsse.

Curtin hatte eine derartige Wandlung in seiner Anschauung nicht mitgemacht. Vielleicht nur darum nicht, weil ihm ein so unerwarteter Zweifel nicht gegenübergetreten war, wie ihn soeben Dobbs erlebt hatte.

Dieses innere Erlebnis, das Dobbs in dieser Minute gehabt hatte, trennte die beiden Männer, ohne daß es ihnen zum Bewußtsein kam. Es war eine Trennung innerhalb ihrer Gefühlswelt. Von nun an gingen beide einem anderen Ziel ihres Lebens entgegen. Ihre verschiedene Schicksalsbestimmung begann sich zu formen.

»Fluch auf dem Gold?« sagte Curtin widersprechend. »Sehe ich nicht. Wo ist denn der Fluch? Es liegt ebensoviel Segen darauf. Es hängt nur davon ab, wer es in Händen hat. Die bestimmten Charaktereigenschaften seines Besitzers schaffen den Fluch oder den Segen. Gib einem Schurken Kieselsteine in die Hand oder trockne Schwämme, er wird sie gebrauchen, um einen Schurkenstreich damit zu verüben.«

»Habgier ist die einzige Charaktereigenschaft, die Gold in seinem Besitzer auslöst.« Dobbs wunderte sich, wie er zu dieser Meinung kam. Sie erschien ihm fremd. Aber er redete sich ein, daß er diese Meinung nur geäußert habe, um Curtin zu widersprechen.

»Das ist nun blanker Unsinn, was du da sprichst«, erwiderte Curtin. Unbeabsichtigt hatte er mehr eine vertrauliche Form der Anrede gewählt, auf die Dobbs ebenso gedankenlos einging, als hätte er den Wechsel gar nicht gefühlt.

»Es kommt doch ganz und gar darauf an«, setzte Curtin seine Rede fort, »ob der Besitzer das Gold an sich liebt oder ob er es nur als Mittel betrachtet, um bestimmte Ziele zu erreichen. Es gibt ja auch in der Armee Offiziere, die mehr darauf sehen, daß das Lederzeug peinlich sauber geputzt ist, als daß sie darauf achten, daß das Lederzeug sich in einem brauchbaren Zustand befindet. Das Gold selbst ist nicht notwendig. Wenn ich jemand glauben machen kann, daß ich viel Gold besitze, kann ich dasselbe erreichen, als wenn ich es wirklich hätte. Es ist nicht das Gold, das die Menschen verwandelt, als vielmehr die Macht, die sie mit Hilfe des Goldes ausüben können, das die Menschen so aufregt, sobald sie Gold sehen oder von Gold auch nur hören.«

Dobbs lehnte sich zurück auf der Bank, wo die beiden saßen. Er sah hoch und bemerkte auf einem Dach eines der gegenüberliegenden Häuser zwei Arbeiter, die Telephondrähte legten. Sie standen so unsicher, daß man jeden Augenblick erwarten konnte, daß sie abstürzen würden. Für vier Pesos oder vier Pesos fünfzig den Tag, dachte Dobbs, und immer die Aussicht, sich das Genick zu brechen oder die Knochen zu zerschlagen;

beim Derrickbauen ist es ebenso, nur daß man die Aussicht etwas besser bezahlt bekommt.

Dann dachte er, es ist doch ein rechtes Luderleben, das man als Arbeiter führt. Und diesen Gedanken weiterführend, fragte er: »Würdest du denn deine Freunde verraten, um alles Gold für dich allein zu haben, so wie es die drei versuchten?«

»Das kann ich jetzt nicht sagen«, gab Curtin zur Antwort. »Ich glaube nicht, daß es einen einzigen Menschen gibt, der genau sagen kann, was er tun würde, wenn er eine große Menge Gold für sich allein erwerben kann und wenn er eine Gelegenheit hat, andere Teilnehmer auszuschalten. Ich glaube bestimmt, daß noch jeder Mensch anders gehandelt hat, als er selbst erwartete in dem Augenblick, wo er plötzlich viel Geld bekam oder die Möglichkeit sah, durch eine Handbewegung einen Haufen Gold einzusacken.«

Dobbs sah noch immer hinauf zu den Telephonarbeitern. Obgleich er es den Arbeitern nicht gönnte, hoffte er dennoch leise, daß einer herunterfallen möchte, weil das ein wenig Abwechslung in das eintönige Leben gebracht haben würde.

Weil nun keiner von den Arbeitern herunterfiel, kam ihm zum Bewußtsein, daß er unbequem sitze und daß ihm die Schultern weh täten. Er setzte sich wieder gerade auf die Bank und zündete sich eine Zigarette an. Er sah dem Rauch nach und sagte dann: »Ich würde es machen wie Tilton. Das ist das Sichere, und man braucht nicht mehr so zu schuften und nicht mehr so hungrig herumzulungern. Ich würde mich mit einer kleinen Menge begnügen und meiner Wege ziehen. Die anderen mögen sich meinetwegen herumschlagen.«

Curtin wußte nichts darauf zu antworten. Das Thema war erschöpfend von ihnen behandelt, und sie sprachen von etwas anderem, von etwas ganz Gleichgültigem, nur um zu sprechen und nicht so blöde dazusitzen.

Am Nachmittag aber, als sie vom Baden am Fluß zurückgekommen waren und sich den ganzen Weg über geärgert hatten, daß sie die lange staubige Avenida hatten laufen müssen, weil sie die fünfzehn Centavos für die Straßenbahn sparen mußten, kam das Goldthema wieder zur Sprache. Immer nur halbsatt, immer durstig nach einem Glas Eiswasser, immer schlecht geschlafen in den harten und unbequemen Bettgestellen, arbeitete der Gedanke an Gold in ihnen ununterbrochen. Woran sie wirklich dachten, das war eine Veränderung ihrer gegenwärtigen Lage. Diese Lage ließ sich nur ändern durch Geld. Und Geld war so nahe verwandt mit Gold. So wurde der Gedanke an Gold immer stärker in ihnen und löschte alle anderen Gedanken aus. Sie sahen schließlich ein, daß Geld ihnen nicht helfen könnte, daß nur Gold, ein großer Berg Gold sie aus diesem Leben, aus diesem Herumhängen zwischen Verhungern und Niemalssattwerden befreien könnte. Sie waren in einem Land, wo unerhörte Schätze an Gold zu finden waren. Sie sahen das Gold funkelnd vor sich liegen, selbst dann, wenn sie die Augen schlossen, weil die Sonne so unbarmherzig blendend auf der weißen staubigen Plaza lag. Vielleicht war es nicht das Gold, vielleicht war es das heiße Asphaltpflaster, der weiße Staub, die weißen Häuser, das sie so ungeduldig machte. Aber sie mochten hin und her denken, sie kamen immer wieder auf Gold zurück. Gold war Eiswasser, Gold war ein zufriedener Magen, Gold war eine kühle Wohnung in dem hohen eleganten Riviera-Hotel. Gold, nur Gold, und dann hörte das Stehen vor der amerikanischen Bank, wo man hoffte, die Manager von den Ölfeldern um einen lockeren Peso oder um Arbeit anzufleddern, auf. Es war entwürdigend, und es war ein schäbiges Leben. Das kann so nicht in alle Ewigkeit fortgehen.

Nachdem drei Tage vergangen waren, sich keine Aussicht auf Arbeit zeigte und es durchaus so aussah, als ob auch in den nächsten drei Monaten sich keine Aussicht auf Arbeit zeigen würde, sagte Dobbs zu Curtin: »Ich gehe jetzt los auf Gold. Und wenn ich auch ganz allein gehen muß, ich gehe. Ob ich hier verrecke oder in der Sierra zwischen den Indianern, das ist mir nun wahrhaftig Schmalzkuchen wie Sirupfaß. Ich gehe los.«

»Denselben Vorschlag wollte ich dir soeben machen«, sagte Curtin. »Ich bin zu jedem Pferdediebstahl bereit.«

»Es bleibt dir ja auch nichts anderes mehr übrig als die Wahl zwischen Taschendiebstahl und Santa Maria.«

»Santa Maria?« fragte Curtin. »Ich bin nicht katholisch.«

»Ob du katholisch bist oder nicht, das fragen sie dich nicht. Aber wenn du Pech hast beim Taschendiebstahl, dann wirst du schon lernen, wer Santa Maria ist. Das ist die Strafinsel an der Westküste, wo man dich nicht nach der Religion fragt, sondern nur wissen will, wieviel Jahre du abzumachen hast. Wenn du diese Santa Maria kennengelernt hast, weißt du, warum die Heilige Maria immer ein aufgeklapptes Taschenmesser in ihrem Herzen hat. Das hat ihr nämlich einer hineingetrieben, der von jener Insel lebendig zurückgekommen ist.«

»Wir könnten dann ja gleich morgen losgehen.«

Dobbs überlegte eine Weile, dann sagte er: »Ich habe gedacht, daß wir den alten Howard mitnehmen. Wir wollen ihn heute abend fragen, wie er darüber denkt.«

»Howard? Warum? Der ist ja so alt. Vielleicht müssen wir ihn auf dem Rücken schleppen.«

»Alt ist er«, bestätigte Dobbs. »Aber er ist zähe wie eine gekochte Stiefelsohle. Wenn es darauf ankommt, hält der mehr aus als wir beide zusammengenommen. Ich muß nur gleich gestehen, ich habe nicht viel Ahnung von Goldgraben und weiß nicht einmal recht, wie es aussieht, wenn man es vor sich im Dreck liegen sieht. Howard hat Erfahrung, er hat selbst gegraben und hat auch sein Geld gemacht. Im Öl ist alles wieder draufgegangen. So einen alten erfahrenen Burschen mitzuhaben ist schon halb eingesackt. Wer weiß, ob er überhaupt mitgeht.«

»Fragen wir ihn einfach«, riet Curtin.

Sie gingen zum Oso Negro. Howard lag im Bett und las Banditengeschichten im Western Story Magazine.

»Ich?« sagte er sofort. »Was für eine Frage? Natürlich bin ich dabei. Bin immer dabei, wenn es auf Gold geht. Ich habe noch dreihundert Dollars hier auf der Bank. Zweihundert lege ich an für die Sache. Ist mein letztes Geld. Wenn das zu Ende ist, bin ich fertig. Aber man muß etwas wagen.«

Nachdem sie alles Geld zusammengeworfen hatten, erinnerte

sich Dobbs seines Lotterieloses. »Sei doch nicht so abergläubisch«, sagte Curtin lachend. »Ich habe noch nie jemand gesehen, der in der Lotterie gewonnen hätte.«

»Macht nichts«, sagte Dobbs darauf. »Ich gehe die Liste wenigstens einmal nachsehen. Das kann nichts schaden.«

»Da gehe ich mit. Das lange Gesicht, das du machst, möchte ich gern sehen.«

Überall hingen die Listen aus. In jedem kleinen Laden, wo man Lose verkaufte. Die Listen waren auf Leinwand gedruckt. Weil niemand eine Liste kaufte, die Lotterie auch nie ein Nebengeschäft aus dem Listenverkauf machte, so wurden die Listen von Hunderten von Leuten betastet. Sie mußten sehr dauerhaft sein, um den Angriffen derer zu widerstehen, die glaubten, diesmal ganz sicher gewonnen zu haben.

Gleich an der Ecke der Madrid Bar hing so eine Liste, groß wie ein Handtuch.

Dobbs warf einen Blick darauf und sagte zu Curtin: »Dein Aberglaube ist lächerlicher als meiner. Da, siehst du die fettgedruckte Nummer? Das ist meine Nummer. Auf mein Zwanzigstel kriege ich jetzt hundert Pesos ausgezahlt.«

»Wo?« fragte Curtin erstaunt.

»Gehen wir gleich zur Agentur kassieren.«

Dobbs legte sein Los auf den Tisch. Der Agent prüfte es, und ohne einen Abzug irgendwelcher Art zu machen, händigte er Dobbs zwei dicke goldene Fünfzigpesostücke aus.

Als sie wieder auf der Plaza standen, sagte Curtin: »Nun will ich noch hundert Dollars heranschaffen. Dann langt es. Ich habe da einen Freund in San Antonio, drüben in Texas. Der schickt mir das Geld.«

Er telegraphierte, und das Geld kam pünktlich an. Sie nahmen den Nachtzug nach San Luis. Von dort fuhren sie mit dem nächsten Zug hinauf nach Durango.

Hier saßen sie über Karten und studierten die Gegenden.

»Wo Eisenbahn läuft, da brauchen wir gar nicht erst hinzugehen«, sagte Howard sachlich. »Das lohnt sich nicht. Wo eine Bahn ist, wo nur eine gute Straße ist, da kennt man jeden

Winkel, in dem etwas sein könnte. Die wilden Ecken sind es, wo was zu holen ist. Da, wo kein Steg ist, wo keine Geologen sich hintrauen, wo kein Mensch weiß, was ein Auto ist, da muß man herumkriechen. Und so eine Gegend müssen wir uns aussuchen.« Er stöberte auf der Karte herum und sagte dann: »Ungefähr hier. So genau kommt es nicht darauf an. Ist man erst einmal da, dann muß man die Augen aufmachen. Das ist alles. Ich habe einmal einen gekannt, der konnte das Gold riechen, gerade so wie ein durstiger Esel Wasser riecht, wenn er Lust hat, hinzugehen.«

»Richtig«, sagte Dobbs, »da fällt mir ein, wir wollen gleich einmal hier in einem Nachbardorf Esel kaufen, die uns die Packen schleppen.«

Curtin und Dobbs lernten sehr bald, daß sie ohne den alten Howard hilflos gewesen wären. So dick und so offen liegt das Gold nicht da, daß man darüber fällt. Man muß verstehen, es zu sehen. Man kann darüber hinweglaufen, und man sieht es nicht. Aber Howard sah es, auch wenn nur eine Spur davon in der Nähe war. Er sah es der Gegend an, ob sie Gold haben könne oder nicht, ob es die Mühe lohne, die Spaten von den Traggestellen abzubinden und ein paar Schaufeln voll Sand auszuheben und zu waschen. Wenn Howard herumpickte und herumwühlte oder gar in der Bratpfanne zu waschen begann, dann war es hoffnungsvolle Erde, die von Rechts wegen Gold haben mußte. Viermal hatten sie schon Gold gefunden. Aber die Menge, die sich auswaschen ließ, war so gering, daß man nicht auf einen guten Tagelohn kommen konnte. Einmal hatten sie einen sehr aussichtsreichen Platz gefunden, aber das Wasser, das sie benötigten, um auszuwaschen, war sechs Stunden weit, und sie mußten den Platz aufgeben.

So waren sie immer weitergezogen, immer tiefer in das Hochgebirge hinein.

Eines Morgens fanden sie sich wie festgekeilt auf ihrem schmalen Weg. Sie krochen und kletterten keuchend herum und hatten Mühe, die Esel vorwärts zu bringen. Sie waren verteufelt schlecht gelaunt.

Und Howard sagte noch dazu in diese schlechte Laune hinein: »Da habe ich mir aber zwei feine Kostgänger ausgesucht in euch beiden, das habe ich, verflucht noch mal.«

»Halt's Maul!« rief Dobbs wütend.

»Feine Kostgänger«, wiederholte Howard trocken und höhnend.

Curtin hatte ein gewaltiges Schimpfwort auf der Zunge. Aber ehe er es abfeuern konnte, sagte Howard: »Ihr seid ja so dumm, so schietenklötrig dumm, daß ihr die Millionen nicht einmal seht, wenn ihr mit beiden Füßen darauf herumtrampelt.«

Die beiden Jüngeren, die vorangingen, blieben stehen und wußten nicht, ob Howard sie verhöhnte oder ob er infolge der Anstrengungen der letzten Tage einen Anfall von Schwachsinn bekommen hätte.

Aber Howard griente sie an und sagte ganz nüchtern, ohne irgendeine Aufregung zu zeigen: »Da geht ihr auf dem nackten, klaren, funkelnden Gold spazieren und seht es nicht einmal. Wie ich eigentlich dazu gekommen bin, mit solchen Skunks auf die Goldsuche zu gehen, das wird mir für den Rest meines Lebens noch viel zu denken geben. Ich möchte nur wissen, welch eine schändliche Sünde ich abzubüßen habe, daß ich euch erdulden muß.«

Dobbs und Curtin waren stehengeblieben. Sie blickten vor sich auf den Boden, dann sahen sie sich gegenseitig an, und dann guckten sie Howard an mit einer Miene, die nicht ganz deutlich zeigte, ob sie anfingen zu verblöden oder ob sie glaubten, daß Howard auf dem Weg dazu sei.

Der Alte bückte sich, grub mit der Hand in dem losen Sand und hob eine Handvoll Sand auf. »Wißt ihr, was ich hier in der Hand habe?« fragte er. Ohne eine Antwort abzuwarten, fügte er hinzu: »Das ist Zahldreck, oder wenn ihr das nicht versteht, das ist Goldstaub. Und das ist so viel, daß wir alle drei es auf unserm Rücken nicht fortschleppen können.«

»Laß sehen«, riefen beide gleichzeitig und kamen näher.

»Braucht nicht heranzukommen. Braucht euch nur zu bücken und es aufzuheben, dann seht ihr es und habt es in der Hand.«

Ungläubig hoben sie eine Handvoll Sand auf.

»Sehen werdet ihr es ja kaum«, sagte Howard grinsend, »ihr Küchlein. Aber am Gewicht werdet ist es wohl fühlen können, was los ist.«

»Wahrhaftig«, rief Dobbs, »jetzt sehe ich es auch. Wir könnten gleich die Säcke vollfüllen und damit zurücktreiben.«

»Das könnten wir freilich«, sagte Howard und nickte. »Aber das wäre ein schlechtes Geschäft. Besser, wir waschen es rein aus. Warum sollen wir uns mit dem überflüssigen Sand schleppen? Den Sand kriegen wir nicht bezahlt.«

Howard setzte sich und sagte: »Da holt nur erst einmal ein paar Eimer Wasser heran. Ich mache eine Prozentprobe.«

Und nun begann die eigentliche Arbeit. Es mußte Wasser gesucht werden. Sie fanden welches, aber es lag hundert und einige zwanzig Meter tiefer am Berg und mußte eimerweise heraufgeschleppt werden. Den Sand hinunterzuschleppen und gleich am Wasser zu waschen machte größere Mühe, wenn es auf Zeit berechnet wurde. Das Wasser ließ sich immer wieder verwenden. Es wurde zwar nach jedem Waschen weniger, aber man brauchte nur diesen Vorrat zu ersetzen, während man umgekehrt allen Sand hinunterschleppen mußte und es vorkommen konnte, daß in zwei dicken Säcken Sand kaum ein Gramm Gut darin war.

Sie bauten das Camp, bauten die Schaukelgerüste und die Schwenkflitschen, gruben Rinnen für das Wassergefälle und stachen einen Tank aus, den sie mit Kalk und Lehm sauber abdichteten, daß der Wasserverlust so gering wurde, daß es nicht der Mühe wert war, davon zu sprechen.

Nach zwei Wochen konnten sie an die produktive Arbeit gehen.

Es war Arbeit. Das durfte man schon sagen. Sie schufteten wie blöd gewordene Sträflinge. Am Tag war es sehr heiß, und in der Nacht war es bitterkalt. Ihr Arbeitscamp lag hoch im Gebirge, in der Sierra Madre. Kein geordneter Weg führte dorthin, nur ein Maultierpfad bis zum Wasser. Um die nächste Eisenbahnstation zu erreichen, dazu war ein Eselsritt von zehn oder zwölf Tagen erforderlich. Und der Marsch ging über steile Pässe und Gebirgspfade, durch Flußläufe, durch Hohlwege, an hohen scharfen Felsenwänden entlang. Auf dem ganzen Weg waren nur einige kleine Indianerdörfer.

»So habe ich in meinem ganzen Leben nicht geschuftet«, meinte Curtin eines Morgens, als ihn Howard noch vor Sonnenaufgang hochrüttelte. Er stand aber doch auf, sattelte die Esel und schleppte die Wassermenge, die für den Tag nötig war, obgleich er vor sieben Uhr keinen Bissen in den Magen bekam.

Als sie dann alle drei bei dem Frühstück saßen, sagte Howard: »Manchmal frage ich mich ganz ernsthaft, was ihr euch eigentlich unter Goldgraben gedacht habt? Ich bin sicher, ihr habt euch das so gedacht, daß man sich nur zu bücken braucht und das Gold, das wie Kieselsteine herumliegt, aufklaubt, in Säcke füllt und damit abzieht. Wenn das so einfach wäre und so leicht ginge, dann hätte das Gold aber auch nur den Wert von Kieselsteinen.«

Dobbs brummte vor sich hin und sagte nach einer Weile: »Da muß es doch aber Plätze geben, wo man es dicker findet, wo es nicht so kläglich mühselig ist, eine Unze beieinander zu haben?«

»Solche Plätze gibt es, aber die sind so selten wie der Hauptgewinn in einer Lotterie«, antwortete der Alte. »Ich habe Plätze gesehen, in denen man auf Adern stieß, wo die Burschen faustgroße Nüsse heraushieben oder ausbuddelten. Drei, vier, acht Pfund an einem Tag habe ich gesehen. Und dann habe ich gesehen, daß an derselben Stelle vier Mann drei

Monate sich zu Tode rackerten und zu viert in den drei Monaten kaum fünf Pfund machten. Ihr könnt es mir gern glauben: Gut haltenden Sand waschen ist das sicherste. Es ist schwere Arbeit, aber wenn man seine acht oder zehn Monate gemacht hat, kann man ein sauberes Sümmchen in die Tasche schieben. Und wenn man es fünf Jahre aushalten kann, ist man für den Rest seines Lebens gesichert. Aber den will ich erst sehen, der es fünf Jahre macht. Meist gibt das Feld schon nach ein paar Monaten völlig aus, und man muß wieder auf die Wanderung gehen, um ein anderes, junges Feld zu finden.«

Die beiden Grünlinge hatten sich das Goldgraben leichter gedacht. Diesen Gedanken hatten sie in jeder Stunde viermal. Graben und graben von Sonnenaufgang bis Sonnenuntergang in der teuflischen Hitze. Dann aufschmeißen und aufschmeißen, schwenken und schütteln und sieben. Und das alles drei-, vier-, fünfmal wiederholen. Immer wieder zurück in die Schwenkpfannen, weil es nicht rein herauskam.

So ging das Tag für Tag, ohne Unterbrechung. Sie konnten nicht geradestehen, nicht liegen und nicht sitzen, so tat ihnen der Rücken weh. Ihre Hände wurden wie verknorpelte Krallen. Sie konnten die Finger nicht mehr geradebiegen. Sie rasierten sich nicht, und sie schnitten sich nicht das Haar. Sie waren zu müde dazu und gleichgültig gegenüber solchen Dingen. Wenn ihnen die Hemden oder die Hosen zerrissen, so nähten sie nur dann etwas daran, wenn es unbedingt nötig war, um die Sachen zu erhalten, weil sie sonst auseinandergefallen wären.

Da war kein Sonntag; denn der Ruhetag, den sie sich gesetzt hatten, war notwendig, um die primitive Maschinerie auszubessern, sich einmal zu waschen, ein paar Vögel oder ein Reh zu schießen, einen neuen Weideplatz für die Esel zu suchen und nach einem Indianerdorf zu wandern und dort Eier, geriebenen Mais, Kaffeebohnen, Tabak, Reis und Bohnen einzukaufen. Sie mußten schon zufrieden sein, wenn sie solche Dinge überhaupt erhielten. An Mehl, Speck, weißen Zucker und Büchsenmilch konnten sie nur denken, wenn einer eine volle Tagereise unternahm, um zu dem größeren Dorf zu gelangen, wo man diese Raritäten zuweilen, durchaus nicht immer, erhalten konnte. Wenn es bei einer solchen Expedition gelang, sogar eine Flasche Tequila mitzubringen, dann wurde das als ein Triumphzug angesehen.

Es kam dann die Frage auf, wie man sich zu der Lizenz verhalten solle. Ohne Lizenz durften sie suchen, aber nicht graben und raffinieren. Aber das mit der Lizenz hatte seine Schwierigkeiten. Einer mußte zur Regierung, mußte dort genau angeben, wo das Feld sei, und hatte ein nettes Sümmchen zu bezahlen. Von dem Ertrag mußten sie auch noch einen Prozentsatz abgeben. Und alles in allem konnte es einige Wochen dauern, bis die ganzen Angelegenheiten geregelt waren.

Das alles wäre nicht so schlimm gewesen. Was jedoch das Schlimmste war, das war allein nur die Tatsache, daß sie durch die Einholung der Lizenz, auch wenn sie noch so vorsichtig waren, sich Banditen auf den Hals hetzten. Jene Banditen, die nicht säen, aber ernten. Die lagen wochen- oder monatelang auf der Lauer, ließen die Männer tüchtig schuften, und wenn sie dann mit ihrer Ladung abzogen, wurden sie überfallen und ihnen alles Gold abgenommen. Und nicht nur das Gold wurde ihnen genommen, sondern auch die Esel und das Hemd, das sie auf dem Leib hatten. Ohne Esel und ohne Hosen, Hemd und Schuhe aus der Wildnis herauszukommen, war eine verdammt schwierige Sache. Häufig sahen das die Banditen auch ein, und um die Ausgeraubten nicht in solche Bedrängnis gelangen zu lassen, nahmen sie ihnen auch noch das Leben ab, weil sie mitleidige Seelen waren. Wer konnte wisssen, wo die armen Teufel geblieben waren? Der Busch ist groß, seine Tiefen sind so undurchdringlich, seine Gefahren so viele. Da sucht einmal nach einem Vermißten. Und ehe das Suchen auch nur beginnen kann, hat der Busch kaum noch ein letztes Knöchelchen übriggelassen. Da soll man von diesem Knöchelchen dann noch erzählen, wer der Mann war, zu dem das Knöchelchen gehörte. Und die Banditen? Die werden vor das Standgericht gestellt. Aber um das zu können, muß man sie erst einmal haben. Und weil sie das wissen, daß ihnen niemand etwas tun kann, ehe man sie eingefangen hat, darum ist es ein so leichtes Geschäft, Bandit zu sein, anstatt sich abzurackern und das Gold, das für jeden daliegt, durch eigne Arbeit zu gewinnen.

Wenn eine Lizenz gezogen wird, das spricht sich immer herum. Und es wäre auch nicht das erstemal, daß nicht Banditen, sondern die Schächer einer großen und vornehmen Minenkompanie die proletarischen Entdecker aus dem Weg räumen. Dann wird das Feld ein paar Monate nicht ausgebeutet, die Lizenz verfällt, und die Kompanie erwirbt sich nunmehr die Lizenz, die ihr auch gegeben wird, weil der frühere Inhaber seine Rechte durch Abwesenheit aufgegeben hat.

Es war deshalb durchaus vernünftig, sich nicht um die Lizenz zu scheren. War man dann nach einer Zeit zu dem Entschluß gekommen, daß man das Feld verlassen könne, weil man genug habe, so konnte man die Beute unauffällig fortschaffen. Kein Mensch wird diese zerlumpten Herumtreiber untersuchen, und sie können leichten Mutes alle Leute, die ihnen begegnen und die Banditen sein könnten oder bei passender Gelegenheit Banditen werden wollen, um Tabak anbetteln.

Das ist also die Sache mit der Lizenz. Hat man eine, kann einem das Gold abgenommen werden von Banditen. Hat man keine und es kommt heraus, nimmt einem die Regierung den halben oder den ganzen Bettel ab als Strafe. Da ist der Busch, der so groß, so weit, so verschwiegen ist. Und da sind so viele andere Dinge. Sobald man etwas besitzt, sehen alle Dinge in der Welt gleich ganz anders aus. Auf alle Fälle gehört man von dem Augenblick an zur Minderheit, und alle, die nichts besitzen oder die weniger besitzen, bekommt man zu Todfeinden. Man muß dann immer auf der Hut sein. Man hat dann immer etwas zu bewachen. Solange man nichts hat, ist man der Sklave seines hungrigen Magens und der natürliche Sklave derer, die einen hungrigen Magen füllen können. Wenn man aber etwas hat, ist man der Sklave seines Besitzes.

Die drei Männer, die sich hier zusammengefunden hatten, waren niemals Freunde gewesen. Sie hatten auch kaum je daran gedacht, irgendwann einmal Freunde zu werden. Sie waren, um das Beste in dieser Hinsicht zu sagen, Geschäftsfreunde. Aus reinen Nützlichkeitsgründen hatten sie sich zusammengetan. Sobald dieser Grund verschwand, hörte auch ihre Gemeinschaft auf. Sie kamen in Streitigkeiten, und sie zankten sich, wie das immer geschieht, wenn Menschen eine Weile beieinander sind. Dieses Zanken hätte sie mit der Zeit zu Freunden machen können. Das wäre nicht so verwunderlich gewesen. Wenn Menschen, die nicht Freunde sind, zu streiten anfangen und sich zanken, so ist das meistens der Beginn einer langen Freundschaft.

Die gemeinsamen Mühen, die gemeinsamen Sorgen, die gemeinsamen Hoffnungen, die gemeinsamen Enttäuschungen, die jene drei Männer in den Monaten, die sie nun schon beieinander waren, durchgemacht hatten, mußten nach allen Weisheiten der Soziologie zur Freundschaft führen. Sie waren doch Kriegskameraden, bessere Kriegskameraden, als je ein Krieg hervorbringen konnte. Da war mehr als ein Fall vorgekommen, daß Howard dem Dobbs, Curtin dem Howard, Dobbs dem Curtin das Leben gerettet hatte; dann wieder, daß Dobbs den Howard, ein andermal den Curtin vor dem Verlust des letzten Atems bewahrt hatte. Alle möglichen Kombinationen waren vorgekommen. Jeder war immer sofort bereit gewesen, dem anderen zu helfen und seine eigenen Knochen oder gar das eigene Leben dran zu wagen, den Abgestürzten in Sicherheit zu bringen. Was war da alles schon vorgekommen. Da brach ein angefällter Baum zu früh, und Dobbs fing ihn mit der Schulter auf und gab ihm dadurch eine andere Richtung, sonst hätte der Baum Curtin zerschmettert. Wie die Schulter nachher aussah!

»Fein war das, Dobbs«, sagte Curtin. Und das war alles, Was sollte er mehr sagen.

Zwei Wochen später brach ein Erdstollen durch, als Dobbs

drin war, und Curtin wühlte ihn heraus, obgleich eine dicke schwere Schwarte kieseliger Erde über ihm hing und jeden Augenblick herunterbrechen konnte, um Curtin so sicher zu vergraben, daß Howard, der an der anderen Seite den Stollen durchzustechen versuchte, auf alle Fälle zu spät gekommen wäre, um auch nur zu ahnen, wo die beiden hingekommen seien.

Als Dobbs dann herausgezerrt war, sein Bewußtsein wieder hatte und zu atmen anfing, sagte er: »Wenn ihr einmal mehr in die Hände gespuckt hättet, dann hätte ich auf diesen Sandhaufen nicht mehr spucken können.«

Dabei spie er ein Maul voll Erde aus.

Da wurden nie viel Worte gewechselt in solchen Fällen. Es war ganz nüchterner Dienst, den einer dem anderen erwies. Aber diese Dienste, diese Hilfeleistungen brachten sie nicht näher zueinander. Sie wurden nicht Freunde. Sie würden nicht Freunde geworden sein, auch wenn sie noch zehn Jahre lang sich gegenseitig das Leben gerettet hätten.

Sie selbst konnten sich nicht beobachten, sie waren beteiligte Partei. Wer sie aber zuweilen hätte vor dem Feuer sitzen sehen, kurz vor dem Schlafengehen, der würde den Eindruck gewonnen haben, daß jeder von ihnen auf eine gute Gelegenheit warte, um den beiden anderen an den Hals zu springen. Dennoch war es nicht Mord, was in ihren Augen glimmte.

Vielleicht war es Neid? Doch wenn jeder einzelne von ihnen gefragt worden wäre, was er gegenüber den anderen empfinde, er würde nicht gesagt haben »Neid« oder »Habgier«. Das war es ganz bestimmt nicht. Jeder besaß gleich viel, jeder wußte, daß der andere so ziemlich alles Vermögen in das gemeinsame Unternehmen gesteckt hatte, daß jeder hart gearbeitet, jeder bitter gedarbt, jeder unmöglich Erscheinendes erduldet hatte, um zu etwas zu kommen. Wie konnte man da Neid empfinden? Oder Habgier? So widernatürlich fühlt ein gesunder Mensch nicht.

Jeden Abend, noch bei hellem Tageslicht, wurde der Ertrag des Tages sorgfältig abgeschätzt, dann in drei Teile geteilt, und jeder nahm seinen Teil an sich. Das hatte sich gleich von Anfang an wie von selbst ergeben.

»Am besten, wir teilen jeden Abend, und jeder nimmt seinen Anteil an sich.« Diesen Vorschlag machte Curtin am zweiten Abend der Woche, in der die Arbeit anfing, die ersten Gewinne abzuwerfen.

»Dann brauche ich wenigstens nicht euer Schatzhüter zu sein«, sagte Howard.

Sofort sahen die beiden anderen auf: »Wir hatten nichts davon gesagt, daß du das Gut in Verwahrung haben solltest. Das wäre erst noch sehr die Frage gewesen, ob wir dir das alles anvertraut hätten.«

»Schaut ihr aus dem Fenster heraus?« lachte Howard. Er fühlte sich nicht beleidigt. Er hatte solche Wandlungen oft erlebt, als daß er sich deswegen aufgeregt hätte. Gutmütig sagte er: »Ich habe nur gedacht, daß ich der Vertrauenswürdigste hier bin.«

»Du?« rief Dobbs. »Wir wohl nicht? Wir sind wohl entlaufene Sträflinge?«

Und Curtin sagte: »Was wissen wir denn, wo du alt geworden bist.«

Howard ließ sich nicht aus der guten Laune bringen. »Freilich wißt ihr das nicht. Aber ich denke, hier draußen und zwischen uns, da zählt das alles nicht. Ich habe keinen von euch gefragt, wo er herkommt und wo er seine Jahre der Unschuld verbracht hat. Das wäre auch sehr unhöflich gewesen. Man soll niemand zum Lügen verführen. Hier draußen, wo kein Hahn kräht, da rettet kein Schwindel. Ob wir uns hier gegenseitig was vorlügen oder ob wir uns einander die blutige Wahrheit erzählen, das ist keinen Nickel wert. Aber ich bin unter uns dreien der einzige, der hier draußen vertrauenswürdig ist.«

Die beiden anderen grienten. Aber ehe sie Zeit fanden, eine saftige Antwort zu geben, fuhr Howard fort: »Braucht nicht aufzufahren. Es ist richtig, was ich sage. Hier gilt nur die nackte Tatsache. Wir könnten ja dir«, dabei nickte er zu Dobbs hinüber, »das Gut zur Aufbewahrung anvertrauen. Aber wenn ich im Busch sitze und Stützen zimmere und Curtin in den Laden hinuntergeritten ist, packst du auf und ziehst ab.«

»Das ist eine Gemeinheit, so etwas zu sagen«, brauste Dobbs auf.

»Mag sein«, erwiderte Howard ruhig, »daß es eine Gemeinheit ist, es auszusprechen. Aber es ist dieselbe Gemeinheit, so etwas zu denken. Und du wärst der erste Mensch, dem ich je begegnet bin, der so etwas nicht denken würde. Mit dem Gut der anderen durchzubrennen ist, da will ich euch gleich meine Meinung sagen, keine Gemeinheit, sondern hier draußen ist das nur eine ganz natürliche Sache. Ein Dummkopf, der es nicht tut. Ihr seid nur zu schäbig, es einzugestehen. Aber laßt uns erst zwanzig Kilo Fein im Schatz haben, dann will ich einmal sehen, was ihr denkt. Ihr seid nicht besser und nicht schlechter als irgendwelche anderen Burschen. Ihr seid ganz natürliche Menschen. Und wenn ihr mich hier eines Tages an einen Baum bindet, alles aufpackt und dann abzieht und mich hier verrecken laßt, um mein Gut zu haben, so tut ihr nur das, was jeder tun würde, wenn er nicht im rechten Augenblick den Gedanken bekäme, daß es sich letzten Endes vielleicht nicht voll bezahlen ließe. Ich kann mit eurem Gut nicht abkneifen. Ich bin nicht mehr flink genug auf den Beinen. Mich hättet ihr innerhalb zwölf Stunden am Kragen und hängtet mich ohne Gewissensbisse am nächsten Baum auf. Ich kann nicht ausrücken, ich bin auf euch angewiesen. Darum dachte ich, daß ich hier der einzige Vertrauensmann bin.«

»Wenn man das so überdenkt«, sagte Curtin, »dann hast du recht. Aber auf alle Fälle ist es besser, wir machen jeden Abend Teil, und jeder bewacht sein Gut allein. Dann kann jeder gehen, wann er will.«

»Nichts dagegen«, sagte Howard. »Ist gar nicht so schlecht. Dann ist jeder besorgt, daß der andere sein Versteck belauschen könnte.«

»Was für einen bösen Charakter mußt du haben, Howard«, meinte Dobbs, »daß du immer nur an Niederträchtigkeiten denkst!«

»Kannst mich nicht beleidigen, Junge«, gab Howard zur Antwort. »Ich kenne meine Leute und weiß, welch lieblicher Taten und Gedanken sie fähig sind, wenn Gold in Frage kommt. Im Grunde genommen sind die Leute alle gleich, wenn das Gold mitspielt. Alle gleich niederträchtig. Da, wo sie gepackt werden können, sind sie nur vorsichtiger, verlogener, verheuchelter. Hier draußen brauchen sie nicht zu heucheln, hier ist das Geschäft immer klar und durchsichtig. Einfach und schlicht. Drinnen in den Städten, da sind tausend verschiedene Widerstände und Hemmungen. Hier ist nur ein Widerstand, das Leben des anderen. Und hier ist immer nur eine Frage.«

»Welche?« fragte Dobbs.

»Die möchte ich wissen«, sagte Curtin zur gleichen Zeit.

»Hier ist nur die eine Frage, ob einem nicht eines Tages die Erinnerung wird zu schwer zu schaffen machen. Taten belasten nicht. Es sind immer nur die Erinnerungen, die an der Seele fressen. Kommen wir schon zum Schluß. Es wird also jeden Abend geteilt, und jeder sucht sich ein gutes Versteck. Wenn es erst einmal fünf Kilo sind, dann können wir das Gut sowieso nicht mehr den ganzen Tag in einem baumelnden Beutelchen auf der Brust hängen haben.«

Viel Mühe und alle ihre Erfindungsgabe hatten die Männer darauf verwandt, um ihren Arbeitsplatz gut zu verbergen. Das Camp, wo sie schliefen und kochten, verlegten sie, so daß es einen halben Kilometer von der Mine entfernt war. Der Platz, wo die Mine lag, wurde so vortrefflich mit Buschwerk und großen Steinen von der einzigen Stelle, wo der Zugang möglich war, abgekleidet, daß niemand, der sich in der Nachbarschaft herumtrieb, auf den Arbeitsplatz stoßen konnte. Nach einer Woche schon waren das Buschwerk, die Hügel, die

Löcher, die Steinblöcke so verwachsen, daß selbst Eingeborene, die auf die Jagd gingen, nichts Auffälliges dort gesehen hätten, das sie zu dem Arbeitsplatz hätte führen können.

Das Camp zu verstecken lag nicht in der Absicht der Männer. Das Lager hielten sie ganz offen. Um ihren Aufenthalt dort zu rechtfertigen, spannten sie rohe Felle und Vogelbälge auf aufgestellten Rahmen aus. Das ließ sie ohne weiteres als Felljäger und als Sammler seltener Vögel erscheinen. Da wurde nicht der geringste Verdacht rege, denn Hunderte von Leuten betreiben das als einträgliches Geschäft.

Von dem Lager führte ein verschwiegener Pfad zur Mine. Um auf den Pfad zu kommen, mußten sie die ersten zehn Meter auf dem Bauch rutschen. Wenn sie durch waren, wurde der Pfad mit grünem Dornengestrüpp verstellt. Kamen sie zurück zum Lager, wurde es erst sorgfältig beobachtet, ob jemand in der Nähe sei. Wäre das der Fall gewesen, dann hätten sie einen weiten Umweg gemacht und wären aus einer ganz entgegengesetzten Richtung in das Lager gekommen, so als ob sie eben von der Jagd heimkämen.

In all der Zeit, die sie hier nun schon lebten, hatte sich nicht ein einziges Mal jemand sehen lassen, weder ein Weißer noch ein Eingeborener. Es war auch durchaus unwahrscheinlich, daß sich jemand in diese wilde Gegend je verlaufen würde. Aber die Männer waren zu klug und zu vorsichtig, als daß sie sich darauf eingelassen hätten, Opfer eines Zufalls zu werden. Nicht einmal ein flüchtiges Wild, das von einem Jäger verfolgt wurde, hätte auf dem Arbeitsplatz nach Sicherheit suchen können.

Der Geruch der hier arbeitenden Menschen trieb es in eine andere Richtung.

Und Hunde sind im Busch zu furchtsam, sie bleiben immer bei ihrem Herrn und schnüffeln nicht herum.

Aber das Leben, das die drei Leute hier führten, war erbarmungswürdiger als das eines litauischen Fabrikarbeiters in Detroit. Es war das jammervollste Leben, das sich nur vorstellen läßt. Dobbs meinte eines Abends, daß er sich in dem verschlammtesten Schützengraben Frankreichs menschlicher gefühlt habe als hier während der letzten Wochen. Curtin und Howard konnten das nicht beurteilen, weil sie nicht die Ehre hatten, in Frankreich gewesen zu sein, um die zarten unschuldigen Säuglinge an der Brust amerikanischer Mütter vor den Bajonetten der Hunnen zu schützen. Und mit jedem weiteren Tag, den sie hier zubrachten, wurde das Leben unerträglicher. Das ewig gleichförmige Essen, hastig zubereitet von übermüdeten Händen, ekelte sie an. Aber sie mußten es hinunterwürgen. Die öde Eintönigkeit ihrer Tätigkeit machte die Arbeit noch schwerer, als sie an sich schon war. Graben, Sieben, Schwenken, Ausklauben, Wasserschleppen, Abstützen. Eine Stunde wie die andere, ein Tag wie der andere. Woche für Woche. Und so ging das nun schon Monate.

Die Arbeit hätte sich vielleicht ertragen lassen. Hunderttausende von Menschen verrichten ihr ganzes Leben lang keine andere Arbeit und fühlen sich dennoch verhältnismäßig wohl dabei. Hier aber wirkten andere Mächte gegen sie.

Die ersten Wochen hatten sie verbracht, ohne daß ihnen zum Bewußtsein gekommen wäre, wie schwierig sich ihr Dasein gestalten könne. Sie dachten nicht einen Augenblick darüber nach, daß an ihnen Mächte fressen und nagen könnten, von deren Vorhandensein sie bisher nie etwas gewußt hatten. In der ersten Zeit gab es jeden Tag etwas Neues. Jeden Tag wurde etwas geplant und ausgeführt. Jeder von ihnen wußte ein paar Witze zu erzählen oder ein Geschäftchen, das den beiden anderen unbekannt war. Jeder war ein Studium für den anderen, jeder besaß eine Besonderheit, die den anderen interessierte oder vielleicht anwiderte, aber doch wenigstens seine Aufmerksamkeit erweckte.

Nun aber hatten sie sich nichts mehr zu erzählen. Keiner hatte in seinem Sprachschatz ein Wort übriggelassen, das der andere nicht kannte.

Und er kannte jedes Wort des anderen sogar mit der Betonung und der Geste, die mit seinem Wort verknüpft waren.

Dobbs hatte die Gewohnheit, beim Sprechen zuweilen das

linke Auge halb zuzukneifen. Anfangs hatten Howard und Curtin das höchst lustig gefunden, und sie machten Scherze über diese Eigenheit. Da kam aber dann ein Abend, an dem Curtin sagte: »Wenn du verfluchter Hund das nicht sein läßt, immerfort das linke Auge zuzukneifen, schieße ich dir eine Unze Blei in den Bauch. Du weißt ganz gut, du Zuchthäusler, daß mich das ärgert.«

Mit einem Satz war Dobbs auf und hatte den Revolver gezogen. Hätte Curtin seinen Shooter ebenso rasch hoch gehabt, dann wäre die schönste Schießerei im Gang gewesen. Aber Curtin wußte, daß er sofort sechs Kugeln im Magen haben würde, sobald er nur mit der Hand nach hinten langte.

»Ich weiß schon ganz gut, wer du bist«, schrie Dobbs, den Revolver im Handgelenk schwenkend. »Du bist in Georgia ausgepeitscht worden, weil du Mädchen überfallen und vergewaltigt hast. Rein zum Vergnügen bist du doch nicht hier in Mexiko, du Frocklifter.«

Ob Dobbs ein Zuchthäusler war, wußte Curtin genausowenig, wie Dobbs wußte, ob Curtin jemals in Georgia gewesen war. Sie saugten sich das aus den Tabakspfeifen oder kauten es aus den Speckschwarten heraus, und jetzt sagten sie es, um sich gegenseitig zur höchsten Wut anzustacheln.

Howard ließ sich nicht stören, er qualmte dicke Wolken Tabaksrauch und starrte in das Feuer. Als die beiden aber schwiegen und keine neuen Schimpfereien so schnell erfinden konnten, sagte er: »Aber Jungens, laßt doch die Schießerei sein. Wir haben hier keine Zeit, um Kranke zu pflegen.«

Dobbs schob nach einer Weile seinen Revolver ein und legte sich schlafen. Curtin blieb aber mit Howard am Feuer sitzen und zündete sich eine neue Pfeife an.

Nicht lange darauf kam ein Morgen, an dem Curtin dem Dobbs den Revolverlauf in die Hüfte pokte: »Jetzt sagst du noch ein Wort, und ich ziehe ab, du Giftkröte.«

Das war so gekommen: Dobbs hatte zu Curtin gesagt: »Schmatz nicht immer so wie ein Mastschwein, wenn du frißt. In welcher Verbesserungsanstalt bist du denn groß geworden?«

»Ob ich schmatze oder ich rotze, das geht dich ganz gewiß einen Hundedreck an. Ich wenigstens ziehe nicht immerfort durch den hohlen Zahn wie eine pfeifende Ratte.«

Worauf Dobbs erwiderte: »Haben denn die Ratten in Sing Sing hohle Zähne?«

Der muß erst gefunden werden, der nicht weiß, was diese Frage bedeutet; denn Sing Sing ist der unfreiwillige Aufenthalt jener New Yorker, die gefaßt werden. Die übrigen New Yorker, die nicht gefaßt werden, haben ihre Büros in der Wall-Street.

Eine solche freundschaftliche Anspielung konnte Curtin nicht ruhig ertragen, und er stieß Dobbs den Lauf des entsicherten Revolvers zwischen die Rippen.

»Verflucht noch mal«, rief Howard jetzt aufgebracht, »ihr betragt euch, als ob wir alle gegenseitig verheiratet wären. Steck das Eisen ein, Curtin.«

»Du?« schrie Curtin erbost. Er ließ den Arm mit dem Revolver fallen und wandte sich gegen den Alten: »Was hast du denn hier zu kommandieren, du Krüppel?«

»Kommandieren?« entgegnete Howard. »An Kommandieren denke ich gar nicht. Aber ich bin hierhergekommen, um Gold zu graben und mein Geschäft zu machen, nicht aber, mich hier mit dummen Jungen herumzuzanken. Wir brauchen einer den anderen, und wenn einer zusammengeschossen wird, können die beiden anderen abziehen, mit zweien läßt sich das gar nicht machen oder nur so unbequen, daß wir kaum auf einen gesunden Tagelohn kommen.«

Curtin hatte seinen Revolver eingeschoben und sich wieder hingesetzt.

»Und ich? Das will ich euch gleich sagen«, fuhr Howard fort. »Ich bin das herzlich leid. Ich habe keine Lust, mit einem von euch hier übrigzubleiben, und ich gehe. Es langt mir, was ich jetzt habe.«

»Aber uns langt es nicht«, schrie Dobbs wütend. »Du mit deinen alten Knochen hast genug für die sechs Monate, die du noch zu leben haben magst. Wir aber nicht. Und wenn du hier auskneifen willst, ehe wir alles ausgelaugt haben – wir werden schon noch ein Mittelchen finden, dich hierzubehalten.«

»Komm uns nicht mit solchen Kindereien, Alter«, mischte sich nun auch Curtin ein. »Wir kriegen dich innerhalb vier Stunden, wenn du etwa abrutschen willst. Weißt du, was wir dann mit dir machen?«

»Kann ich mir denken, du Schurke«, höhnte Howard.

»Kannst du dir nicht denken«, sagte Curtin darauf und grinste. »Wir nehmen dir deinen Kümmel ab und binden dich an einen Baum, sicher und sorgfältig, und dann gehen wir, wir ohne dich. Morden, wie du dir vielleicht gedacht hast? Nein, das gibt es nicht.«

»Sicher nicht«, antwortete Howard, »dazu seid ihr viel zu fromm. Ich könnte euch ja euer kinderreines Gewissen belasten. Anbinden und allein lassen. Sieh mal einer an. Ihr seid wahrhaftig nicht wert, daß man euch anspuckt. Und ihr wart doch so feine Jungen, als ich euch da unten in der Stadt traf.«

Eine Weile schwiegen alle drei.

Dann sagte Dobbs: »Das ist ja alles Unsinn, was wir hier reden. Aber verteufelt noch mal, wenn man kein anderes Gesicht sieht nun schon seit drei Monaten, immer zusammenhocken muß, man wird sich zum Ekel. Ich glaube, daß es so mit verheirateten Leuten geht. Erst können sie nicht ohne einander auch nur eine halbe Stunde leben, und sobald sie zusammenleben müssen und keiner mehr einen neuen Satz zu reden weiß, den der andere nicht schon hundertmal gehört hat, dann spucken sie sich gegenseitig an und möchten sich vergiften. Das weiß ich von meiner Schwester. Zuerst wollte sie sich ertränken, weil sie ihn nicht kriegen sollte, und als sie ihn eine Weile hatte, wollte sie sich ertränken, um ihn nicht mehr sehen zu müssen. Jetzt ist sie geschieden und will es mit einem anderen versuchen.«

»Wieviel denkst du denn, Howard, wieviel es ist, was wir jetzt haben?« fragte Curtin dann unerwartet.

Der Alte dachte eine Weile nach. Dann sagte er: »So genau läßt sich das nicht berechnen. Wir kriegen das nicht so rein heraus. Da ist immer noch manchmal etwas unreines Metall dazwischen. Aber ich denke, daß wir jeder vierzehn- bis sechzehntausend Dollars geschafft haben.«

»Dann möchte ich den Vorschlag machen«, sagte Dobbs, »daß wir noch sechs Wochen dreingeben, dann das Camp einebnen und abwandern.«

»Bin ich einverstanden«, warf Curtin ein.

»Länger werden wir ja auch gar nicht zu tun haben«, meinte nun Howard. »Wenn ich nicht ganz im Irrtum bin, dann werden wir nach vier Wochen bereits so dünn sein, daß es die Arbeit nicht mehr lohnt. Habt ihr gesehen, daß zehn Schritte weiter 'rauf, wo wir jetzt das Bett ausheben, sich die Erde ändert? Da ist kein Sand mehr. Entweder ist der Fluß an der Stelle von oben den Berg hinuntergefallen, oder er ist aus dem Berg herausgekommen. Das kann man jetzt nicht mehr sehen. Da ist sicher einmal ein Bergrutsch gewesen, und seitdem hat der Fluß einen anderen Weg genommen, oder die Quellen und Beibäche haben sich verlegt.«

Der Friede war im Lager wieder eingekehrt. Ein so bitterböser Streit, wie der letzte gewesen war, kam nicht mehr vor. Sie hatten jetzt ein bestimmtes Ziel, einen festgesetzten Tag, an dem sie das Lager aufgeben wollten. Und das veränderte ihre Stimmung und ihr Wesen so vollkommen, daß sie nicht begreifen konnten, wie solche Streitigkeiten überhaupt möglich gewesen waren. Sie beschäftigten sich jetzt damit, den besten Plan zu entwerfen, wie sie hier unauffällig fortkommen und ihre Beute in Sicherheit bringen konnten, wo sie sich niederlassen wollten und was sie mit dem erlösten Gewinn anzufangen gedachten. Dieses Entwerfen von Plänen gab ihren Gesprächen eine andre Richtung. Sie lebten schon in dem Vorgefühl, wieder in einer Stadt und zwischen allen den Dingen, die Zivilisation bedeuten, zu leben. Und wissend, daß es ja nun nicht mehr lange sein werde, fanden sie sich mit einem Mal ganz leicht mit den Gewohnheiten der Mitgenossen ab. Sie sahen in jenen Gewohnheiten nicht mehr das Häßliche, nicht mehr das, was den einen bis zur Wut ärgern konnte, sondern sie wurden nachsichtig gegeneinander. Wenn jetzt der eine vielleicht sich nachhaltig auf dem Kopf kratzte und dann nachher das Abgekratzte an den Fingernägeln gedankenlos betrachtete, als ob es etwas Genießbares sei, so erfolgte keine hämische Bemerkung des anderen, der ja auch seine üblen Gewohnheiten hatte, sondern er sagte lächelnd: »Beißen sie, Curtinchen? Na warte, das Fleisch ist gleich fertig geröstet, dann bis du auf diese filzige Mahlzeit nicht mehr angewiesen.« Worauf dann Curtin, ebenfalls lachend, antwortete: »Es ist gut, daß du mich daran erinnerst, ich muß mir doch diese verfluchte Angewohnheit abgewöhnen, sonst schmeißen mich die Leute vielleicht gar aus dem Hotel hinaus.«

Und je näher der Tag, an dem sie das Camp aufheben wollten, heranrückte, desto besser fingen sie sich an zu vertragen. Howard und Dobbs sprachen sogar schon davon, als Geschäftsteilhaber zusammenzuarbeiten und in Monterrey oder in Tampico ein Kino aufzumachen und gemeinschaftlich zu leiten. Dobbs sollte der künstlerische Leiter sein, also die Filme kaufen, die Vorführungen leiten, die Programme schreiben und die Musik überwachen, während Howard die geschäftlichen Angelegenheiten, die Kasse, die Mieten, die Löhne, die Druckarbeiten, die Reparaturen und die Verschönerungen des Theaters übernahm.

Curtin hatte es nicht so leicht. Er konnte sich nicht schlüssig werden, ob er in Mexiko bleiben oder nach den States zurückkehren solle. In einem Satz hatte er einmal gelegentlich hingeworfen, daß er so etwas Ähnliches wie eine Braut in San Antonio in Texas habe. Er schien sich aber nicht viel daraus zu machen. Wahrscheinlich tat er auch nur so, um nicht mit seiner Braut aufgezogen zu werden. Von Frauen wurde im Camp selten gesprochen, und wenn man schon von ihnen sprach, so geschah es immer im wegwerfenden Sinne. Warum sollte man sich auch mit solchen Gedanken plagen? Man spricht immer im wegwerfenden Sinne von Dingen, die man nicht haben kann. Es wäre auch ziemlich schwergefallen, sich diese drei Männer vorzustellen, daß sie in ihrem Arm eine Frau oder ein Mädchen hätten. Es hätte sich nur um die entlaufene Frau eines Straßenräubers handeln können. Ein anständiges Mädchen hätte sich lieber in einem Sumpfloch ertränkt, als daß sie sich mit einem dieser Männer hier eingelassen haben würde. Wenigstens in dem Zustand, in dem sie jetzt waren, wie sie sich betrugen und in welcher Art und Weise sie ihre Gedanken ausdrückten.

Das Gold, das eine schöne und elegante Dame am Finger trägt oder das als Krone einem Kaiser auf seinem Kopf wackelt, ist meist schon in recht merkwürdiger Gesellschaft gewesen, und es hat viel häufiger sich in Blut gebadet als in Seifenwasser. In allen Fällen hat eine Krone aus Blumen und ein Kranz aus den Blättern eines Baumes eine Herkunft, die edler ist. Die Dauerhaftigkeit des Materials, die Dauerhaftigkeit einer Blumenkrone verglichen mit der Dauerhaftigkeit einer Goldkrone ist nur relativ.

Curtin war in der Tienda des Dorfes gewesen und hatte Proviant eingekauft. Es war der letzte Proviant, den sie benötigten, und er sollte reichen bis zu ihrer Abreise. »Mann, wo steckst du nur so lange?« fragte Howard, als Curtin angeritten kam und sich anschickte, den Tragesel abzuladen.

»Ich wollte grade meinen Esel satteln und dir entgegenkommen«, warf Dobbs ein. »Wir dachten, es sei dir etwas zugestoßen.«

Curtin antwortete nicht, sondern lud den Esel ab und brachte die Säcke zum Feuer. Dann setzte er sich nieder, steckte sich eine Pfeife an, gab den Tabak aus den Säcken heraus, verteilte ihn, und endlich sagte er: »Ich habe verteufelte Umwege machen müssen. Da unten im Dorf trieb sich ein Bursche herum. Sagt, er sei von Arizona.«

»Was will denn der hier?« fragte Dobbs.

»Das wollte ich gern erfahren«, erwiderte Curtin. »Aber die Indianer sagten nur, er sei schon ein paar Tage da und lungere herum. Er fragte die Leute, ob hier Minen seien oder Gold oder Silber. Darauf erklärten ihm die Indianer, Minen seien hier nicht, und Gold gäbe es auch nicht hier, auch kein Silber und überhaupt nichts; sie könnten sich gerade recht und schlecht ernähren von Mattenflechten und Töpfemachen. Aber dann sagte ihm der blöde Esel von der Tienda, daß da irgendwo in den Bergen ein Amerikaner herumkrieche, der wilde Tiere jage. Er weiß ja nicht, daß ihr auch hier seid, er kennt ja nur mich. Das denke ich wenigstens. Und da hat er ihm gesagt, daß ich zuweilen käme, um Proviant einzukaufen, und daß ich wohl jetzt in dieser Woche kommen würde. Da hat dann der Bursche aus Arizona gesagt, er wolle auf mich warten.«

»Und da hat dieses dreckige Vieh auch richtig gewartet?«

»Ja, das hat er. Als ich da unten ankam, fiel er mich gleich an, was ich hier täte, ob ›was zu machen sei‹, ob hier nicht mächtig viel Gold wäre, und all solchen Unfug. Ich war ziemlich kurz angebunden und gab kaum Antwort.«

»Hast du ihm nicht ordentlich etwas vorgesohlt?« fragte Dobbs.

»Das habe ich. Wenn ich überhaupt antwortete, so habe ich ihm saubere Geschichten geliefert. Aber das alles half nichts. Er wollte durchaus mit zu meinem Camp kommen. Er meinte, hierherum müsse unbedingt Gold sein, er sähe es aus dem Lauf der ausgetrockneten Flüsse, aus dem heruntergeschwemmten Sand und aus Brocken, die vom Gebirge oben abgespalten und heruntergestützt seien.«

»Das ist ein großer Mann«, sagte Howard, »wenn der aus solchen Dingen sehen kann, daß hier Gold sein müsse.«

»Gar nichts weiß der Bursche«, fiel Dobbs ein. »Das ist ein Spion, da bin ich ganz sicher. Entweder ein Spion von der Regierung wegen der Taxe, oder er ist ein Spion von den Banditen, die uns auf der Rückwanderung aufheben wollen.

Wenn sie auch gar nicht an Gold denken, aber wir haben doch Esel und Werkzeuge und Kleidungsstücke, Messer, Revolver und Felle, wie sie glauben. Das ist alles Wert. Da lohnt es sich schon, uns anzufallen.«

»Nein«, sagte Curtin, »ich glaube nicht, daß er ein Spion ist. Ich glaube, er ist wirklich hinter Gold her.«

»Hat er denn eine Gräberausstattung?« fragte Howard.

»Ich habe keine gesehen. Er hat ein Maultier, auf dem er reitet, eine Decke, einen Kaffeekessel, eine Pfanne und einen Sack, wo er noch ein paar Lumpen drinhaben mag. Das ist alles.«

»Mit seinen Fingern kann er das Gold nicht 'rausbuddeln«, sagte Dobbs. »Vielleicht hat man ihm die Werkzeuge gestohlen, oder er hat sie verkaufen müssen. Aber was haben wir denn mit diesem Windhund zu tun?« Curtin kratzte sich am Kopf und wollte sich dann die Fingernägel betrachten. Als er aber bemerkte, daß Dobbs und Howard ebenfalls auf seine Fingernägel guckten, ließ er die Hand sinken und nahm sich wieder einmal vor, es nicht mehr zu tun. Dobbs und Howard jedoch hatten diesmal nicht deshalb auf seine Fingernägel geschaut, um ihn daran zu erinnern, daß er in wenigen Tagen auf dem Rückweg zur Zivilisation sei. Sie hatten vielmehr aus reiner Gedankenlosigkeit die altgewohnte Bewegung Curtins verfolgt. Man darf es nicht einmal Gedankenlosigkeit nennen. Ihre Gedanken waren mit dem geheimnisvollen Burschen aus Arizona beschäftigt, und sie hatten das unklare Empfinden gehabt, als ob dadurch, daß Curtin sich seine Fingernägel betrachte, wie er es gewohnt sei, sich das Geheimnis, das jenen Burschen umgab, lüften könne.

Curtin stierte ins Feuer. Dann sagte er: »Ich konnte nichts aus ihm machen. Er sieht nicht so aus, als ob er von der Regierung oder von den Banditen sei. Er sieht ziemlich unschuldig aus, als ob er das, was er sagte, auch wirklich meine. Aber wir haben schon etwas mit ihm zu tun, auch wenn Dobbs glaubt, wir haben es nicht. Er ist mir gefolgt. Er fragte erst, ob er nicht mit in mein Camp kommen könne. Das habe ich ihm verweigert. Dann ist er hinter mir hergeritten. Ich bin stehengeblieben und habe ihn abgewartet. Dann habe ich ihm gesagt, er solle sich zum Teufel scheren und mich nicht belästigen. ›Ich will Sie ja aber gar nicht belästigen‹, sagte er darauf, ›ich will nur ein paar Tage in Gesellschaft sein, ich bin schon ganz verrückt, immer so hier im Gebirge herum und immer nur mit diesen Indianern. Ich möchte ein wenig sprechen und ein paar Abende mit einem weißen Burschen am Feuer sitzen. Dann gehe ich wieder.‹ Da habe ich ihm gesagt, er solle sich einen andern Kameraden suchen, ich wolle nichts mit ihm zu tun haben. Strolch konnte ich ja nicht gut sagen, er hätte es mir wiedergeben können, wie wir schon aussehen.«

»Wo ist er denn jetzt?« fragte Howard.

»Er ist doch nicht etwa hier?« sagte Dobbs und drehte sich um.

»Das glaube ich nicht«, erwiderte Curtin. »Ich machte alle möglichen Umwege und Windungen durch das Gebüsch. Aber wenn ich den Weg übersehen konnte, sah ich immer, daß er auf dem richtigen Wege hierher war. Wäre ich zu Fuß gewesen, hätte ich ihn völlig abgeführt. Aber nun versuche das einmal, wenn du zwei Esel hast. Es ist ja auch nur nötig, daß er weiß, daß hier jemand im Gebirge haust, und wenn er die Richtung nur ungefähr weiß, so muß er heute oder morgen oder übermorgen auf uns stoßen. Das wird er sicher. Es ist nur eine Frage: Was tun wir mit dem Mann, wenn er hier auftaucht? In seiner Gegenwart können wir nicht zur Mine.«

»Das ist eine böse Sache, eine sehr böse Sache«, sagte Howard. »Wenn es ein Indianer wäre, das wäre nicht so schlimm. Der bleibt nicht, der geht wieder zu seinem Dorf, zu seiner Familie. Aber dieser Bursche klebt wie Pechpflaster. Der riecht auch gleich, daß hier was los ist. Denn warum sollen sich denn gerade hier drei Weiße verkriechen? Hier im Gebirge? Wir können ihm nur erzählen, daß wir drei Raubmörder seien, die sich hier verborgen halten müssen. Aber wenn er dann 'runtergeht, kriegen wir ein Regiment Soldaten her, und dann ist es aus mit unseren schönen Zukunftsplänen. Und wenn da ein

Offizier unter den Soldaten es wirklich glaubt von wegen den Raubmördern, läßt er uns vielleicht gar auf der Stelle niederknallen, um ganz sicher zu sein, daß wir ihm nicht entwischen.«

»Es ist ganz einfach«, sagte nun Dobbs. »Mit dem Burschen werden wir rasch fertig. Wenn er kommt, sagen wir ihm, er möge sich sofort hier aus der Gegend fortscheren, und wenn wir ihn noch einmal hierherum sähen, würden wir ihn mit Blei laden.«

»Das wäre eine rechte Eselei«, meinte Howard. »Dann geht er 'runter, redet unten dummes Zeug, trifft vielleicht gar irgendwo Landpolizei, und wir haben hier den schönsten Bockmist. Dann kannst du ihm auch ebensogut erzählen, daß wir entsprungene Sträflinge von der Heiligen Maria sind.«

»Well, bleibt eben nur der gerade Weg.« Dobbs sah entschlossen aus. »Sobald er kommt, wird er geknipst und fertig. Oder wir hängen ihn an den Baum da drüben und schälen die Rinde ab. Dann haben wir Ruhe.«

Eine Weile sagte niemand etwas zu diesem Vorschlag.

Howard stand auf, sah nach den Kartoffeln, einem unerhörten Luxus, stach darin herum, setzte sich wieder und sagte: »Das mit dem Abknipsen wäre eine Dummheit. Er ist vielleicht ein ganz unschuldiger Tramp, der lieber durch Gottes weite Welt zieht und zu seinem lieben Schöpfer betet, daß er sich an all dem so recht von Herzen erfreut, was da um ihn herum Schönes zu sehen ist, als daß er sich in den Ölfeldern oder in den Minen abrackert für einen Drecklohn. Und so einen Unschuldigen abzuknipsen wäre ein Verbrechen.

»Wir wissen doch aber nicht, ob er unschuldig oder ein Gauner ist«, protestierte Dobbs.

»Es kann auch herauskommen«, sagte Howard.

»Ich möchte wissen, wie?« Dobbs wurde nur noch mehr überzeugt, daß sein Plan der beste sei. »Wir graben ihn ein, niemand findet ihn. Wenn die unten erzählen, sie hätten ihn hinaufgehen sehen, wir haben ihn nicht ankommen sehen, damit fertig. Wir können ihn ja auch dort die Schlucht hinunterpfeffern. Kann auch von selber 'runtergefallen sein.«

»Willst du das machen?« fragte Howard.

»Warum ich? Wir können ja ein Hölzchen ziehen, wer es zu machen hat.« Der Alte grinste. »Ja, und der, der es gemacht hat, kann dann sein ganzes Leben vor den beiden anderen, die es gesehen haben, auf dem Bauche rutschen. Das ist alles so schön und gut, wenn man ganz allein ist. Aber hier, wie die Dinge liegen, ich jedenfalls sage: Nein.«

»Ich sage auch: Nein.« Endlich hatte sich auch Curtin wieder in das Gespräch gemischt. »Das ist alles zu teuer, alles zu dumm. Wir müssen etwas anderes finden.«

»Bist du denn überhaupt so ganz sicher, ob er dir gefolgt und ob er hier heraufkommen wird?« fragte Howard.

Curtin sah vor sich nieder und sagte resigniert: »Ich bin durchaus überzeugt, daß er kommt und daß er uns auch findet. Er erweckte ganz den Anschein, als ob er ...« Hier hob Curtin die Augen, sah nach der schmalen Lichtung im Gehölz und sagte mit müder Stimme: »Da steht er schon.«

Weder der Alte noch Dobbs fragte: »Wo?« Sie waren so überrascht, daß sie sogar vergaßen, einen Fluch lockerzumachen. Sie folgten den Augen Curtins, und in dem Schatten der hereinbrechenden Nacht, von dem Schein des Lagerfeuers ungewiß beleuchtet, stand der Fremde. Neben sich, am Zügel haltend, hatte er sein Maultier.

Er stand ganz still, rief nicht das übliche »Hallo!« herüber, rief auch nicht »H'ye« (How do you do?) und bot auch keinen Abendgruß. Er stand nur da und wartete. Stand da wie ein hungernder Mann, der zu stolz ist, um für irgend etwas zu betteln.

Als Curtin von dem Mann, den er unten im Dorf getroffen hatte, erzählte, machte sich jeder der beiden Zuhörenden eine bestimmte Vorstellung von dem Aussehen des Mannes. Sowohl Howard als auch Dobbs hatten sich den Mann völlig anders vorgestellt. Dobbs hatte sich einen Mann gedacht mit den rohen, halbvertierten Gesichtszügen eines Vagabunden in den Tropen, der sein Leben fristet von Straßenraub und der vor keinem Mord zurückschreckt, wenn er ihn um seiner eigenen

Sicherheit willen oder einer besseren Beute wegen für notwendig hält.

Howard dagegen dachte sich den Fremden als den üblichen Goldsucher, robust, wetterfest, Gesicht wie Leder, Hände wie ausgetrocknete Baumwurzeln, keine Gefahr fürchtend und keine Hindernisse kennend, um kein Mittel verlegen, den Sinn und alle Gedanken stier und hartnäckig auf das einzige Ziel gerichtet, Gold zu finden und es rücksichtslos auszubeuten. Er hatte die Vorstellung eines grundehrlichen Goldsuchers von gutem Schlag, der niemals ein Verbrechen begehen wird und einen Mord nur dann verübt, wenn es der Verteidigung seiner Mine oder seiner Beute gilt.

Und nun waren beide überrascht. Der Fremde fügte sich weder in die Vorstellung des Dobbs noch in die des Howard ein. Er sah so ganz anders aus. Diese Tatsache, daß er so anders aussah, als sie ihn sich vorgestellt hatten, und die andere Tatsache, daß er so plötzlich, viel rascher, als sie erwartet hatten, vor ihren Augen stand, waren der Grund, daß niemand etwas sagte, keiner einen Ausruf des Überraschtseins fand.

Der Fremde stand noch immer still in der schmalen Öffnung, die durch das Gebüsch zum Lager führte. Er schien genauso überrascht zu sein wie die drei Männer, die am Feuer saßen. Er hatte nur den einen Mann, Curtin, hier zu treffen erwartet, und zu seinem Erstaunen fand er drei Männer. Das Maultier schnüffelte an dem Gebüsch herum. Dann roch es wahrscheinlich die Esel der Männer, und es begann zu brüllen. Es stieß aber nur einen Schrei aus. Noch mitten in dem Schrei, ohne ihn zu vollenden, verstummte es, als ob es Angst bekäme vor der Schweigsamkeit, die hier zwischen den Männern herrschte.

Die drei fanden noch immer keine Worte, sie achteten weder auf das Feuer noch auf die Mahlzeit, die auf dem Feuer brodelte. Sie starrten nur immer auf den Fremden, und sie schienen zu erwarten, daß er irgend etwas sage oder irgend etwas täte. Aber er rührte sich nicht.

Nun stand Dobbs auf und ging mit langsamen Schritten auf den Eindringling zu. Er hatte die Absicht, ihn barsch anzufahren, was er hier wolle, wie er hierherkomme, wer er sei. Aber als er nun dicht vor ihm stand, sagte er nur: »Hallo!« Der Fremde sagte ebenfalls: »Hallo!«

Dobbs hatte die Hände in den Hosentaschen. Er wußte nicht, was er sagen sollte. Dann endlich: »Kommen Sie 'rüber zum Feuer.«

»Danke«, sagte der Fremde kurz.

Er kam näher, hob den alten Sattel mit den beiden Sackpacken vom Maultier, koppelte die Vorderbeine des Tiers, gab ihm einen Schlag mit der Hand auf den Schinken, und dann trottete es langsam in jene Richtung, wo die Esel weideten.

»Guten Abend«, grüßte er und setzte sich an das Feuer.

Nur Howard antwortete: »Wie geht es?«

»Hm!« erwiderte der Fremde.

Curtin rührte in den Bohnen herum und schüttelte die Kartoffeln durch. Howard wendete das Fleisch, und Dobbs, der sich noch nicht wieder gesetzt hatte, hackte das Holz kurz und warf es auf.

»Ich weiß wohl, daß ich nicht willkommen bin hier«, sagte der Fremde.

»Das habe ich Ihnen ja unten schon deutlich genug klargemacht.« Curtin sah nicht auf, während er das sagte.

»Ich kann nicht immer nur mit den Indianern zusammenhocken. Ich würde gern wissen, wie richtige Menschen aussehen.«

»Dann gehen Sie doch 'raus und sehen Sie sich sie an.« Howard war recht unhöflich. »Wir wissen auch nicht, was draußen geschieht.«

»Wir sind auch gar nicht interessiert«, warf Dobbs brummig ein. »Wir haben andere Sorgen. Damit Sie es auch gleich wissen, diese andere Sorge sind Sie. Wir können Sie hier durchaus nicht gebrauchen, nicht einmal zum Feueranzünden. Besser, Sie machen sich morgen früh auf und davon. Sonst können wir sehr unangenehm werden.«

Der Fremde sagte nichts darauf. Er saß still und sah zu, wie die anderen sich mit dem Abendessen beschäftigten. Als es fertig war, sagte Curtin: »Langen Sie zu und essen Sie. Heute wird es für Sie ja mitreichen. Ob morgen noch, das werden wir erst sehen.«

Die Mahlzeit ging sehr schweigsam vorüber. Wenn einer etwas sagte, so bezog es sich nur auf das Essen, daß das Fleisch nicht gut sei oder die Bohnen zu hart und die Kartoffeln zu wässerig. Der Fremde mischte sich nicht in das Gespräch. Er aß nur wenig.

Als das Mahl vorüber war, zündeten sich die drei ihre Pfeifen an.

»Haben Sie Tabak?« fragte Dobbs.

»Ja«, sagte der Mann ruhig, und er begann sich eine Zigarette zu drehen.

Die drei, um nicht ganz stumm dazusitzen und gleichzeitig den Fremden von der Fährte abzulenken, redeten von Jagd. Aber weil sie sich mit der Jagd nicht befaßten, so klang ihre Rede nicht sehr überzeugend. Sie hatten auch das Gefühl, daß der Fremde mehr von der Jagd verstand und von Fellen und allem, was mit diesem Geschäft zusammenhing, als sie. Dadurch wurden sie unsicher und begannen davon zu sprechen, das Camp hier aufzugeben und nach einer anderen Gegend zu ziehen, wo es mehr Großwild gäbe.

»Das ist hier überhaupt keine Jagdgegend«, mischte sich der Fremde plötzlich ein, als die anderen gerade eine auffallend lange Gesprächspause machten. »Aber das ist hier eine gute Goldgegend. Hier ist Gold. Ich sah es schon vor einigen Tagen an den alten ausgetrockneten Flußläufen, die hier vom Gebirge herunterkommen.«

»Hier ist kein Gold«, erwiderte Dobbs. »Wir sind lange genug hier, um das zu wissen. Wir würden auch lieber Zahldreck buddeln als jagen. So ein Unsinn!« fügte er höhnisch lachend hinzu. »Kleinkindergewäsch. Wir sind auch nicht von gestern, und wir können Goldklumpen von Kieselsteinen unterscheiden. Brauchen Ihre Ratschläge nicht.«

Er stand auf und ging zum Zelt, um sich schlafen zu legen.

Niemand hatte etwas dazu gesagt, und der Fremde schien

die unhöfliche Redeweise des Dobbs nicht übelzunehmen. Vielleicht war er eine solche Art und Weise der Unterhaltung auch gewohnt.

Howard reckte sich und gähnte. Curtin klopfte seine Pfeife aus. Dann standen beide nacheinander auf und gingen langsam ebenfalls zum Zelt. Sie sagten weder »Gute Nacht!« zu dem Fremden, noch luden sie ihn ein, mit in das warme Zelt zu kommen.

Der Fremde stand nun auf. Er pfiff, und nach einer Weile kam sein Maultier humpelnd heran. Er ging ihm entgegen, klopfte ihm freundlich auf den Nacken, sprach einige Worte zu ihm, und durch einen Schlag mit der flachen Hand trieb er ihn wieder seiner Wege.

Dann legte er Holz aufs Feuer, setzte sich und summte vor sich hin. Endlich stand er langsam auf und ging zu seinem Satelzeug.

Er brachte einen der beiden Packsäcke zum Feuer, zerrte eine Decke daraus hervor, rollte sich lang in die Decke ein, legte sich mit dem Kopf auf den Pack, streckte die Füße dem Feuer entgegen und begann zu schlafen.

Drinnen im Zelt wurde geredet. Es war weit genug vom Feuer entfernt, daß der Fremde nichts verstehen konnte. Sie sprachen auch nur halblaut, aber doch sehr eifrig.

»Ich bin aber doch dafür«, sagte Dobbs, »daß wir ihn uns vom Halse schaffen. Auf irgendeine Weise.«

»Bis jetzt wissen wir doch noch gar nicht, was mit ihm ist.« Der Alte sagte es in einem beruhigenden Ton. »Er sieht durchaus unschuldig aus. Ich denke auch nicht, daß er ein Spion ist. Sieht nicht danach aus. Würde auch nicht allein kommen und wäre nicht so verhungert. Ich denke, er hat etwas auf dem Gewissen. Die sind hinter ihm her, irgendeiner Sache wegen.«

»Man könnte einen Streit mit ihm anfangen«, sagte Curtin, »und dann wischte man ihm eins für gut.«

»Das hört sich recht drollig an«, sagte Howard, »aber es ist nicht sehr empfehlenswert. Es ist dreckig.«

»Dreckig hin, dreckig her.« Dobbs fuhr ihn wütend an.

»Wir müssen ihn loswerden, das ist alles. Er ist doch rechtzeitig gewarnt worden.«

Sie redeten noch eine Weile, kamen jedoch immer wieder auf dasselbe heraus, daß er hinweg müsse, aber daß sein Umbringen manche Nachteile habe. Darüber schliefen sie endlich ein.

Am nächsten Morgen trafen sie sich sehr übelgelaunt am Feuer. Der Fremde hatte bereits Holz herangeschafft und das Feuer wieder hochgebracht. Er hatte seinen Kessel mit Wasser gefüllt und an das Feuer gesetzt. Dobbs begrüßte ihn gleich: »Lieber Freund, wo hast du denn das Wasser her?«

»Das habe ich aus dem Eimer geschöpft.«

»So. Aus dem Eimer geschöpft. Das ist sehr nett von dir. Aber du mußt nicht denken, daß wir dich bedienen und das Wasser für dich heraufschleppen.«

»Das verlange ich nicht. Ich werde den Eimer wieder füllen gehen.«

Als er das sagte, kam gerade Curtin zum Feuer, vielleicht noch schlechter gelaunt als Dobbs. Auch er redete ihn gleich mit du an: »Wasser stehlen? Unser Holz räubern? Was denkst du dir denn? Faß nur noch einmal hier was an, das uns gehört, dann kriegst du Blei gebrannt. Buschrecht.«

»Ich habe geglaubt, daß ich unter anständigen Leuten bin, die mir einen Trunk Wasser gönnen werden.«

Sofort sprang Dobbs auf ihn zu: »Was sagst du, du Pest? Wir seien unanständige Menschen? Vielleicht Banditen?«

Und er hieb ihm einen gutgezielten Faustschlag ins Gesicht.

Der Fremde fiel der Länge nach hin. Langsam stand er wieder auf.

»Ich könnte dir ja jetzt ebenfalls einen Guten versetzen. Aber was kann ich gegen euch drei anfangen? Ihr wartet ja nur darauf, daß ich ziehe, um mich mit einem Recht abzuknipsen. Aber das mache ich nicht. Ich bin kein Narr. Es kommt vielleicht die Zeit, wo wir abrechnen können.«

Howard, der inzwischen gleichfalls zum Feuer gekommen war, fragte nun ruhig: »Hast du etwas zu essen, Fremder?«

»Ich habe ein Beutelchen mit Tee, habe auch Bohnen und Reis und zwei Büchsen Milch.«

»Kaffee kannst du mit uns trinken. Auch essen. Heute. Morgen mußt du für dich selbst sorgen.«

»Danke!« erwiderte der Mann.

»Morgen?« fragte Dobbs. Seine Wut hatte sich durch den Faustschlag, den er mit soviel Erfolg dem Eindringling verabreicht hatte, merkwürdig abgekühlt. »Morgen? Ja, höre einmal, willst du dich denn hier dauernd einrichten?«

»Ich denke, ja«, gab der Mann ruhig zur Antwort.

Da schrie Curtin: »Einrichten, hier? Doch nur mit unserer Erlaubnis.«

»Der Busch und die Berge sind frei für jeden, der kommt.«

»Na, so ist das nun nicht, alter Junge«, sagte darauf Howard. »Frei sind das Gebirge und der Busch und der Dschungel unten und die Wüste da hinten. Das ist alles frei. Aber wir sind hier die ersten, und der erste hat das Siedlungsrecht.«

»Das ist schon richtig. Aber es fragt sich, ob ihr die ersten hier seid. Vielleicht war ich schon vorher hier, ehe ihr überhaupt daran dachtet, euch hier niederzulassen.«

»Hast du dein Recht eintragen lassen?«

»Ihr habt doch auch keinen Brief.«

»Ich frage dich, denn augenblicklich sind wir hier. Du hast, wenn es überhaupt wahr ist, daß du jemals hier warst, hier nichts abgesteckt und hast den Platz verlassen, damit hast du alle Rechte verloren.«

Der Fremde schwieg eine Weile. Die drei machten sich mit dem Bereiten des Frühstücks zu schaffen. Sie eilten sich nicht sehr damit, denn sie wußten nicht, was sie nach dem Frühstück anfangen sollten. Arbeiten konnten sie nicht gehen, weil der Fremde dann ja die Mine gefunden hätte. Auf die Jagd gehen, um dem Fremden eine Beschäftigung vorzutäuschen, mochten sie auch nicht. Einer hätte im Lager zurückbleiben müssen, um den Fremden zu verhindern, daß er hier herumstöbere und die Mine vielleicht fände. Aber diesen einen, der hier zurückblieb, hätte der Fremde auch überwältigen können. Es blieb noch ein Ausweg übrig. Zwei konnten auf dem geheimen Umweg die Mine erreichen und dort arbeiten, während einer hier zurückblieb, um den Fremden zu überwachen. Aber der Fremde würde nicht stille sitzen bleiben, sondern herumstreifen. Wenn es ihm der, der mit ihm zurückblieb, verböte, so würde das nur erst recht seinen Verdacht erwecken, daß hier irgend etwas Geheimnisvolles vor sich ginge.

Endlich kam Curtin auf einen Ausweg. »Wir gehen nach dem Frühstück zusammen auf die Jagd«, sagte er zu dem Fremden. »Wir könnten etwas Fleisch gebrauchen.«

Der Fremde sah die anderen an, als ob er in ihren Mienen nach dem Zweck dieses Vorschlages suche. Allein mit dem auf die Jagd gehen? Das gab dem eine Gelegenheit, ihn verunglücken zu lassen, und so war er aus dem Weg geräumt. Schließlich aber sagte er sich, daß, wenn sie ihn beseitigen wollten, sie das doch tun würden. Ein Grund findet sich immer.

»Heute kann ich ja mit dir auf die Jagd gehen«, sagte er, »damit wir Vorrat haben. Aber morgen habe ich wenig Zeit.«

»Warum?« fragten alle drei zu gleicher Zeit und sahen ihn erstaunt an.

»Morgen fange ich an, hier nach Gold zu suchen. Hier ist Gold. Und wenn ihr hier noch keines gefunden habt, so wäre das nur ein Beweis, daß ihr ziemlich blöde sein müßt.«

Das wurmte den Alten, und er platzte heraus: »Wenn wir aber nicht so blöd sein sollten, wie du denkst. Wenn wir hier Gold gefunden hätten?«

»So wäre das nur ganz natürlich«, sagte der Fremde. »Aber ihr habt keines gefunden. Oder wenn ihr welches habt, dann nur ein paar Hände voll, nur so etwas oben herumgekratzt.

Hier liegt es aber dicke, hier irgendwo. Hier liegt eine gute Million.«

»Eine Million?« fragte Howard mit aufgerissenen Augen.

Dobbs und Curtin vermochten überhaupt nichts zu sagen vor Aufregung.

»Ihr habt die dicke Grube nicht erwischt, das weiß ich«, redete der Fremde ruhig weiter. »Ich weiß, daß ihr hier schon bald ein Jahr seid. Die Indianer haben mir unten gesagt, daß hier einer schon so lange oben sei. Hättet ihr die dicke Ader angeklopft, dann hättet ihr so viel Mist, daß ihr längst abgezogen wäret, denn ihr könntet es gar nicht abtransportieren, ohne aufzufallen. Oder ihr hättet hier eine geregelte Mine laufen, mit Lizenz und Maschinen und zwei oder drei Dutzend Leuten.«

»Wir haben hier überhaupt nichts, gar nichts«, sagte Dobbs.

»Ihr könnt mich ja nun halten, für was ihr wollt. Aber ein Kind bin ich nicht. Und wenn ihr drei Mann hier soundso viele Monate lebt, so tut ihr das nicht zum Vergnügen. Ich denke, wir gehen ganz klar aufeinander los und legen die Karten offen auf den Tisch. Was hat das Versteckspielen für einen Wert? Ich bin kein Luder, bin zumindest ebenso anständig wie ihr. Besser als ihr will ich gar nicht sein. Wir sind alle auf Gewinn aus, ob hier im Busch oder irgendwo in der Stadt. Ihr könnt mich natürlich aus dem Weg schaffen, das weiß ich ganz gut. Aber das kann mir woanders und durch andere auch passieren. Das Risiko muß ich schon übernehmen. Also wollen wir nicht ganz klar zueinander sein?«

»Laß uns einmal eine Weile allein miteinander sprechen«, sagte Howard.

»Das ist schon gut, Howard«, erwiderte Dobbs. »Ich bin der Meinung, wir geben ihm eine Gelegenheit, zu beweisen, daß er weder ein Spion ist, noch sonst etwas im Hinterhalt hat, das uns nicht gefällt.«

Nun wandte er sich unmittelbar an den Fremden: »Wir können dir ja nicht inwendig hineinsehen, ob du ein Schuft bist oder ob du klar bist. Es ist richtig, wir haben hier einige

Monate Quälerei hinter uns, ehrliche Quälerei, das kannst du uns glauben. Freilich, wenn wir uns mit dir einigen, kannst du uns vielleicht Scherereien machen. Was kann es kosten? Verlust unserer Mühen und Entbehrungen. Aber ich kann dir versichern, wir kriegen dich, und wenn du bis zur Hudsonbai hinauf dich verkriechst. Wir kriegen dich, und dann gibt es kein Erbarmen. Also komm heraus, was willst du und was hast du vor?«

Der Fremde trank seinen Kaffee aus, und dann sagte er: »Ich bin ganz ehrlich zu euch gewesen, von Anfang an. Ich habe euch gesagt, daß hier Gold sei und daß ich komme, es aufzupicken.«

»Was weiter?« fragte Curtin.

»Nichts weiter«, gab der Fremde zur Antwort.

»Gut. Schön und gut«, warf Howard ein. »Was aber dann, wenn wir hier Zahlmist gefunden haben? Du denkst doch nicht, daß wir das mit dir verrechnen. Wir haben selbst genug geschuftet. Na, well, da ist es heraus. Ja, wir haben was gefunden und sind bald fertig.«

Ohne zu zögern, sagte nun der Fremde: »Das ist ein Anfang. Kommt ihr gerade, so komme ich euch gerade, und wir wollen sehen, wie wir uns einigen. Gleich, um zu beginnen: Auf diesen Platz habe ich ein Recht. Wartet, nur nicht gleich hitzig. Ich habe natürlich kein Recht, das verbrieft ist, keine Lizenz und nichts dergleichen. Mein Recht beruht darauf, daß ich etwas weiß, was ihr nicht wißt. Das ist besser als die schönste gestempelte und versteuerte Lizenz. Ihr habt nichts gefunden, gar nichts. Ein paar Körner vielleicht. Die dürft ihr ruhig behalten.«

»Das tun wir, da kannst du Schlämmkreide drauf fressen, daß wir das, was wir haben, auch behalten«, sagte Curtin.

»Die Sache ist so.« Der Fremde sprach sehr langsam. »Allein kann ich das nicht machen, was ich im Sinn habe. Ich brauche Leute, und ich habe mir gedacht, daß ihr am besten geeignet seid. Ihr habt ebensoviel Interesse daran, die Geschichte so lange wie notwendig geheimzuhalten, wie ich es habe. Ihr habt die Werkzeuge, ich habe keine. Ich könnte das, was ich weiß, an eine Gesellschaft verkaufen. Aber es wird mir schwerlich jemand auch nur hundert Dollar darauf bezahlen. Die Leute wollen Tatsachen sehen. Die Tatsachen kann ich nur hier zeigen. Ich habe zudem gute Gründe, nicht allzuviel Lärm zu machen, weil sonst jemand mit sogenannten Rechten angerückt kommen könnte. Ich mache euch einen Vorschlag. Was ihr habt, behaltet ihr. Von dem, was von heut an einkommt, dadurch einkommt, daß ihr mit mir an meinem Plan arbeitet, erhalte ich zwei Fünftel und ihr jeder ein Fünftel.«

Die drei sahen sich eine Weile gegenseitig an und lachten.

Dann sagte Howard: »Späne können wir uns selber vormachen, lieber Junge, und Geschichten können wir uns selber erzählen. Was meint ihr?« Er wandte sich an seine Kameraden.

Dobbs sagte: »So oder so. Wir sind ja so gut wie durch und fertig. Wir verlieren nichts, wenn wir ein paar Tage zugeben.«

»Das denke ich auch, wir verlieren nichts. Wenn da wirklich etwas dran ist, warum soll man es nicht versuchen, da wir doch schon hier sind«, meinte Curtin.

»Ich mache nicht mit«, sagte der Alte. »Das sind Räubergeschichten, und ich habe genug von der Wilderei. Ich möchte wieder einmal ein richtiges Bett unterm Hintern haben. Mir langt es. Aber natürlich, wenn ihr hier mitmacht, muß ich auch mitmachen. Allein kann ich nicht gut die zwei Wochen durch den Busch und durch die Wüste zappeln.«

»Höre, alter Bursche«, sagte Curtin, »viel Lust, lange Überstunden zu machen, habe ich nicht. Ich habe da jemand auf mich warten. Wir wollen eine Woche draufgeben. Kommen wir in dieser Woche auf die Geschichte, die uns das Vögelchen da erzählt hat, dann ist es gut, und dann können wir ja sehen, ob es sich lohnt. Kommen wir innerhalb einer Woche nicht zu einem Ergebnis, dann gehe ich mit dir los, Alter. Alle damit einverstanden?«

Sie sagten: »Ja«, und der Fremde hatte das Wort, um seine Pläne klarzulegen.

»Wie heißt du denn überhaupt, Mensch?« fragte Howard.

»Lacaud«, sagte der, »Robert Lacaud, aus Arizona.«

»Verwandt mit den Lacauds in Los Angeles, Möbeln?« fragte Howard.

»Ja, von Großvaters Seite her. Aber ich habe nichts mit denen zu schaffen. Wir sind geschieden auf Tod und Verdammnis, und wenn wir überzeugt sein sollten, daß die in den Himmel gehen, dann äschern wir ein halbes Dutzend Kirchen ein, um in die Hölle zu kommen und nur nicht mit denen zusammenzusitzen. Aber nur keine Sorge, die kommen nicht in den Himmel, diese Erbschleicher.«

»Dann mußt du dich aber verflucht dranhalten, daß man dich in den Himmel aufnimmt«, lachte Dobbs, »so wie du jetzt beschaffen bist, wirst du wohl deinem Familienzweig nicht aus dem Weg gehen können.«

»Vielleicht doch«, sagte Curtin. »Wenn ich richtig informiert bin, hat man da verschiedene Siedeabteilungen, und er kann ja rechtzeitig den Antrag stellen, daß er nicht gerade in denselben Kessel eingetaucht wird, in dem die anderen ehrenwerten Mitglieder seiner erlauchten Familie schmoren. So etwas läßt sich doch immer einrichten, denn Beelzebub hat doch ein Herz, wie könnte er denn sonst soviel Spaß haben und immer so lustig und guter Dinge sein.«

Howard war aufgestanden, um nach den Eseln zu sehen, damit sie nicht zu weit abstreiften. Dabei war er auf einen höher gelegenen Vorsprung des Berges geklettert, um einen besseren Überblick zu haben.

»Hallo!« rief er laut aus.

»Was ist?« riefen Dobbs und Curtin gleichzeitig. »Sind die Esel fort?«

»Kommt rasch her. Aber verteufelt rasch.«

Die beiden sprangen auf und liefen hinüber. Auch Lacaud folgte eilig nach.

»Was ist das, da drüben, was da auf unseren Berg zukommt?« rief der Alte. »Vielleicht könnt ihr das besser erkennen.«

»Das sind Soldaten oder berittene Landpolizei«, sagte Dobbs. Und gleich fügte er hinzu: »Ei, du Schuft, du infamer!« Er wandte sich Lacaud zu. »Also das bist du. Die Entdeckung ging ja schnell.«

Mit einem Ruck hatte er den Revolver heraus und hob ihn gegen Lacaud. Aber Howard, der hinter ihm stand, drückte seinen Arm nieder.

»Du bist im Unrecht«, sagte Lacaud, der bei der raschen Bewegung des Dobbs bleich geworden war. »Ich habe nichts mit den Soldaten oder mit der Polizei zu tun.«

»Höre, Kindchen«, sagte Howard zu Lacaud. »Mach uns hier keine dicke Suppe. Wenn sie hinter dir her sind, dann los, aber sofort. Laß dich von ihnen sehen, aber wir wollen hier keine Polizei herauf haben. Marsch, 'runter hier und auf ihren Weg, sonst jagen wir dich ihnen direkt in den Rachen. Wir können die hier oben nicht gebrauchen.«

Curtin war ein wenig höher geklettert und hatte lange und sorgfältig hinuntergesehen.

»Mal Geduld, Jungens«, sagte er. »Ich glaube, das sind keine Soldaten. Das ist auch keine Polizei. Sind zu unregelmäßig angezogen, haben auch verschiedene Gewehre. Wenn ich recht sehe, hat der eine einen mordsmäßig langen Schießprügel, der seine hundert Jahre alt ist. Ich weiß jetzt, was die sind. Das sind Banditen.«

»Verflucht«, rief Howard, »da kommen wir aus dem Regen in das Sumpfloch. Banditen können wir noch zehnmal weniger gebrauchen als die berittene Staatspolizei. Das geht ans Leben. Die Polizei setzt uns fest, und da wir ja nichts verbrochen haben, nur gerade die Taxe geschunden, können wir uns einigen. Aber bei den Banditen, da heißt es beißen.«

Als ob ihm plötzlich etwas einfiele, wandte er sich nun an Lacaud: »Na, Sohn, nun komme uns mal klar. Also du hast uns die Banditen hier heraufgewichst. Also Banditenspion. Dachte ich doch eine Zeitlang richtig.«

»Ich habe auch nichts mit den Banditen zu tun«, sagte Lacaud. »Laßt mich einmal selbst sehen.«

Er kletterte hinauf zu Curtin, sah eine Weile angestrengt hinunter und sagte dann: »Das sind Banditen. Ich weiß jetzt auch, was für Banditen. Habe ich auf der Hazienda des Senjor Gomez gehört. Der hatte eine Zeitung mit der Beschreibung. Ich sehe da einen mit einem goldbronzierten Strohhut, der in der Beschreibung erwähnt wurde. Der hat Courage. daß er den Hut nicht umgetauscht hat. Wird sicher nicht wissen, daß der Hut in der Beschreibung ist. Die sehen ja keine Zeitung und können auch keine lesen. Das wären die allerletzten Banditen, mit denen ich etwas zu tun haben wollte.«

Und während nun alle vier die Bewegungen der Banditen von der Höhe aus beobachteten und darauf warteten, ob die Reiter in den Pfad einbiegen würden, der sie mit großer Wahrscheinlichkeit hier auf den Berg führen würde, erzählte Lacaud, was er in der Zeitung über jene Banditen gelesen habe und was die Leute auf der Hazienda darüber alles zu berichten wußten. Denn wenn auch die Mehrzahl der Indianer und der indianischen Arbeiter in den Haziendas keine Zeitung lesen können, so verbreiten sich dennoch die Berichte über solche Ereignisse durch das weite offene Land mit der Schnelligkeit rennenden Präriefeuers.

Auf einer kleinen Bahnstation, wo der Nachtzug für zwei Minuten hielt, um die Post zu erledigen, zwei oder drei Fahrgäste aufzunehmen oder abzusetzen, kamen etwa zwanzig bis fünfundzwanzig Männer in den Zug gestiegen. Es war zwischen sieben und acht Uhr und bereits stockdunkle Nacht.

Es kam nie vor, daß auf dieser kleinen Station so viele Leute einstiegen, aber weder der Stationsmeister noch das Zugpersonal dachten darüber nach. Es konnten ja Männer sein, die irgendwo zu Markt fahren wollten oder die in den Minen gearbeitet hatten und streikten oder die in anderen Minendistrikten Arbeit suchen wollten.

Sie waren alle Mestizen, hatten alle ihre großen Strohhüte auf, Hosen und Hemd an, Sandalen oder Stiefel an den Füßen. Alle waren in ihre Decken gehüllt, da die Nacht kühl war. Da nach Einbruch der Dunkelheit auf kleinen Stationen keine Fahrkarten verkauft werden, kamen sie ohne Fahrkarten, die sie im Zug lösen konnten. Die Station war stockfinster, nur der Stationsmeister hatte seine Laterne und die Zugbeamten, die eilfertig am Zug entlangliefen. So hatte niemand die Gesichter der Männer gesehen, die sie auch noch – was nicht auffällt, da es üblich ist – bis zur Nase mit ihren Decken verhüllt hatten. Alle stiegen in den ersten Wagen der zweiten Klasse, der gleich hinter dem Gepäckwagen folgt. In diesem Wagen zweiter Klasse saßen wie üblich die zwölf Soldaten mit ihrem Offizier, alle mit scharfgeladenen Gewehren, um den Zug gegen Banditenüberfälle zu schützen.

Die Mehrzahl der Männer blieb in dem ersten Wagen zweiter Klasse, aber einige gingen von diesem Wagen, nachdem der Zug sich in Bewegung gesetzt hatte, über die Plattform in den zweiten Wagen zweiter Klasse, um wahrscheinlich bessere Plätze zu finden. Die beiden Wagen zweiter Klasse waren gut besetzt mit Landleuten, kleinen Geschäftsleuten und Indianern, die ihre Waren zur nächsten größeren Stadt bringen wollten. Hinter den beiden Wagen zweiter Klasse folgte der Wagen erster Klasse, der gleichfalls gut besetzt war, und hinter dem, als letzter Wagen, folgte der Pullman-Schlafwagen.

Der Zug kam schnell in gute Fahrt. Bis zur nächsten Station waren zwanzig Minuten oder einige mehr. Als der Zug nun in voller rasender Fahrt war und die Beamten damit beschäftigt waren, an die neueingestiegenen Reisenden die Fahrkarten zu verkaufen, besetzten die Männer die Türen der Wagen, in deren Nähe sie von Beginn an gestanden hatten, als ob sie sich viel Zeit nehmen wollten, nach guten Plätzen zu suchen.

Gleichzeitig, ohne eine Wort zu sagen, ohne eine Warnung

zu rufen, zogen sie unter ihren Decken Gewehre und Revolver hervor und begannen Schnellfeuer zu eröffnen. Insbesondere richtete sich das Feuer auf die Soldaten, die ihre Gewehre zwischen ihren Knien stehen oder seitlich gegen die Wand gestellt hatten oder die in Fibeln lasen, um Lesen und Schreiben zu lernen, oder die an ihrem Abendbrot kauten.

Die Schießerei dauerte nur etwa zehn Sekunden; dann wälzten sich alle Soldaten in ihrem Blut, die Mehrzahl war tot, die übrigen röchelten und waren am Sterben. Die Zugbeamten lagen erschossen, tot oder zu Tod verwundet auf dem Boden oder auf den Bänken. Zwanzig Fahrgäste waren getroffen, eine Anzahl tot, andere verbluteten an fürchterlichen Wunden. Säuglinge an der Brust der Mutter, Frauen und Kinder blutend und sterbend in einem wirren Knäuel. Männer und Frauen lagen auf den Knien und flehten um Gnade, Mütter hielten ihre wimmernden Kinder hoch, um Mitleid bei den Banditen zu erwecken, andere boten ihre armseligen Habseligkeiten als Preis für ihr Leben an. Aber die Banditen schossen und schossen, bis die Kammern leer waren.

Dann begannen sie auszurauben, und sie nahmen alles, was ihnen nur irgendwelchen Wert bedeutete. Ein Teil der Banditen war in die erste Klasse gegangen und plünderte hier, ohne zu schießen. Uhren und Geldbörsen, Fingerringe und Ohrringe, Halsketten und Armbänder. Wenn die Beute nicht reich genug erschien, half ein Stoß in den Magen mit dem Revolver oder dem Gewehr, daß sich der Betroffene rasch erinnerte, noch ein paar Goldstücke in der linken Hosentasche und einen Brillantring im Koffer zu haben.

Hierauf wurde der Pullmanwagen abgeleuchtet, die Fahrgäste aus den Betten gejagt und ihnen alle bewegliche Habe abgenommen.

Der Zug raste während der ganzen Zeit seines Weges. Vielleicht hatte der Lokomotivführer das Schießen nicht gehört, oder er hatte es gehört und hoffte, die nächste Station zu erreichen in so schneller Fahrt, daß die Banditen nicht abspringen konnten.

Aber die Banditen zogen nun wieder nach vorn, durch die beiden Wagen zweiter Klasse, wo die Panik der Fahrgäste, als die Banditen zurückkamen, unbeschreibliche Formen annahm. Die Räuber kümmerten sich um nichts und kehrten sich an nichts. Sie gingen über die Plattform zu dem Gepäckwagen, brachen die Koffer auf oder warfen sie hinaus, um sie nachträglich aufzulesen. Sie ermordeten den Gepäckbeamten und kletterten an dem fahrenden Zuge entlang in den Postwagen, wo sie die beiden Postbeamten niederschossen und die Postsäcke durchwühlten.

Inzwischen hatte der Lokomotivführer gehört, daß etwas nicht in Ordnung sei, oder aber er sah einige Banditen aus dem Postwagen schon in den Tender klettern. Die Station war noch weit, und er konnte sie nicht mehr erreichen. Er warf den Hebel herum, und der Zug schien zu zerkrachen.

Der Heizer sprang sofort ab und suchte das Dickicht am Fuße des Bahndamms zu erreichen. Aber von einem halben Dutzend Kugeln getroffen, brach er zusammen und rollte den Damm hinunter. Ehe der Lokomotivführer Zeit gewann, abzuspringen, hatten vier Mann die Lokomotive erklommen und hielten den Lokomotivführer fest, ohne ihn zu erschießen. Im Expreßwagen hatten die Banditen zahlreiche Kannen mit Petroleum und Gasolin entdeckt, die als Expreßgut für eine Tienda gingen. Mit diesen Flüssigkeiten übergossen sie die Wagen und schütteten durch die zerschlagenen Fenster das Gasolin hinein, und dann warfen sie brennende Zündhölzer in die Wagen. Explosionsartig schlugen die Flammen hinauf in den schwarzen Nachthimmel.

Schreiend und heulend und wimmernd, wie vom Wahnsinn getrieben, versuchten die in den Wagen eingeschlossenen Reisenden, durch die Fenster ins Freie zu kommen. Sie stauten sich an den Fenstern, und wenn sie durchkamen, so fielen sie von der Höhe hinunter auf den Damm, versengt, angebrannt und sich nun die Glieder brechend oder verrenkend. Wer zu schwer verwundet war und in der Panik keine Hand fand, die ihn nach sich zog, mußte qualvoll verbrennen.

Vorn auf der Lokomotive standen zwei Banditen, die ihre Revolver auf den Lokomotivführer gepreßt hielten und ihm befahlen, die Lokomotive abzukoppeln und mit den Banditen, die sich alle auf den Tender gepackt hatten, loszufahren, bis sie anordnen würden zu halten.

Die Lokomotive fuhr ab und ließ den brennenden Zug und die Menschen zurück, die von den wilden Flammen grauenhaft beleuchtet wurden und in dieser grauenhaften Beleuchtung, wahnsinnig vor Schrecken, Schmerzen und Trauer, durcheinanderjagten, gestikulierten, schrien, heulten und beteten und Zurückgebliebene aus dem Flammenmeer zu retten versuchten. Alles und alles hatte keine sieben Minuten gedauert, und die Station, der die Lokomotive entgegenraste, war noch immer weit. Und plötzlich befahl einer der Männer dem Lokomotivführer, anzuhalten. Die Lokomotive hielt an, und die Männer sprangen ab. Der letzte schoß den Lokomotivführer nieder und stieß ihn mit den Füßen den Damm hinunter. Dann folgte er seinen Genossen.

Nach einiger Zeit wachte der Lokomotivführer aus seiner Bewußtlosigkeit auf. Mit dem Rest seiner Lebenskraft kroch er den Damm hinauf und zog sich auf seine Lokomotive. Trotz seiner Schmerzen und obwohl er jeden Augenblick fürchtete, zusammenbrechen zu müssen, brachte er es zuwege, die Lokomotive laufen zu lassen. Sie erreichte mit ihm die Station. Der Stationsmeister, verwundert über die einsame Lokomotive und verwundert über das Ausbleiben des Zuges, der von der vorigen Station lange gemeldet war, kam sofort zur Lokomotive und fand den blutenden Lokomotivführer. Mit Hilfe der Fahrgäste, die hier auf den Nachtzug warteten, trug er den Mann in die Stationshütte, und hier konnte der sterbende Beamte gerade noch das Notwendigste von dem grauenhaften Überfall erzählen, ehe es mit ihm zu Ende ging.

Der Stationsmeister telegraphierte eiligst nach beiden Seiten. Er bekam die Stationen, und man sagte sofort einen Hilfszug zu. Hier auf der Station stand ein Güterzug, der den Passagierzug durchzulassen hatte. Es wurden zwei leere Güterwagen aus dem Zuge rangiert, an die Güterzuglokomotive angehängt, und der erste Hilfszug war fertig.

Aber wer sollte ihn fahren und wer begleiten? Die Banditen waren sicher noch auf der Strecke, um alles, was sie aus dem Zug geworfen hatten, einzusammeln. Sie würden den Hilfszug sofort angreifen, schon um die ganze Beute zu sichern. Wahrscheinlich hatten sie auch Schienen aufgerissen oder die Gleise blockiert.

Der Stationsmeister sagte: ›Es ist besser, wir warten den großen Hilfszug ab, der sicher Militär mitbringen wird.‹

Aber der Lokomotivführer des Güterzuges fiel ihm gleich ins Wort: ›Ich fahre. Da liegen Frauen und Kinder im Blut, und da liegen meine Kameraden, von denen wir einigen vielleicht noch helfen können. Ich fahre den Zug. Heizer, was machst du?‹

Nun sind die Eisenbahner in Mexiko ohne Ausnahme alle organisiert in einer ganz vortrefflichen Gewerkschaft. Sehr radikal und immer streiklustig. Aber sie halten zusammen, zäh wie Pech. Und in ihrer Organisation und durch den Geist, der dort herrscht und der sie zu aufrechten Männern macht, die immer bildungshungrig sind, die sich ihres Wertes für die Entwicklung ihres Landes bewußt sind, werden sie diese höflichen, hilfsbereiten, immer lachenden und scherzenden Eisenbahnleute, die so unähnlich den brummenden, schnauzenden Unteroffizieren sind, die als Eisenbahnbeamte in Mitteleuropa den Menschen das Reisen so oft verbittern. Sie sind keine Untergebenen stolzer und hochmütiger Vorgesetzter, sondern sie alle sind Kameraden, alle Genossen ihrer stolzen Organisation. Der Heizer ist nicht selten Präsident und Wortführer in jener Ortsgruppe, wo der Linienchef bescheiden mit den Rangierern, Weichenstellern und Schmierern auf derselben Bank sitzt, um ruhig und aufmerksam zuzuhören, was der Präsident Heizer für Vorschläge im Interesse der Lebenslage der Eisenbahnangestellten zu machen hat. Und wenn gestreikt wird, dann organisiert der Linienchef, der zehnmal mehr Gehalt bekommt als die Schmierer und Rangierer, keine technische Nothilfe, sondern er arbeitet die Plakate und Anschläge aus, die die Öffentlichkeit über die Ursachen und Notwendigkeiten des Eisenbahnerstreiks unterrichten sollen, weil er ja schriftgewandter ist als der Heizer, der Vorsitzender und Sprecher ist. Und weil das so ist, weil der Linienchef und der Rangierer ja aus derselben Schüssel essen, sozusagen, weil infolge der Organisation dem Linienchef der dreckige Schmierer nähersteht als der Staat und als die Interessen des Handels und der Industrie und des Volkswohls, die für ihn alle erst nach den notwendigen Lebensbedürfnissen seines Genossen Weichenstellers kommen, so braucht der Lokomotivführer eigentlich nicht erst lange zu fragen: ›Heizer, was machst du?‹ Er weiß die Antwort schon lange vorher. Und er weiß, was alle übrigen Eisenbahner, die hier herumstehen und auf die Abfertigung des Güterzugs warten, antworten werden.

Da sind erst einmal die eigenen Kameraden von der Gewerkschaft. Und wenn die auch alle gesund wären, da würden sie dennoch gehen. Denn da sind ja auch die Fahrgäste, die in Not sind. Denn wenn auch die Gewerkschaftsgenossen an erster Stelle kommen, an zweiter kommen dann aber gleich die Fahrgäste, für deren Wohl der Eisenbahner sich mehr verantwortlich fühlt als für das seiner eigenen Familie. Denn das lehrt ihn seine Gewerkschaft. Und die Gewerkschaft hat immer recht, was auch alle anderen, der Erzbischof eingeschlossen, sagen mögen.

So sagte der Heizer: ›Ich fahre die Personenzuglokomotive voraus als Sicherheit. Du folgst auf fünfhundert Meter und hast dann genügend Zeit, deinen Zug zu halten, wenn ich mit der Vorlokomotive abrutsche, weil die Gleise 'raus sind.‹

Die Lokomotive wird in Gang gebracht, ein Schmierer springt als Heizer mit 'rauf, und dann fährt die Lokomotive rückwärts hinaus.

Der kleine Hilfszug ist inzwischen fahrtbereit, und alle Güterzugbeamten, obwohl sie alle Frauen und Kinder haben, springen auf. Es springen auch noch einige der herumstehenden Leute nach, und der Zug schießt los in die Nacht hinaus.

Die Sicherheitslokomotive fand die Schienen in Ordnung. Es war nichts blockiert. Aber als sie näher zur Unfallstelle kam, wurde Schnellfeuer auf sie eröffnet.

Die Banditen hatten in der Nähe jener Stelle, wo sie den Lokomotivführer zum Halten zwangen, ihre Pferde verborgen gehabt. Sie waren noch mit dem Auflesen der Beute beschäftigt. Und die, die hier bei den Pferden standen, schossen sofort auf die Lokomotive, um sie am Weiterfahren zu hindern, damit sie die übrigen Banditen nicht am Einsammeln stören sollte.

Der Heizer erhielt einen Schuß ins Bein, sein Hilfsmann einen Streifschuß am Ohr. Aber sie rasten voran, nachdem sie dem folgenden Zug mit der Laterne das Signal gegeben hatten, daß die Strecke selbst in Ordnung sei. Der Hilfszug wurde auch mit Schüssen begrüßt. Aber einige der Beamten hatten Revolver und antworteten. Die Banditen konnten in der Dunkelheit nicht erkennen, ob in den unbeleuchteten Wagen vielleicht gar schon ein Trupp Soldaten sei. Sie schienen es anzunehmen. Denn sie eilten zu den Pferden und ließen alles liegen, was sie bis jetzt noch nicht hatten auspacken können. Sie saßen auf und ritten davon, hinein in den dichten Dschungel, die Richtung auf das Gebirge haltend.

Die Beamten des Hilfszuges luden mit Hilfe der gesunden Fahrgäste alle Toten und Verwundeten in den Zug und fuhren mit ihrer traurigen Fracht zur Station zurück.

Dort war bereits das Telegramm eingelaufen, daß ein Lazarettzug unterwegs sei, der aber vor morgen früh nicht an der Stelle sein könnte. Dann waren noch weitere Telegramme in der Station von der Regierung und von den nächsten Garnisonen. Die Regierung telegraphierte, daß alle Abteilungen der berittenen Landpolizei der Nachbardistrikte auf dem Marsch seien und daß vier Regimenter Kavallerie der Federal-Armee mobilisiert seien und noch vor Anbruch des Morgens mit Spezialzügen zur Überfallstelle gesandt würden, um die Verfolgung der Banditen aufzunehmen.

Eine Nähnadel in einem Haufen Heu zu finden ist keineswegs leicht. Aber wenn sie durchaus gefunden werden muß, so kann sie gefunden werden, auch wenn der Heuhaufen noch so groß ist. Nach den Gesetzen der Mathematik kann man berechnen, daß man sie finden muß und wann man sie finden wird. Aber einen Banditen zu finden, der einen erheblichen Vorsprung hat über Dschungelwege, die er am besten kennt und der Verfolger überhaupt nicht und der nach Überkreuzen des Dschungels Gebirge erreicht, das Hochgebirge in Mexiko, das ist mit dem Finden einer Nähnadel in dem größten Heuhaufen überhaupt nicht zu vergleichen.

Aber die Soldaten sind meist selbst Indianer. Das ist schon etwas wert. Sie wissen auch, wo zu einer bestimmten Zeit die Banditen gewesen sind, nämlich hier an dieser Bahnstrecke zwischen zwei genau bekannten Stationen. Und es dauerte nicht allzulange, da hatten die Offiziere heraus, daß die Banditen sich in kleine Gruppen aufgeteilt hatten und nach verschiedenen Richtungen auseinandergegangen waren. Die Nähnadel in dem Heuhaufen war nun auch noch in kleinere Stücke gebrochen.

Oberflächliche Beschreibungen der Banditen waren herumtelegraphiert worden. Aber da kann einer der Beschriebenen ruhig durch ein Indianerdorf reiten, die Soldaten können ihn sogar treffen, sie können ihn in Verdacht haben. Aber wenn er nichts in seinen Taschen oder auf seinem Leib hat, das an den Zugüberfall erinnert, was nützt dann die Beschreibung? Er hat immer ein Alibi. Er hat in jener Nacht zwanzig Kilometer entfernt von der Überfallstelle unter einem Baum an der Straße nach Chalchihuites geschlafen. Das Gegenteil kann ihm niemand beweisen.

Aber da reitet ein Trupp Federal-Kavallerie durch Guazamota. Vor einer Hütte hocken zwei Mestizen, in ihre Decke eingewickelt und rauchend. Die Soldaten reiten ruhig vorüber. Der eine Mestize will aufstehen und hinter die Hütte gehen. Aber er bekommt einen Wink von dem anderen, kehrt zurück und hockt sich ruhig wieder hin.

Der Truppe ist schon vorüber. Da dreht sich der führende Offizier um und läßt den Trupp halten. Er ist durstig und reitet zu einer Hütte. Nachdem er getrunken hat, reitet er auf die andere Seite hinüber und steigt ab. Hier hocken die beiden rauchenden Männer.

›Wohnt ihr hier in diesem Dorf?‹ fragt der Offizier.

›Nein, wir wohnen nicht hier, Senjor.‹

›Wo seid ihr denn her?‹

›Wir haben unser Haus in Comitala.‹

›Gut‹, sagt der Offizier und stellt seinen Fuß in den Steigbügel. Er will aufsitzen und mit seiner Abteilung wieder abreiten.

Er ist etwas müde, das Pferd tänzelt herum, er kann den Steigbügel nicht kriegen. Einer der beiden Mestizen steht auf, weil das Pferd ihm beinahe auf den Füßen herumtrampelt. Er kommt näher und faßt den Steigbügel, um dem Offizier behilflich zu sein. Die Decke fällt von seinen Schultern.

Der Offizier stellt den Fuß wieder auf den Erdboden.

›Was haben Sie denn da in Ihrer Hosentasche?‹ fragt er nun den aufgestandenen Mestizen.

Der Mann sieht an sich herunter und auf seine Hosentasche, die ziemlich bucklig hervorsteht. Er dreht sich halb um, als ob er weiter zur Hütte treten wolle, als ob er ein Loch suche. Dann sieht er auf die Soldaten und auf den Offizier, zieht an seiner Zigarette, nimmt sie aus dem Mund, bläst den Rauch in einem kurzen Stoß aus und lächelt.

Mit einer raschen Bewegung hat ihn der Offizier am offenen Hemdkragen gefaßt und mit der linken Hand gleichzeitig in die Tasche gegriffen.

Der andere Mestize ist nun ebenfalls aufgestanden, zuckt die Schultern, als ob ihm die Störung seiner Ruhe lästig wäre und als ob er sich einen anderen Platz suchen wolle, wo er in Ruhe hocken und rauchen kann.

Ein Sergeant und zwei Soldaten sind abgesprungen und stehen so, daß die beiden Mestizen nicht entweichen können.

Der Offizier läßt den Hemdkragen des Mannes los und besieht sich das, was er ihm aus der Tasche geholt hat. Es ist ein gutes, rundes, ziemlich kostspieliges Lederportemonnaie. Der

Offizier lacht, und der Mestize lacht. Der Offizier öffnet das Portemonnaie und schüttet den Inhalt in die Hand. Es ist nicht viel, etwas Gold, große Silberstücke, alles in allem etwa fünfundzwanzig Pesos.

›Ist das Ihr Geld?‹ fragt er.

›Freilich ist das mein Geld.‹

›Das ist viel Geld. Da könnten Sie sich doch ein neues Hemd kaufen.‹

›Das werde ich auch morgen tun, ich will zur Stadt gehen.‹ Aber in dem Portemonnaie ist auch eine Fahrkarte erster Klasse nach Torreon. Dieser Mestize fährt nie erster Klasse. Außerdem hat sie das Datum des Überfalltages.

Der andere Mann wird durchsucht. Er hat auch Geld, hat es aber lose in der Tasche. Er hat aber auch einen Brillantring in der Uhrtasche seiner Hose. Auf einen Wink des Sergeanten sind alle Soldaten jetzt abgesessen.

›Wo hat ihr denn eure Pferde?‹

›Die stehen da hinten‹, sagte der erste Mestize, schüttet sich Tabak auf das Blatt, zieht mit den Zähnen das Säckchen zu und rollt sich eine neue Zigarette. Er ist nicht nervös und verschüttet nicht ein Krümchen Tabak. Ruhig und lächelnd zündet er sich die Zigarette an und raucht, während ein anderer Unteroffizier alle seine Taschen durchsucht.

Die Pferde der beiden werden herangebracht und durchsucht. Armselige Sättel, minderwertiges Zaumzeug und ein zerschlissener Lasso.

›Wo sind die Revolver?‹ fragt der Offizier.

›Wo die Pferde gestanden haben.‹

Der Sergeant geht hin und kratzt mit den Stiefeln in einer Ecke des Erdbodens herum, wo er einen Revolver und eine alte Pistole hervorbringt. ›Wie heißt ihr denn?‹

Die beiden Leute sagen ihre Namen. Der Offizier schreibt die Namen ein und was er gefunden hat.

Leute aus dem Dorf haben sich angesammelt. Der Offizier fragt einen Burschen: ›Wo ist denn der Kirchhof hier, der Cementerio?‹

Der Offizier, die Soldaten und die beiden Mestizen in ihrer Mitte folgen dem Burschen, der den Weg zum Cementerio zeigt. Hinter ihnen her kommen die Leute des Dorfes, Männer und Kinder und die Frauen mit ihren Kleinen auf dem Arm.

Auf dem Cementerio gehen die Soldaten in eine Ecke, ein Spaten wird gebracht, und die beiden Mestizen graben ihre Löcher. Der Offizier raucht, die Soldaten rauchen und schwatzen mit den Leuten des Dorfes.

Als die Löcher tief genug sind, setzen sich die beiden Mestizen und ruhen sich aus. Sie drehen sich wieder Zigaretten, und nach einer Weile sagt der Offizier: ›Wenn ihr wollt, könnt ihr jetzt beten.‹

Der Offizier kommandiert sechs Mann, die sich aufstellen.

Die beiden Mestizen bleiben durchaus ruhig, sie sind nicht nervös, nicht ängstlich. Sie bekreuzigen sich, murmeln etwas, bekreuzigen sich wieder und stecken sich eine neue Zigarette an. Dann stellen sie sich nebeneinander auf, ohne einen Befehl abzuwarten.

Der Offizier ruft: ›Fertig!‹

Die beiden Banditen rauchen noch ein paar Züge, dann werfen sie die Zigaretten fort.

Nachdem die Löcher zugeschaufelt sind, nehmen der Offizier und die Soldaten die Mützen ab, stehen eine Weile schweigend, setzen die Mützen wieder auf, verlassen den Friedhof, sitzen auf und reiten los.

Warum soll sich der Staat unnötig größere Ausgaben machen, wenn der Endzweck doch derselbe ist!

Ein anderer Trupp Kavallerie bemerkte in dem bergigen Gelände acht Männer einige Kilometer voraus auf Pferden reitend. Die Männer schienen die Soldaten gesehen zu haben, denn plötzlich fielen sie in Trab und verschwanden. Der Offizier folgte mit seinem Trupp, konnte aber nicht finden, wohin sich die Reiter gewandt haben mochten. Die Hufspuren auf dem sandigen Wege waren so zahlreich und gingen so weit auseinander, daß der Offizier keine Spur aufnehmen konnte. Er beschloß, den Spuren zu folgen, die am frischesten schienen.

Nach einigen Stunden kamen die Soldaten zu einer einsamen Hazienda. Die Soldaten ritten in den weiten Hof und saßen ab, um ein wenig zu rasten. Der Besitzer kam heraus, und der Offizier fragte ihn, ob er nicht eine Anzahl Reiter gesehen habe. Der Besitzer erklärte, niemand sei vorübergeritten, er müßte es sonst wissen. Darauf erklärte der Offizier, er müsse die Hazienda durchsuchen, worauf ihm der Besitzer antwortete, er möge tun, was ihm beliebe.

Der Besitzer ging in das Haus zurück, und als die Soldaten sich nun dem Haus näherten, wurde auf sie von mehreren Seiten aus geschossen. Ein Soldat war tot und vier verwundet, als sie das Hoftor beim Zurückgehen erreicht hatten.

Eine Hazienda ist wie ein großer Gutshof. Sie ist mit einer dicken hohen Mauer umgeben und steht wie eine kleine Festung im Gelände.

Die Soldaten hatten ihre Gefallenen mit hinausgeschleppt. Sobald sie draußen waren, wurde das Tor von innen geschlossen und über die Mauer auf die Soldaten weitergefeuert.

Und nun beginnt ein wackres Gefecht, das, wie beide Parteien genau wissen, nur mit der völligen Vernichtung des anderen endet oder mit Mangel an Munition. Die Belagerten haben nichts zu verlieren, erschossen werden sie auf jeden Fall. Die Verteidigung ist die einzige Gelegenheit, die sie haben, um ihre Lage zu ändern.

Der Offizier läßt erst einmal alle Pferde so weit zurückbringen, daß sie nicht erschossen werden können. Die Banditen verschwenden keine Kugel auf die Pferde während des Rücktransports, so reichlich haben sie die Munition nicht.

Die Soldaten sind übel dran. Die Hazienda liegt in einem offenen Gelände von Äckern und Viehweiden. Aushungern können sie die Banditen nicht, auf Artillerie zu warten würde der Offizier und würden auch seine Leute als eine Schande betrachten. Es muß also angegriffen werden.

Die Hazienda ist rechteckig, und von allen vier Seiten greift eine Abteilung an. Es geht sehr kriegsmäßig dabei zu. Die Soldaten machen kurze Sprünge, legen sich wieder auf den

Boden, eröffnen das Feuer, um die andere Front einen Sprung näher machen zu lassen. Die Mauer können sie nicht nehmen; sie richten den Angriff auf die beiden Tore, das in Front und das an der Rückseite. Nach dreistündigem Kampf lockt der Offizier die Belagerten zum Vordertor, während er das Rücktor, das nur von drei Mann verteidigt wird, erklettern und aufbrechen kann.

So leicht geben die Banditen den Kampf aber nicht auf. Es entwickelt sich im Hof und dann vom Wohnhaus aus eine kleine Schlacht. Am späten Nachmittag sind die Soldaten unbestrittene Besitzer der Hazienda. Sie haben vier Tote, zwei Schwerverwundete und neun mit leichten Schüssen. Im Haus und im Hof finden sie nicht nur die acht, die sie vor sich reiten sahen, sondern noch einige andere Zugräuber.

Sieben sind tot, fünf verwundet, die gleich erschossen werden. Unter den Toten ist der Besitzer der Hazienda, von dem man nicht weiß, ob er selbst ein Bandit ist oder ob er von den Banditen unter Androhung des Todes gezwungen wurde, ihre Anwesenheit abzuleugnen. Das Hofpersonal hat sich verkrochen und kommt jetzt hervor. Es hat nichts mit der Sache zu tun. Das ist sicher. Die Familie des Haziendabesitzers ist auf Besuch in der Hauptstadt. In den Kleidern der Männer finden die Soldaten Unmengen von Sachen, die aus dem Zugüberfall herstammen. So werden die Banditen nach und nach abgefangen. Einzeln und in Horden. Aber sie alle innerhalb einer kurzen Zeit zu fangen hat seine Schwierigkeiten. Und je mehr Zeit vorübergeht, ehe man sie alle hat, um so seltener werden die letzten erwischt. Diese nicht Gefangenen schließen den Rest ihrer Tage sicher nicht in beschaulicher Ruhe ab.

Und ihr«, beendete Lacaud seinen Bericht, »ihr glaubt ganz ernsthaft, daß ich etwas mit diesen Banditen zu tun haben könnte, die ein so grauenhaftes Verbrechen wie jenen Zugüberfall begangen haben?«

»Dann haben wir hier nichts zu lachen, wenn die heraufkommen«, sagte Howard. »Also diese Vertrauensfrage wäre auch geklärt.«

»Dann sind die Kerle da unten wahrscheinlich jene letzten, von denen du sprichst«, sagte Dobbs.

»Das glaube ich wohl. In dem Bericht war erwähnt, daß einer einen goldbronzierten Strohhut aufgehabt hätte und daß man den für einen Hauptmacher hält, der sich am rohesten betragen hat.«

»Dann haben wir hier nichts zu lachen, wenn die heraufkommen«, sagte nun Curtin. »Aber ich sehe sie nicht mehr.«

»Die kannst du nicht sehen, die sind jetzt an der Schleife«, sagte Dobbs. »Wenn sie an der Schleife vorüber sind, dann kommt die Stelle, wo wir sehen können, ob sie heraufkommen oder ob sie unten das Felsental entlanggehen.«

Sie saßen da auf dem Feld und starrten hinunter, um die Reiter aus der Schleife hervorkommen zu sehen.

»Wieviel hast du denn gezählt?« fragte Howard.

»Zehn oder zwölf«, antwortete Curtin.

»Soviel können doch von den Banditen gar nicht mehr übrig sein nach deiner Erzählung«, sagte Howard nun zu Lacaud.

»Sicher nicht. Die haben den größten Teil abgefangen. Aber die vier oder fünf, die noch übrig sind, können sich ja mit anderen getroffen und zu einer neuen Bande vereinigt haben, die etwas Neues planen.«

»Ich glaube, Bob hat recht. Und wenn das so ist, und die kommen herauf, dann geht es uns schlecht. Die brauchen Revolver und Munition.«

»Du kennst doch das Dorf und die Leute da unten«, wandte sich Howard an Curtin. »Vielleicht haben die Burschen da unten im Dorf nach Revolvern gesucht, und die Indianer haben in ihrer Angst gesagt, daß du hier oben seist und ein Gewehr hättest, weil du ja auf der Jagd bist.«

»Verteufelt noch mal, da hast du recht, Alter. So wird es sein. Dann kommen sie auf jeden Fall hier herauf, um sich das Gewehr zu holen.«

»Dann tun wir besser, keine Zeit weiter zu verlieren und gleich an Vorbereitungen zu denken«, sagte Dobbs. »Curtin, du magst hier sitzen bleiben, weil du scharf sehen kannst, und beobachten, ob sie kommen. Wir werden alles dichtmachen.«

Sie fingen nun gleich die Esel ein, brachten sie in ein Dickicht an der anderen Seite des Felsens und banden sie fest. Dann brachten sie ihre Waffen, zwei Eimer mit Wasser und die Pakete mit Biskuit in eine tiefe Erdrinne, die sich dicht an der Felswand befand. Diese Rinne war gut zur Verteidigung geeignet, denn sie konnten weder von hinten angegriffen noch umgangen werden und hatten den freien ausgerodeten Platz vor sich, wo sie jede Bewegung der Angreifer verfolgen und jeden Mann gut aufs Korn nehmen konnten.

»Wir hätten genügend Zeit«, sagte Curtin während dieser Vorbereitung, »auf den Fels zu klettern, dort in eine Spalte zu kriechen und abzuwarten, bis sie wieder fort sind.«

»Ach, du Rind«, sagte Dobbs, »dann kommen sie doch an die Mine, und wir können nicht mehr heran.«

»Ich habe hier keine Mine gesehen«, sagte Lacaud.

»Freilich nicht«, erwiderte Dobbs. »Wir müssen dir ja nun wohl die offenen Handflächen zeigen. Natürlich haben wir hier eine Mine. Solange wir den Platz halten, kommen sie nicht dran. Aber wenn wir uns verkriechen, dann suchen sie nach Curtin und nach seinem Gewehr, und dann kommen sie natürlich auf die Mine, heute oder morgen. Das alles 'rauszubuddeln haben wir nicht Zeit genug, und wir können auch hier nicht mehr weg, wenn jemand an der Mine ist. Können also unsere Sache nicht heimbringen. Wir müssen immer über den Platz hier und können ihnen auf dem Weg nicht ausweichen. Wir müssen schon auf den Knochen beißen. Auch wenn die gar nicht wissen, daß wir hier feine Sachen haben, Gewicht, verstehst du, die ziehen uns aus, völlig, lassen uns nicht mal die Stiefel. Können dann hier verrecken.«

»Das ist so«, bestätigte Howard. »Wenn wir einen anderen Ausweg hätten, ich würde es auch nicht auf Ernst ankommen lassen. Wir müssen, das ist alles.«

»Sie sind eingebogen. Sie kommen 'rauf«, schrie Curtin und sprang von der Felskante herunter. »Nun aber rasch, und alles klargemacht.«

»Was denkst du denn, wie lange es noch dauert, bis sie hier sein können?« fragte Howard. »Du kennst doch den Weg am besten.«

»Das dauert jetzt genau fünfzig Minuten. Dann sind sie hier. Wenn sie ohne Pferde kommen und die Abschneider wüßten, dann könnten sie zehn Minuten früher hier sein.«

»Du bist sicher, ganz sicher, daß sie heraufkommen?« fragte Dobbs.

»Nachdem sie hier eingebogen sind, können sie gar nicht anders gehen. Sie müssen 'rauf. Da geht kein Weg nach einer anderen Seite ab.«

»Aber sie könnten doch vielleicht auch wieder umkehren?«

»Natürlich können sie das. Aber darauf warten wir besser nicht.«

»Wir werden das Zelt niederlegen«, riet Dobbs. »Dann sehen sie nicht gleich, daß hier mehr als eine Person sein kann. Sieht auch so aus, als ob wir wer weiß wie reich seien.«

Das Zelt wurde eingeholt und in die Rinne gebracht. Dann stachen sie Schußlöcher aus, damit sie mit dem Kopf nicht hoch brauchten und doch alles übersehen konnten. Sie berieten noch einen Kriegsplan, und endlich schlug allen das Herz, denn sie hörten die Stimmen der Männer, die an der letzten Wegkrümmung waren.

Einige Minuten später traten die Männer aus dem Busch heraus und kamen an den Rand des offenen Platzes. Die Pferde hatten sie offenbar an der letzten Wegbiegung zurückgelassen, denn gerade das letzte Stück des Weges war für Pferde sehr schwer zu nehmen. Aber sie hatten vielleicht noch einen anderen Grund, warum sie die Pferde hinter sich ließen. Sie waren sieben Mann, die übrigen drei waren sicher bei den

Pferden oder standen an günstigen Stellen auf Beobachtung. Alle waren sie bewaffnet. Jeder hatte einen Revolver, einige hatten außerdem auch noch Gewehre. Alle hatten sie ihre großen Hüte auf und bunte Tücher um den Nacken gebunden, aber sonst waren sie sehr abgerissen. Zwei besaßen nur Sandalen, zwei waren barfuß, einer hatte an dem einen Bein eine Ledergamasche, das andere Bein war ohne Gamasche; und während das Bein mit der Gamasche einen gelben Schnürstiefel am Fuß hatte, trug der Mann am anderen Fuß einen schwarzen Gummistiefel. Keiner hatte ein völlig ganzes Hemd an; dafür aber besaßen einige Lederjacken, und drei hatten lange, bis zum Knöchel reichende, enganliegende braune Lederhosen. Alle aber trugen einen oder gar mehrere Patronengürtel. Einige trugen Decken über die Schultern geworfen. Wahrscheinlich waren die Decken der anderen sowie die Taschen mit den Lebensmitteln bei den Pferden.

Als sie den Platz, der an der hinteren Seite von dem steilen Fels und an den übrigen Seiten von dichtem, undurchdringlich erscheinendem Buschwerk und dornigem Gesträuch, untermischt mit Bäumen, eingezäunt war, betreten hatten, sahen sie sich neugierig um. Sie erweckten den Eindruck, als hätten sie etwas anderes erwartet, als was sie nun sahen. Daß hier ein Lagerplatz war, der noch vor kurzer Zeit als Camp gedient hatte, mußten sie ja erkennen. Da lag noch das Holz herum, die Feuerstellen sahen noch frisch und unverweht aus, leere Konservenbüchsen, Scherben zerbrochenen Tongeschirrs, Papier- und Zeitungsfetzen lagen verstreut, und dann war da noch die lichte Stelle, wo das Zelt gestanden hatte, ganz scharf abgegrenzt. Der Platz war ein unregelmäßiges Viereck von etwa sechzig Schritt Seitenlänge, der dadurch immer größer geworden war, daß von den Seiten täglich das Holz fortgenommen wurde, das man für das Feuer brauchte. Auch an den frisch abgeschlagenen Bäumen ließ sich erkennen, daß der Platz noch ganz kürzlich bewohnt gewesen sein mußte.

Die Männer standen in einer Gruppe und begannen zu rauchen. Einige hockten sich nieder, und die übrigen redeten. Der

Mann mit dem goldbronzierten Strohhut schien der Führer zu sein, denn alle sahen sie auf ihn, wenn er etwas sagte.

Sie kamen einige Schritte näher in den Platz. Dort standen sie wieder und besprachen sich. Es war deutlich zu sehen, daß sie nicht wußten, was sie tun oder was sie unternehmen sollten. Einzelne schienen zu der Überzeugung zu kommen, daß der Gringo, der Amerikaner, ausgezogen war und daß man zu spät komme. Das schien endlich auch der Führer, den sie Ramirez nannten, anzunehmen.

Das Gespräch wurde lauter, weil die Leute anfingen, sich weiter zu zerstreuen und sich in größerer Entfernung voneinander zu unterhalten. So konnten die Männer in der Erdrinne beinahe alles verstehen, was dort geplant war, und sich danach richten. Vielleicht zogen die Banditen nach einer längeren Rast wieder ab, und sie bekamen hier endgültig Ruhe.

Obgleich einzelne der Banditen bei ihrem Herumstreifen bis an die seitlichen Grenzen des Platzes kamen, so war doch kaum zu befürchten, daß sie so leicht den Weg zur Mine finden würden; denn Dobbs und Curtin hatten ihn in der letzten Stunde noch besonders gut verkleidet, und solange das eingesteckte Dornengestrüpp nicht dürr und welk wurde, war der Weg zur Mine durchaus sicher.

Endlich, nach langem Hin- und Herreden, schienen die Banditen zu einem Entschluß gekommen zu sein. Sie sprachen so laut, und sie gestikulierten dabei so heftig, daß die Belagerten nun schnell lernten, was die Banditen zu tun gedachten. Sie hatten beschlossen, hier für einige Zeit ihr Hauptquartier aufzuschlagen, bis die Sache mit dem Zugraub etwas verblaßt war und die Soldaten in weiter abliegenden Distrikten auf der Verfolgung waren. Der Platz schien ihnen außerordentlich günstig zu sein. Etwas tiefer unten fanden sie Wasser, Gras für die Pferde würde auch wohl in der Nähe sein, und die Lebensmittel konnte man irgendwo von den Feldern unten im Tal stehlen, wenn man Wild nicht mehr essen könne. Weiter unten hatten sie eine offene Stelle gefunden, von wo aus man die Wege im Tal beobachten könne, und wenn man die Soldaten wirklich kommen sähe, so könne man rechtzeitig noch entwischen, wenn man in der Zwischenzeit einen anderen Rückweg ausfindig mache; denn herunter von diesem Platz müßten sie, wenn Soldaten auf den Weg kämen, weil man hier in einer Falle sitze.

In der kurzen Zeit hatten sie wirklich gut die Gegend beobachtet. Sie brauchten nur einen anderen Rückweg zu finden, und das würde ihnen schon glücken, wenn nicht gerade von hier oben, dann weiter unten auf dem Weg, vielleicht in der Nähe der Quelle.

»Gerade hatte ich gedacht«, sagte Howard leise zu Curtin, »daß wir doch rechte Esel gewesen seien, daß wir nicht zur Mine gekrochen sind. Aber jetzt sehe ich, daß dies das dümmste gewesen wäre, was wir hätten tun können. Denn wenn sie sich hier einnisten, würden sie uns an der Mine doch sehr bald aufspüren. Es ist schon das Beste, was wir getan haben.«

»Was wir aber nun machen sollen, wenn die hier ihr Hauptquartier aufschlagen, das weiß ich wirklich nicht«, flüsterte Dobbs. »Daran hat keiner von uns gedacht. Ich wenigstens habe angenommen, daß sie kommen und wieder gehen.«

»Warten wir einmal eine Weile«, sagte nun Lacaud. »Vielleicht ändern sie ihren Plan wieder und gehen.«

»Ich schlage vor«, riet Howard, »wir verteilen uns auf die Länge der Rinne. Wenn sie hier herumstreifen sollten, brauchen sie uns nicht alle auf einem Klumpen zu finden und uns abzuschießen wie die Kaninchen. Die glauben ja, daß nur einer hier oben ist, und wenn wir sie dann von mehreren Seiten packen, bringen wir sie vielleicht so in Verwirrung, daß sie losziehen.«

Howard und Lacaud nahmen die beiden fernen Ecken der Rinne. Jeder der beiden hatte eine gute Jagdbüchse. Curtin und Dobbs verteilten sich so in der Mitte der Rinne, daß beide nicht gleichzeitig von einer Person gesehen werden konnten, die etwa in der Nähe der Rinne herumstreifen sollte.

Die Banditen hockten im Haufen auf dem Platz, nicht weit von dem schmalen Eingang. Sie rauchten, redeten und lachten; zwei lagen lang ausgestreckt und schliefen oder dösten. Einer war zu den Pferden gegangen, um den Posten dort zu erzählen, daß man hierbleiben würde und daß sie dort weiter unten nach einem Futterplatz für die Pferde suchen sollten. Ein anderer war zu dem Beobachtungsposten geschickt worden, um mit ihm gemeinsam das Tal zu überblicken. Allen, die in der Rinne saßen, kam jetzt der Gedanke, daß es die beste Gelegenheit für sie wäre, die fünf Kerle, die noch auf dem Platz waren, gut aufs Korn zu setzen und abzuknallen. Wenn dann die übrigen fünf zur Hilfe kämen, könnte man sie aus der sicheren Deckung heraus erfolgreich empfangen, und man wäre dann die ganze Sippschaft los. Und jeder ärgerte sich, daß man einen solchen Plan nicht rechtzeitig beraten habe. Mord war es ja kaum zu nennen, dachten sie, denn das waren ja keine Menschen, das waren Bestien.

Dobbs dachte sich immer mehr in diesen Plan hinein und dann konnte er ihn nicht mehr für sich behalten. Er kroch zu Howard, der ihm am nächsten war.

»Dasselbe habe ich gerade auch gedacht«, erwiderte der Alte. »Aber dann haben wir die toten Kerle alle hier herumliegen.«

»Die graben wir doch ein«, flüsterte Dobbs.

»Natürlich. Aber ich will hier keinen Kirchhof haben, wo wir vielleicht noch ein paar Wochen hausen müssen. Kirchhof ist ja notwendig, aber man muß ihn doch nicht gerade Tag und Nacht vor dem Fenster haben. Sonst wäre ich ganz damit einverstanden; einer, der mit dem blatternarbigen Gesicht, sieht so niederträchtig aus, daß man sich als ausgewachsener Mann vor ihm fürchten muß, wenn man mit ihm zusammen in der Kirche sitzt.«

»Dem wirst du in der Kirche nicht begegnen.«

»Aber gerade. Gerade dem und gerade dieser Mörderbande. Ich schwöre dir, gerade diese sind es, die der heiligen Jungfrau von Guadelupe oder dem San Antonio die meisten silbernen Beinchen und Ärmchen unter die Füße hängen. Die rutschen auf den Knien von der Kirchentür bis zum Altar und dreimal um die vier Wände herum. Geh mal hin und untersuche sie mal, die haben alle ihr Bildchen oder ihre Münze um den Hals hängen. Die Regierung in Mexiko, die weiß schon recht gut, warum sie mit der Kirche so handfest umspringt. Die Leute sind ja zehnmal abergläubischer als die schwärzesten Heiden in Zentralafrika. Die sind – aber Mensch, was will denn der da? Der kommt ja geradeswegs hier herüber. Rasch auf deinen Posten.«

Geschwind wie eine Katze kroch Dobbs davon.

Da kam in der Tat einer der Männer auf die Rinne zugeschlendert, gerade auf die Stelle zu, wo Curtin saß. Er sah nicht vor sich hin oder in Richtung der Rinne, er hielt vielmehr den Kopf hoch und betrachtete sich die Felsenwand in ihrer ganzen Länge. Es schien, daß er dort nach einem Rückweg suche. Vielleicht war ihm die Idee gekommen, daß der gesuchte Gringo dort irgendwo stecken könne oder daß er dort seinen Weg ins Tal mache, weil man ihn ja nicht auf dem anderen Weg getroffen habe.

Er sah aber, daß dort kein gangbarer Weg sei, es war alles wie vermauert. Er pfiff vor sich hin und drehte sich, um wieder zurückzugehen. Dabei sah er nach unten und bemerkte die Erdrinne. Sicher dachte er, das sei der Weg, den sie gebrauchen könnten. Er kam näher, beinahe bis zum Rand der Rinne, und da erblickte er Curtin.

Curtin hatte ihn den ganzen Weg lang beobachtet; er war deshalb nicht überrascht, als er ihn dicht über sich sah.

»Caramba!« rief der Bandit, dreht sich zurück und rief laut hinüber zu seinen Genossen: »Kommt hierher. Hier sitzt das Vögelchen in seinem Nest und brütet seine Eier aus.« Er lachte laut auf.

Die übrigen Männer waren sofort aufgesprungen und kamen überrascht näher. Als sie aber auf halbem Weg waren, schrie Curtin: »Halt, ihr Banditen, ich schieße.«

Die Banditen blieben sofort stehen. Sie wagten nicht, nach ihren Revolvern zu greifen. Sie wußten ja nicht recht, was los sei.

Der Mann, der Curtin entdeckt hatte, hielt sofort beide

Hände hoch und ging, immer die Hände hoch haltend, zurück zu der Mitte des Platzes, wo die übrigen standen.

Eine Weile war alles ruhig, und dann begannen die Männer eilig und aufgeregt miteinander zu reden.

Endlich trat der Führer etwas in den Vordergrund und sagte: »Wir sind keine Banditen. Wir sind von der Polizei. Wir suchen die Banditen.«

Curtin steckte den Kopf ein wenig hoch. »Wo habt ihr denn die Schilder? Wenn ihr von der Polizei seid, so müssen Sie doch wenigstens ein Schild haben. Zeigen Sie es einmal offen her.«

»Ein Schild?« erwiderte der Mann. »Ich habe kein Schild. Ich brauche auch keins. Brauche auch gar keins zu zeigen. Kommen Sie da mal heraus. Wir wollen mit Ihnen sprechen.«

»Sie können auch von dort aus mit mir sprechen. Ich verstehe ganz gut, was Sie sagen.«

»Wir werden Sie in Arrest nehmen. Sie jagen hier und haben keine Lizenz zum Jagen. Wir werden Sie verhaften und Ihnen den Revolver abnehmen und Ihr Gewehr.«

Curtin lachte hinüber. »Wo ist Ihr Schild? Dürfen Sie denn Waffen tragen? Sie haben doch kein Schild, und Sie sind nicht von der Federalpolizei, auch nicht von der Staatspolizei. Sie können mich gar nicht in Haft nehmen.«

»Hören Sie, Senjor«, sagte der Wortführer und kam einen Schritt näher, »wir werden Sie nicht in Arrest nehmen. Geben Sie uns nur Ihren Revolver. Das Jagdgewehr dürfen Sie behalten. Wir brauchen den Revolver und auch die Munition.«

Er kam noch einen Schritt näher, und die übrigen Männer folgten ihm.

»Nicht einen Schritt näher«, rief Curtin, »sonst wird gefeuert, damit Sie es wissen.«

»Seien Sie doch ein wenig mehr höflich, Senjor. Wir wollen Ihnen doch gar nichts tun, wir brauchen nur den Revolver.«

»Den benötige ich selbst.«

»Werfen Sie das Eisen hier herüber, dann belästigen wir Sie nicht mehr und gehen unserer Wege«, rief einer der übrigen Männer.

»Nichts kriegen Sie, und nun machen Sie, daß Sie fortkommen.«

Curtin war ein wenig höher gestiegen, um den Platz besser übersehen zu können.

Die Männer berieten nun wieder, was zu tun sei. Sie sahen, daß der Gringo in der Erdrinne augenblicklich im Vorteil war; er lag gut gedeckt. Sobald sie zogen, ließ er sich fallen, und ehe sie den Durchgang zum Busch erreichen konnten, hatte er sechsmal gefeuert, und wenn er gut geschossen hatte, lagen sie alle flach. Sie gingen deshalb wieder zurück und setzten sich auf den Erdboden. Es war inzwischen zehn Uhr geworden, und sie dachten daran, sich ihre Tortillas und Tamales oder was sie sonst mit sich führten zu wärmen. Sie zündeten ein kleines Feuer an und hockten sich herum, um ihre dünne Mahlzeit zu bereiten.

Sicher waren sie zu der Überzeugung gekommen, daß der Gringo ihnen ja auf alle Fälle in die Hände schlüpfen müsse. Er konnte dort nicht weg, und da sie hier auf dem Platz ihr Feldlager hielten, so handelte es sich gewiß nur um zwei Tage, und der Belagerte mußte aufgeben. Er würde ja auch einmal schlafen, und dann könne man ihn leicht überraschen.

Sie aßen, dann legten sie sich hin und hielten ihren Mittagsschlaf. Das dauerte zwei Stunden, dann wurden die Leute wieder lebendig und redeten aufeinander ein. Sie suchten sich zu beschäftigen. Und aus diesem Betätigungsdrang heraus kamen sie auf den Gedanken, Curtin zu überlisten, ihn gefangenzunehmen und sich dann mit ihm den Nachmittag angenehm zu vertreiben. Das Opfer findet gewöhnlich einen solchen Zeitvertreib weniger angenehm. Den Höhepunkt jenes lieblichen Gesellschaftsspiels mit Pfändern überlebt es oftmals nicht. Die Leute sehen ja alle in der Kirche so viele Bilder und Gemälde mit den blutigsten Greueln, sehen die aufgestellten Figuren der Heiligen und Märtyrer mit zerfetzten Körpern, Leiber, die mit Speeren und Pfeilen vollgespickt sind, offene Mäuler, aus denen der abgeschnittene Stumpf der Zunge herausgrinst, herausgerissene Menschenherzen, an denen das Blut heruntertropft und aus denen rote Flammen schlagen, zernagelte und blutüberströmte Hände und Füße, aufgebrochene Knie und zermalmte Kniescheiben, Rücken, die mit Angelhaken gepeitscht werden, und Häupter, auf die Dornenkränze mit einem dicken Holzhammer getrieben werden. Und vor diesen Bildern und hölzernen Figuren, die so realistisch sind, daß man von unsagbarem Grauen geschüttelt wird, wenn man sie sieht, und im Schlaf aufgerissen wird, wenn sie einem im Traum erscheinen, liegen die Gläubigen und Frommen stundenlang auf den Knien mit weit ausgestreckten Armen und ausgebreiteten Händen und wimmern und stöhnen und beten und murmeln und singen mit leiser Stimme hundert, zweihundert, fünfhundert Ave Marias. Und diese Männer, wenn sie ihren Zeitvertreib mit ihren Opfern suchen, brauchen keine Erfindungsgabe zu besitzen, sie brauchen nur nachzuahmen, was sie von Kindheit an in der Kirche gesehen haben. Und sie ahmen es nach, geschickt und treu nach den Mustern, denn ihre ganze geistige Vorstellung, die sie haben, wurzelt in der Religion, aber in einer Religion, die auf sie nur durch das Äußerliche, durch die realistische Darstellung, durch die mysteriösen Zeremonien wirkt. Und hier ist es, unter diesen Menschen, wo in der Karwoche die ganze grausame Folterungsgeschichte in allen ihren minutiösen Einzelheiten an lebensgroßen Figuren in erschütternder Naturwahrheit den gläubigen Mengen vorgeführt wird. Das ist kein Passionsspiel; die Vorführungen werden buchstäblich und unmittelbar von diesen Menschen aufgenommen, von diesen bedauernswerten Menschen, die durch unheilvolle Mächte seit Jahrhunderten und bis auf den heutigen Tag in Aberglauben und Unwissenheit gehalten werden, im nackten egoistischen Interesse jener Mächte. Und eine Regierung, die in wahrhaft modernem Geist zum Segen dieser gequälten, unglücklichen Menschen zu arbeiten trachtet und den Kampf gegen jene Mächte zu führen gezwungen ist, muß Kavallerieregimenter ausschicken, um diejenigen, die nichts weiter tun, als das nachzuahmen, was sie sehen, einzufangen und als Verbrecher zu behandeln. Kann ein derartiger Zugüberfall mit so unerhörten

Grausamkeiten ausgeführt werden von normalen Menschen? Die heidnischen Indianer in der Sierra Madre, in Oaxaca, in Chiapas und in Yucatea sind solcher Bestialitäten nicht fähig. Die Mestizen und Mexikaner aber, die vor der Begehung des Verbrechens zur Mutter Gottes beten und vor San Antonio eine Stunde lang knien und darum flehen, daß er ihnen helfen möge, damit die Tat auch gelinge, die nach dem Verbrechen wieder auf den Knien liegen und die Mutter Gottes anflehen und ihr zehn Stearinkerzen versprechen, damit sie nicht von den Truppen erwischt werden mögen, die kennen kein Verbrechen und keine Grausamkeit, die auszuüben sie sich nicht für fähig hielten. Ihr Gewissen ist stets unbelastet, sie legen die Bürde ihrer Schuld auf die Rücken der Figuren, die nach ihrer Meinung für diesen Zweck geschaffen sind.

An eine angenehme Nachmittagsunterhaltung, die ganz unschuldig damit beginnt, daß man dem Opfer glühende Holzstückchen in den Mund schiebt, schienen die Männer jetzt zu denken. Und davon sprachen sie auch ganz offen und so klar und nüchtern, daß Curtin verstehen konnte, was ihn erwartete.

Einer der Männer zog seinen Revolver und schob ihn so unter seine offene Lederjacke, daß man nicht bemerken konnte, daß die Waffe schußbereit war. Curtin konnte die Bewegung nicht sehen, weil sie ihm gegenüber verdeckt war; aber Lacaud hatte sie beobachtet.

Die Männer standen einer nach dem anderen auf, reckten sich und kamen wieder zur Mitte des Platzes.

»Hören Sie, Senjor«, rief der Mann mit dem goldbronzierten Strohhut, »wir wollen miteinander verhandeln. Wir wollen jetzt gehen, weil wir hier nichts mehr zu essen haben, und wir wollen auch noch nach dem Markt morgen früh. Da müssen wir uns jetzt aufmachen. Geben Sie uns den Revolver. Ich habe hier eine goldene Uhr mit guter Kette. Die gebe ich Ihnen für den Revolver. Die Uhr ist hundertfünfzig Pesos wert. Das ist ein gutes Geschäft für Sie.«

Er zog die Uhr aus der Hosentasche und schwenkte sie an der Kette in der Luft herum.

Curtin war wieder hochgekommen. Er rief hinüber: »Behalten Sie Ihre Uhr, ich behalte meinen Revolver. Ob Sie zu Markt gehen oder nicht, ist mir gleich. Aber den Revolver kriegen Sie nicht, und damit ist jetzt Schluß.«

Er stützte die Arme auf und wollte wieder hinunterspringen. Und jetzt hatte der Mann, der den Revolver unter der Jacke bereitgehalten hatte, die Waffe gerichtet. Er stand hinter einem anderen gedeckt, und selbst wenn Curtin den Mann sah, so konnte er doch nicht erkennen, daß die Waffe in Anschlag lag.

Ehe jedoch der Bandit abdrücken konnte, krachte ein Schuß, und der Revolver fiel dem Mann aus der Hand, während er den Arm hoch in die Luft warf und schrie: »Ich habe eines gekriegt.«

Als der Schuß gefallen war, wandten sich die Männer alle überrascht der Rinne zu. Sie sahen ein schwaches Wölkchen hochsteigen. Aber das Wölkchen kam aus der linken Ecke und nicht von da, wo Curtin gesessen hatte. Sehen konnten sie aber weder den Schützen noch die Waffe.

Sie waren so erstaunt, daß sie kein Wort herausbrachten. Vorsichtig rückwärts gehend kamen sie an den Rand des Gehölzes. Dort setzten sie sich auf den Erdboden und begannen wieder zu reden. Was sie redeten, konnten die Belagerten in der Rinne nicht verstehen, aber sie sahen doch so viel, daß die Banditen sich in höchster Verwirrung befanden. Das war doch nicht etwa Polizei, die hier versteckt war?

Nun kamen auch noch drei andere, die im Busch auf Posten waren, heraufgeeilt, weil sie den Schuß gehört hatten und glaubten, sie hätten hier einzugreifen. Aber der Führer schickte sie wieder fort, weil er es offenbar in diesem Augenblick für wichtig hielt, daß die Pferde bereit stünden.

Nachdem sie eine Zeit gesprochen hatten, lachten sie mit einem Mal laut auf. Sie erhoben sich und unausgesetzt lachend kamen sie wieder mehr zur Mitte des Platzes.

»Sie, Senjor, mit uns können Sie solche Tricks nicht spielen«, rief der Führer. »Wir haben es gesehen. Sie haben da in der

Ecke das Gewehr angebunden und mit einer Leine abgezogen. Aber wir fallen auf solche Späße nicht 'rein.«

Die Männer lachten belustigt auf. Und mit einem Ruck hatten sie jetzt alle die Revolver in der Hand.

»Kommen Sie hervor, Bürschchen, sonst holen wir Sie«, rief der Führer. »Wird es bald. Eins, zwei, drei. Na, 'raus nun.«

Curtin schrie: »Ich denke gar nicht daran. Wenn Sie einen Schritt machen, wird geschossen.«

»Wollen wir schon sehen, Hombre.«

Plötzlich ließen sich die Männer alle auf den Erdboden fallen und begannen, den Revolver in der Faust, von verschiedenen Seiten auf die Stelle zuzukriechen, wo Curtin saß. Sie kamen aber nicht weit. Vier Schüsse krachten aus vier verschiedenen Stellen der Rinne, und zwei der Männer schrien, daß sie getroffen seien. Sicher hatten sie nur Streifschüsse, denn sie alle wendeten sich und krochen zurück zum Gebüsch.

Hier berieten sie nun, was zu tun sei. Es war ihnen klargeworden, daß die Rinne von mehr als einem, vielleicht gar von vier oder fünf Mann besetzt sei. Und diese Leute konnten keine anderen sein als Leute von der Polizei. War das wirklich Polizei, dann waren sie geliefert, denn die Polizei würde nicht nur hier oben sein, sie würde inzwischen auch den Weg besetzt halten und ihnen den Rückzug absperren. Es blieb also nur eines übrig. Der Kampf mußte aufgenommen werden. Aber es erweckte den Anschein, als ob sie nicht beginnen wollten und als ob sie abwarten wollten, was die Leute in der Rinne tun würden. Sie erwarteten von dort den Angriff. Als aber kein Angriff erfolgte und sie keinen Laut von der Rinne hörten, wurden sie wieder unsicher und glaubten aufs neue, daß der Gringo da nur Tricks spiele. Denn wären es Soldaten, die würden angreifen und sie in die Arme der anderen Soldaten treiben.

Aber die Posten hatten nichts gemeldet, und als einer von ihnen heraufkam, schüttelte er mit dem Kopf und ließ erkennen, daß da unten keine Soldaten seien, daß die Straße frei wäre.

Es schien dann einer den Vorschlag zu machen, daß man die Leute hier in der Rinne, ob sie nun Soldaten oder Jäger seien, regelrecht belagern solle, denn nun lohnte es sich erst recht. Seien da mehrere Leute, dann hätten sie auch mehrere Waffen, Lebensmittel und auch sonst noch Dinge, die man gebrauchen könne. In der Mehrzahl könnten sie nicht sein, weil sie sonst ihren Vorteil zur rechten Zeit wahrgenommen und einen direkten Angriff gemacht hätten in dem Augenblick, als die Schüsse die Leute in Verwirrung gesetzt hatten.

Die vier Mann in der Rinne fanden jetzt ein wenig Zeit, um sich zu besprechen, denn sie sahen, daß die Banditen vorläufig nichts unternehmen würden. Sie krochen alle zu jener Ecke, wo Howard saß, und berieten, was man tun könne. Sie aßen etwas, tranken einen Becher Wasser und leisteten sich dieselbe Freude, die die Banditen nun schon viele Stunden lang gehabt hatten, und rauchten.

»Wenn man nur wüßte, was sie jetzt vorhaben!« sagte Curtin.

»Ob wir das wissen oder nicht, kommt auf dasselbe heraus«, sagte Howard. »Wir können immer nur handeln, wenn die beginnen.«

»Wir könnten doch 'raus und drauflosgehen«, riet Dobbs.

»Dann hätten sie uns.« Howard schüttelte den Kopf und stopfte seine Pfeife. »Jetzt wissen sie nicht, wieviel wir sind. Aber dann können sie sich verteilen. Den Platz können wir halten, aber auf den Weg kommen wir nicht, da liegen sie im Hinterhalt. Und den Platz können wir besser halten, wenn wir ruhig in der Rinne bleiben. Wir wissen ja auch nicht einmal, ob nicht noch ein anderer Trupp unterwegs ist.«

»Ich denke auch, es ist besser, wenn wir ruhig in der Rinne bleiben«, sagte Lacaud. »Für immer werden sie dort nicht sitzenbleiben.«

»Wie reichen wir denn mit dem Wasser und mit dem Speck und den Crackers?« fragte Curtin.

»Sparsam müssen wir damit sein, dann geht es für drei Tage.«

Nun begannen die Esel zu schreien. Die Männer horchten auf, kümmerten sich aber weiter nicht darum. Vielleicht gab ihnen das auch die Sicherheit, daß doch keine Soldaten hier seien, denn die würden nicht auf Eseln kommen. Zu den Eseln, wenn sie überhaupt daran dachten, sie mitzunehmen, konnten sie nicht gelangen, ehe sie nicht den Platz beherrschten.

Howard sagte nun: »Wir müssen uns auf die Nacht einrichten. Da können sie einen Schleichanfall machen.«

»Nicht in dieser Nacht und nicht in der nächsten«, sagte Lacaud. »Es ist Vollmond, und der Platz ist beleuchtet, als ob es am Tag wäre, ich weiß es von der vergangenen Nacht.«

»Das ist ja wahr«, bestätigte Howard. »Da haben wir Glück. Für die Nacht gehen wir besser zwei und zwei Mann zusammen und halten beide Ecken. Einer kann dann immer schlafen, und der andere hält die Sicht. Freilich, das brauche ich ja nicht zu sagen, wenn beide schlafen, wachen wir alle nicht mehr auf.«

Von den Banditen ließ sich keiner mehr auf dem Platz sehen. Sie blieben im Busch, wo man sie reden hörte und zwischen dem Gestrüpp zuweilen hin und her laufen sah.

»Das wäre jetzt gut Zeit, daß zwei einen Vorschlaf halten«, sagte Howard eine halbe Stunde später. »Die kommen uns während des Tages nicht mehr, da können wir ganz sicher sein. Ich glaube aber bestimmt, die kommen kurz vor Morgengrauen. Darauf wette ich mit euch.«

Sie teilten sich nun den Schlaf ein, und die Nacht ging ganz ruhig vorüber, bis auf eine behutsame Annäherung, die bei Anbruch der Dunkelheit erfolgte. Als aber ein Schuß krachte, während erst zwei aus dem Busch heraus waren, gaben sie es auf. Ein wenig später war auch der Mond so hell, daß man eine Katze hätte über den Platz huschen sehen.

Aber um drei Uhr morgens stieß Lacaud Curtin an, und Howard gab Dobbs einen Puff.

»Bist du wach?« fragte Howard.

»Ja, vollständig.«

»Drüben rührt sich's. Die kommen. Von vier Seiten krabbeln sie 'raus.«

»Das scheinen alle zehn Mann zu sein«, sagte Dobbs, nachdem er eine Weile hinübergesehen hatte.

»Ja, die gehen jetzt aufs Ganze. Hoffentlich sind die beiden drüben in der Ecke auch auf dem Posten. Ich will dir etwas sagen, Dobbs, sobald sie in der Mitte sind, feuern wir. Nimm sie gut aufs Korn, damit sie gleich einen guten Empfang haben. Wenn die in der Ecke, Curtin ist ja eine verschlafene Ratte, dösen sollten, dann werden sie durch unser Schießen munter werden. Sie haben dann noch immer Zeit.«

Aber ehe die Angreifer die Mitte des Platzes erreicht hatten, krachten schon aus der Ecke, wo Curtin und Lacaud saßen, zwei Schüsse. Denn auch sie hatten gedacht, es sei vielleicht notwendig, Dobbs und den Alten aufzuwecken, ehe die Banditen zu nahe waren.

Die Angreifer ließen sich aber nicht abschrecken. Sie krochen weiter. Es schien keiner von ihnen getroffen zu sein, jedenfalls nicht erheblich. Weder ein Fluch noch ein Schrei waren zu hören gewesen.

Nun schossen auch Dobbs und der Alte, und einer der Banditen fluchte, hatte also offenbar einen zu sitzen.

Wahrscheinlich glaubten die Männer, jetzt sei alles verschossen, und es sei nur ein Trick mit angebundenen Gewehren gewesen, oder wer weiß, was sie sonst glauben mochten, jedenfalls wollten sie nun der Sache ein rasches Ende bereiten. Eine kleine Strecke krochen sie noch, dann sprangen sie auf und liefen halbgebückt auf die Rinne zu, breit über ihre ganze Länge verteilt.

Dadurch boten sie natürlich ein viel besseres Ziel. Drei wurden sofort getroffen. Zwei von ihnen hielten sich den Arm, der verwundet war, und der dritte schleppte sich schwer hinkend zurück zum Busch, weil er einen Treffer ins Bein erhalten hatte. Von der Rinne wurde unausgesetzt weitergeschossen, während die Angreifer von ihren Waffen keinen Gebrauch machen konnten, denn sie sahen niemand, auf den sie hätten halten können. Sie wußten ja nicht, wie es in der Rinne aussehe, wo sie vielleicht in Fallen gehen konnten. Sie ließen sich wieder auf den Boden fallen, riefen sich etwas zu und begannen, zum Busch zurückzukriechen.

Dann kam der Morgen rasch herauf, und während des Tages war an einen Angriff, wie sie nun endgültig wußten, viel weniger zu denken als in der Nacht.

Als die vier sich wieder in der Ecke trafen, um zu frühstücken, sagte Howard: »In der nächsten Nacht kommen sie wieder. Da werden sie wohl mit einem anderen Plan kommen. Aufgeben tun sie nicht, jetzt nicht mehr. Sie haben inzwischen gelernt, ein wie guter Verteidigungsposten diese Rinne ist. Ein besseres Hauptquartier können sie gar nicht finden. Dann noch unsere Schießeisen, und was wir sonst haben. Wir müssen gut nachdenken, was wir tun können.«

Aber vier gegen zehn, die einen Rückweg haben, vier, deren Trinkwasser in Bechern abgezählt werden muß, gegen zehn, die sich über den offenen Rückweg mit Wasser und Lebensmitteln und sogar mit Hilfskräften versehen können, da gibt es nicht viele Pläne zu machen. Und weil auch immer der Angreifer bestimmt, wann geschlafen werden darf und wann gewacht werden muß, so hat er noch einen weiteren Vorteil.

Curtin, der, während die übrigen frühstückten, auf Wache stand, rief plötzlich aus: »Mal her. Was machen die da? Das wird nun ernst.«

Die drei kamen sofort zu den Schußlöchern und erkannten alle gleichzeitig, daß es nunmehr um Kopf und Kragen gehe.

Die Banditen waren sehr tätig. Sie hieben Äste und Stämmchen ab und begannen Schiebeschanzen zu bauen nach Art der Indianer. Dahinter verborgen, konnten sie in aller Ruhe bis an die Rinne rutschen und die Belagerten bequem ausheben. Ein paar Schüsse würden ja in der Rinne gewechselt werden, aber das Endresultat war entschieden.

Gegenüber diesem Plan wußte auch Howard keinen Rat mehr. Es konnte sich nur noch darum handeln, im letzten Nahkampf sich so kostspielig wie möglich zu machen. Wer lebend in deren Hände fiel, der hatte gewiß keine Freudentränen zu vergießen.

»Mich wundert es ja eigentlich nur, warum sie nicht schon vorher darauf gekommen sind«, sagte Curtin. »Es ist doch ein alter Indianertrick.«

»Es macht zuviel Arbeit«, erwiderte Howard.

Sie berieten hin und her, kamen aber auf keinen Gedanken, der sie aus der verteufelten Lage, in der sie sich jetzt befanden, hätte befreien können. Es war vielleicht doch möglich, sich durch das Dickicht einen Weg zu hauen. Aber das hätten die Männer drüben sofort gesehen. Sie dachten auch an die Mine. Jedoch das war nur ein unbedeutender Zeitgewinn. Schließlich kamen sie wieder darauf, daß es mit einem Angriff versucht werden sollte, trotzdem es hoffnungslos war, denn dann standen sie auf dem freien Platz, während die anderen im Dickicht saßen und den Weg hielten. Und endlich kamen sie auch davon wieder ab, weil zuletzt selbst Dobbs, der diesen Plan am eifrigsten verfochten hatte, einsah, daß es eine bodenlose Dummheit sei.

Hätte sich nur die Felswand erklettern lassen! Aber die war zu steil, und wenn sie es auch versuchten, in der Hoffnung, vielleicht weiter oben, über der vorspringenden Ecke, einen Halt zu finden, es war dennoch aussichtslos. In der Nacht ging es nicht, und am Tag konnten sie ohne Mühe abgeschossen werden, ohne sich auch nur wehren zu können.

Sie konnten nichts weiter tun, als denen da drüben ruhig zuzusehen, wie sie arbeiteten. Um vier Uhr nachmittags konnte alles fertig sein, und dann würde wohl der Angriff zu erwarten sein, wenn sie nicht den Einbruch der Dunkelheit als den besseren Zeitpunkt ansahen.

Es war gegen elf Uhr. Die Männer saßen am Eingang zu dem Platz und hielten ihr Mittagsmahl. Sie waren guter Dinge und lachten. Die vier in der Rinne waren offensichtlich der Hauptgegenstand ihrer Scherze, denn immer, wenn sie einen guten Witz gemacht zu haben glaubten, den sie belachten, dann sahen sie hinüber zu der Rinne.

Da hörte man ganz plötzlich einen Ruf: »Ramirez, Ramirez, pronto muy pronto, nun aber rasch.«

Einer der Posten kam den Weg heraufgelaufen und stürzte auf den Führer los. Die Männer sprangen auf und gingen in den Weg hinein. Man hörte sie reden und reden, aber das Reden entfernte sich immer weiter.

Dann wurde es still, und die Belagerten wußten nicht, was sie daraus machen sollten.

»Das ist ein Trick«, sagte Dobbs. »Sie tun jetzt so, als ob sie fortgegangen seien, damit wir herauskommen sollen auf den Weg. Dort liegen sie im Hinterhalt und warten auf uns.«

»Unwahrscheinlich, ganz unwahrscheinlich«, meinte Howard. »Hast du nicht gesehen, daß da einer der Posten aufgeregt angelaufen kam?«

»Das gehört mit zu dem Trick, damit wir glauben sollen, sie seien eilig auf und davon gegangen.«

Howard aber schüttelte den Kopf. »Die brauchen keinen Trick auszuspielen, seit sie auf die Indianeridee gekommen sind.«

Dobbs ließ sich aber nicht überzeugen. »Die Indianeridee ist schon ganz gut. Sie kann aber immerhin einigen Leuten das Leben oder einige Verwundungen kosten. Vielleicht sind sie auch knapp an Munition. Wenn sie uns fangen können, ohne daß sie Munition zu verschießen brauchen und ohne daß wir unsere Munition verschießen, die sie ja schon als ihr Eigentum betrachten, wären sie doch dumm, wenn sie es nicht wenigstens versuchen sollten. Glückt es nicht, dann kommen die Schiebeschanzen noch immer zurecht.«

»Du scheinst recht zu haben«, gab jetzt Howard zu. »Es ist unsere Munition, die sie sparen wollen; denn wenn sie auf uns losrücken, verschießen wir natürlich alles, was wir haben.«

Curtin hatte sich nicht in das Gespräch gemischt. Er war in der Rinne vorsichtig weitergekrochen und dann auf den Felsvorsprung geklettert. Da die Banditen nicht zu sehen waren und sich ihre Stimmen weit genug entfernt hatten, konnte er es einmal wagen, Ausschau zu halten.

Er saß auf dem Felsvorsprung und sah hinunter in das Tal. Eine gute Weile lang. Dann plötzlich rief er aus: »Hallo, 'raus mit euch. Da unten kommt eine Schwadron Kavallerie. Die sind hinter unseren Freunden her.« Die drei kamen nun auch hervorgekrochen, und alle stiegen sie auf den Aussichtspunkt. Von dort aus betrachteten sie ein recht bunt bewegtes Bild. Die Soldaten hatten sich in sechs Gruppen verteilt und schwärmten in der Ebene umher. Sie hatten zweifellos erfahren, daß die Banditen hier irgendwo sein müßten. An diese Felsenwildnis dachten sie vorläufig noch nicht, weil sie ja wußten, daß die Banditen Pferde hatten, und sie wahrscheinlich nicht glaubten, daß man mit Pferden heraufkommen könne.

Lacaud war aber anderer Ansicht. Er sagte: »Es sieht so aus, als ob die schon wissen, wo die Räuber stecken. Aber die sind nicht so ungeschickt, sich hier in einen Hinterhalt zu begeben. Auf dem steilen Weg, der von dichtem Gebüsch und von Felsenwänden eingeschlossen ist, können sie nichts ausrichten oder nur unter großen Verlusten. Entweder die belagern den Berg, oder sie spielen einen Plan aus. Und ich glaube, das tun sie.«

Die Soldaten zogen weiter, fünf oder sechs Kilometer weiter hinaus in das Tal. Die Banditen hatten bisher sicher gedacht, daß ihr Versteck den Soldaten bekannt sei. Nun aber, als sie die Soldaten weiterreiten sahen, begannen sie, sich hier geborgen zu fühlen. Ein Stück des Weges konnte von dem Felsen aus übersehen werden, und Curtin bemerkte, daß die Banditen wieder zurückgeritten kamen, um ihr Hauptquartier hier wieder aufzuschlagen. Aber die Offiziere der Federaltruppen waren ihnen an Schlauheit weit überlegen.

Als die Truppen weit genug entfernt waren, begannen sie, deutlich weithin sichtbar, nach Spuren zu suchen. Mit großen Bewegungen und mit auffälligem Hin- und Herreiten ließen sie erkennen, daß sie nun endlich herausgefunden hatten, daß die Banditen in der Felsenwildnis sein müßten. Ohne große Eile sammelten sie sich und zogen nun auf die Felsen los, um den Weg zur Höhe zu suchen. Das war ihr Trick. Sie wußten, daß die Banditen es mit allen Mitteln vermeiden würden, sich in der Felsenwildnis einschließen zu lassen, wenn sie eine Gelegenheit haben konnten, anderes Gelände zu gewinnen. Aus den

Felsen konnten sie nicht mehr heraus, wenn sie einmal eingeschlossen waren, und die Soldaten konnten in Ruhe die Zugangswege besetzt halten, ohne anzugreifen und ohne sich in den inneren Wegen den Kugeln der im Gebüsch und in Bergspalten lauernden Banditen auszusetzen.

Die Posten der Banditen hatten die Bewegungen der Soldaten gut beobachtet. Als sie nun erkannten, daß ihr Versteck entdeckt war, beschlossen sie, rasch den Vorsprung zu benutzen und, durch den Busch vortrefflich gedeckt, die andere Seite des Geländes zu gewinnen. Dort konnten sie entweichen, ohne gesehen zu werden oder erst so spät bemerkt zu werden, daß sie mit ihren ausgeruhten Pferden leicht den Vorsprung, den sie hatten, so zu erweitern vermochten, daß die Soldaten ihre Spur vielleicht wieder verloren.

Aber eine kleine Abteilung der Soldaten lag im Busch auf der Seite des Geländes, das die Banditen zu erreichen trachteten, versteckt. Diese Abteilung war in der vergangenen Nacht in diese Stellung gegangen, ohne daß die Banditen, die ja hier oben mit ihrem nächtlichen Angriff beschäftigt waren, etwas davon hätten erfahren können. Die Soldaten hatten das Schießen in der Nacht, das von den Felsenwänden weit in das Tal hinaushallte, wohl gehört, und es hatte sie davon überzeugt, daß sie auf richtigem Weg waren. Die Ursache des Schießens kannten sie zwar nicht, aber sie hatten geglaubt, daß die Banditen entweder betrunken seien oder unter sich einen Streit auszufechten hätten.

Die vier saßen hier oben auf dem Felsvorsprung und warteten auf das Gefecht, das sich nach ihrer Rechnung in einer Stunde abspielen würde. War das vorüber, dann konnten sie endlich wieder in Ruhe an ihre unterbrochene Arbeit gehen.

Die Schüsse begannen zu krachen, und die Abteilungen, die weit abgeschwenkt hatten, um die Banditen herauszulocken, kamen nun in vollem Galopp herangestürmt. Der Rückweg hinauf zu den Felsen schien den Banditen abgeschnitten zu sein, und sie jagten los, mit wildem Geschrei, Schwenken der Arme und brutalem Einschlagen der fingerlangen Sporen ihre

Pferde zur höchsten Leistung aufraffend. Die Pferde rasten in unbeschreiblicher Eile das Tal hinunter.

Hinterher folgten die Soldaten, die im Busch gelegen hatten. Sie hatten erst aufsitzen müssen, als die Banditen vorbeikamen, denn die Banditen waren nicht so nahe vorübergekommen, wie die Soldaten erwartet hatten; sie hatten infolgedessen nicht genügend gute Ziele abgegeben. So hatten die Banditen auch hier einen Vorsprung gewonnen. Sie ritten nicht nur, sie schossen auch während des Reitens auf ihre Verfolger.

»Das ist gut, wenn sie einen tüchtigen Vorsprung gewinnen«, sagte Howard.

»Warum?« fragte Dobbs erstaunt.

»Dann kommen die Soldaten hier aus der Gegend weg. Die könnten ja denken, daß hier oben noch mehr Banditen versteckt seien, und kommen uns besuchen. Wir können sie durchaus nicht gebrauchen, auch wenn sie uns hier oben aus einer verteufelten Lage befreit haben. Ich möchte ihnen aber doch lieber auf unserer Rückreise unseren Dank abstatten.«

Die reitenden Gruppen entfernten sich immer weiter, das Schießen klang immer leiser herauf, und bald konnten die Beobachter auf dem Felsen nicht mehr sehen, was unten vor sich ging, denn die Reiter wurden von dem flimmernden Horizont verschluckt.

Die Männer hatten ihr Lager wieder aufgebaut, hatten gekocht und gegessen und sich lang am Feuer ausgestreckt. Es war noch weit bis Sonnenuntergang, aber keiner machte den Vorschlag, heute noch zu arbeiten.

Als es dann dunkel wurde und sie, ihren Kaffee trinkend und ihre Pfeifen rauchend, um das Feuer saßen, sagte Curtin: »Ich glaube doch, daß Howard recht hat und daß wir am besten tun, aufzugeben und die Mine zuzupacken. Wir könnten vielleicht noch einen Tausender machen, aber besser ist es, uns zu begnügen mit dem, was wir sicher haben. Es könnten uns wieder einmal solche ungebetenen Gäste hier hereinregnen, und ob man immer so gut herauskommt, ist eine Frage.«

Zuerst sagte keiner etwas darauf. Dann, nach einer längeren Pause, meinte Dobbs: »Meinetwegen, ich bin damit einverstanden. Bauen wir morgen ab, übermorgen früh bringen wir unsere Sachen in Ordnung und die Packe und die Tiere, und den folgenden Tag früh ziehen wir los. Ich habe auch keine Lust mehr.«

Lacaud hörte sich das an, ohne sich einzumischen. Er rauchte und sah scheinbar gleichgültig in das Feuer. Ab und zu stand er auf, brach Äste über seinem Knie, und was er nicht zerbrechen konnte, warf er in ganzer Länge auf das Feuer.

»Kennt ihr die Geschichte von der Cienega-Mine?« fragte er plötzlich.

»Wir kennen so viele Geschichten von Minen«, sagte Howard gelangweilt. Er träumte gerade von seinen Plänen, wie er das Geld, das er verdient habe, am vorteilhaftesten anlegen möchte, daß er ein bequemes Leben führen könne, während sich das Geld, ohne viel Mühe darauf zu verwenden, verdopple, dann vervierfache, endlich verhundertfache. Er war durch die Frage Lacauds aus der Reihe, wie er sich den Vorgang der Verhundertfachung dachte, gekommen. Vielleicht auch hatte er einen Fehler in seinen Berechnungen entdeckt, und da er zu müde war, um sich die Anstrengung zu machen, die ganze Gedankenreihe und die vielen Zahlenreihen, die er vor seinen geistigen Augen entwickelt hatte, noch einmal aufzubauen, durchzudenken und durchzuarbeiten, sagte er: »Ach, richtig, dich hatten wir ja ganz vergessen.«

Da sahen auch Dobbs und Curtin auf.

Curtin lachte: »Da siehst du, wie bedeutungslos du hier bist. Dich haben wir völlig übersehen, obgleich du mit uns gekämpft und jetzt in Ruhe mit uns gegessen und getrunken hast. Wir haben eben unsere Gedanken, und da bist du nicht mit drin.«

»Sagtest du nicht was von einem Plan?« fragte Dobbs.

»Den kannst du nun für dich behalten. Ich mache mir nichts draus. Wenn da auch noch zehntausend drin sein sollten. Ich will sie nicht. Ich will in die Stadt, will Mädchen sehen, am Tisch sitzen und das Essen vom Kellner auf die weiße Decke gesetzt haben und zusehen, wie andere Leute kochen und sich für einen Drecklohn abschinden.«

»Da sind aber mehr drin als zehntausend«, sagte Lacaud.

»Wo?« fragte Curtin.

»In meinem Plan.«

»Ach so«, erwiderte Curtin und gähnte.

»Das Zeug liegt ganz offen da.« Lacaud versuchte die drei zu interessieren.

Es schien nicht zu gelingen, denn Dobbs sagte: »Wenn es offen daliegt, dann heb es nur ja auf und laß es nicht etwa liegen. Es könnte dir sonst leid tun, und du bist ganz der Bursche, der immer bereut und immer etwas zu bereuen hat. Hallo, ich gehe schlafen.«

Auch Howard und Curtin standen schwerfällig auf, reckten sich, gähnten und gingen zum Zelt. Auf dem Weg dorthin blieb Curtin nachdenklich stehen, hierauf drehte er sich um, reckte sich wieder und sah dabei nach dem Mond hinauf.

Es fiel ihm etwas ein, und er rief ins Zelt: »Howard, hast du denn den Weg verstellt heute nachmittag, als du die Esel losbandest?«

»Freilich«, rief er, »an der Biegung hinter der Grasfläche, wie immer, bei der Wasserpfütze.«

Lacaud holte seine Packen herbei und legte sich am Feuer nieder.

Curtin sah es und kam zum Feuer.

»Kannst doch auch ins Zelt kommen, Mensch. Soviel Platz für deine Ecke ist schon noch vorhanden.«

Aber Lacaud erwiderte: »Ich schlafe ganz gut hier. Ich schlafe überhaupt lieber am Feuer als in einem Zelt. Aber höre, willst du denn nicht mitmachen? Es ist ordentlich etwas drin, kannst du mir glauben.«

»Was mitmachen? Ach ja, dein Plan. Nein, ich bin froh, wenn ich hier weg bin. Ich halte es nicht mehr aus. Es bleibt keiner von uns hier. Was hier zu finden war, das haben wir herausgeholt, und ich rühre keine Hand mehr.«

Curtin ging hinüber zum Zelt und kroch hinein.

»Was wollte denn der Knabe von dir?« fragte Dobbs.

»Sein Plan, ich habe aber abgewinkt.«

»Ich weiß wahrhaftig nicht, was ich aus dem Burschen machen soll«, sagte Howard. »Beinahe glaube ich, er hat seine Schrauben nicht alle richtig eingedreht, da sind ein paar lokker. Ich brauchte nur zu wissen, was er in den letzten sechs Monaten gemacht hat und wo er gewesen ist, dann könnte ich euch ganz genau sagen, ob er der ewige Goldsucher ist oder ob er buschverrückt ist. Vielleicht ist er beides.«

»Ewiger Goldsucher?« fragte Curtin neugierig.

»Ja, einer, der ewig sucht und sucht, ein Dutzend märchenhafte Geschichten von verschütteten und verlorengegangenen Goldminen weiß, ein Dutzend Pläne und Zeichnungen in der Tasche oder im Kopf hat, die ihm den sicheren Weg zu einer verschollenen Mine zeigen, ein Dutzend alberne Schwätzereien von Indianern und Mestizen in seinem Hirn herumwälzt über Plätze, wo Gold oder Diamanten zu finden seien. Er sucht und sucht, je unwegsamer und wilder das Gebirge, je größer die Gefahren, desto mehr ist er überzeugt, daß er dicht an den armdicken Adern sitzt. Aber er findet nie eine Linse Gold, obgleich er bestimmt weiß, daß er unmittelbar davorsteht und morgen die Ader klopft. Es ist ein Verrücktsein, das genauso gefährlich für seine Mitmenschen werden kann wie jedes andere Verrücktsein. Und die Besessenen sind mehr zu bemitleiden als andere Wahnsinnige, weil sie immer wandern, ruhelos und ziellos. Bald sterben sie beinahe an Hunger, bald an Durst; bald haben sie ihr Leben gegen Berglöwen, gegen Klapperschlangen und sonstiges giftiges Tier- und Kriechzeug zu verteidigen, bald gegen mißtrauische Indianer; dann wieder stürzen sie wo ab, brechen sich die Knochen und liegen da, bis sie von einem Indianer oder Banditen gefunden werden, der sich die Mühe macht, sie wieder aufzupäppeln. Aber kuriert können sie nicht werden. Sie wissen immer, daß sie morgen die Mine bestimmt finden werden.«

»Den Eindruck macht er aber auf mich nicht«, sagte Dobbs. »Da ist noch etwas anderes hinter ihm versteckt.«

»Möglich«, gab Howard zu. »Ich habe jetzt keine Lust, darüber nachzudenken. Meinetwegen mag er sein, was er will. Ich weiß nur noch nicht, was wir mit ihm tun, falls er etwa den Versuch machen sollte, mit uns abzuwandern. Das können wir nicht gebrauchen.«

»Morgen wird er natürlich die Mine sehen«, sagte Curtin.

»Schadet jetzt nichts mehr«, erwiderte Howard. »Wir bauen sie zu, und wenn er zurückbleibt und sie wieder aufmacht, so ist das seine Sache.«

Am nächsten Morgen, nachdem sie ein kurzes Frühstück gehabt hatten, gingen Howard, Dobbs und Curtin kräftig an die Arbeit. Zu ihrer Verwunderung zeigte Lacaud keine Absicht, mit ihnen zu ihrer Mine zu kriechen. Sie hatten ihn zwar nicht dazu aufgefordert, aber sie hatten erwartet, daß er doch wohl in einer so bedeutenden Sache wie eine Goldmine interessiert sein würde. Er fragte nicht einmal danach. Nachdem er seinen Kaffee ausgetrunken hatte, stand er auf und begann den Weg hinunterzugehen.

Curtin folgte ihm, weil er glaubte, Lacaud würde hinunter ins Dorf gehen, um dort zu sagen, daß es nun Zeit sei, hier das Nest durchzusuchen, weil es morgen zu spät sein würde. Lacaud wußte nicht, daß Curtin hinter ihm her sei. Er ging sorglos seiner Wege, sah sich nur aufmerksam jeden größeren Baum, jeden Stein genau an, als ob er nach irgendwelchen Merkmalen suche. Zuweilen blieb er stehen und bückte sich, um den Boden zu untersuchen. Endlich kam er zu der Grasfläche, wo die Tiere waren. Er ging hinüber und kam auch an die Wasserpfütze. Als er die aufmerksam betrachtet hatte, sah er hoch und ging auf die Felswand zu. Dort begann er nun herumzukriechen und zu suchen.

Nun überzeugt, daß Lacaud andere Absichten habe, als den

Männern Schwierigkeiten zu bereiten, kehrte Curtin wieder zurück zu den beiden und erzählte, was er gesehen habe.

»Es ist schon so«, sagte Howard, »wie ich euch gestern abend gesagt habe, der ewige Goldsucher. Wir wollen uns nicht mit ihm aufhalten.«

Sie waren am Abbrechen der Gerüste, und Dobbs hatte sich die Hand aufgerissen. Er wurde ärgerlich und sagte: »Wozu bauen wir denn überhaupt ab? Lassen wir es stehen, und gehen wir unserer Wege.«

»Wir haben das doch vorher, als wir hier anfingen, untereinander vereinbart, daß, wenn wir etwas machen, abbauen und zuwerfen wollen.«

»Es hält uns nur auf, und ich weiß auch nicht, wozu es gut ist«, brummte Dobbs.

»Na, Junge, erst einmal denke ich, daß man gegen den Berg, der sich so freigebig erwiesen hat, wenigstens die eine Dankbarkeit zeigt, daß man ihn nicht schimpfiert zurückläßt, daß man die Wunde, die man ihm geschlagen hat, auch wieder schließt. Und dem Berg die Gerüste vor der Nase stehenzulassen und ihm seinen Garten wie einen dreckigen Bauplatz zurückzulassen, das ist unanständig. Der Berg hat es doch wahrlich verdient, daß man seine Schönheit respektiert. Ich will auch lieber an diesen Platz so zurückdenken, wie ich ihn fand, als wir kamen, denn daß ich immer diesen Schuttplatz vor Augen habe, wenn ich an diese Monate denke. Schlimm genug, daß wir nur gerade den guten Willen zeigen können und daß der Platz noch unerträglich genug aussehen wird, wenn wir gegangen sind.«

»Merkwürdig ist deine Ansicht von der Persönlichkeit des Berges«, sagte Curtin. »Aber ich denke auch, man soll die Stube, die man sauber fand, ausfegen, wenn man sie verläßt, auch wenn niemand dabeisteht, der einen dafür lobt.«

»Einen anderen Grund hat es auch noch«, setzte der Alte fort. »Es könnte ja sein, daß hier jemand heraufkommt, während wir noch auf dem Weg sind. Da hat er denn gleich heraus, was wir hier gemacht haben, und er kommt uns mit einem halben Dutzend Kerlen hinterher. Wenn das hier wieder schlicht gemacht ist, soweit wie wir es schaffen, dann sieht es aus, als ob es eben nur ein langes Camp war, wo wir alles mögliche getan haben mögen, nur nicht gerade gelbes Schwergewicht gewaschen. Na, Dobbs, pack nur kräftig mit zu; wir haben so manchen Tag umsonst gearbeitet, ehe der Berg seine Hand aufmachte, und dieser Tag hier sieht eine gute und noble Arbeit, auch wenn sie nichts an bar einbringt. Wenn du dir einen Blumengarten vor deiner Haustür einrichtest, so denkst du auch nicht daran, daß er dir bares Geld einbringen soll.«

Das Mittagessen, wie es die drei in den verflossenen Monaten zu ihrer Gewohnheit gemacht hatten, war kurz und einfach. Sie kochten einen Kessel Tee und aßen dazu ein ledernes Stück Mehlpfannkuchen, das in der Frühe mitgebacken wurde. Sobald der Tee getrunken war und jeder eine Pfeife zu Ende geraucht hatte, wurde wieder frisch weitergearbeitet. Das Licht des Tages mußte bis zur Minute voll ausgenutzt werden; wenn die Sonne des Morgens aufging, mußte das Frühstück beendet sein, und das Abendessen wurde begonnen, wenn die Sonne untergegangen war. Nur so war es möglich gewesen, daß die drei Männer soviel schaffen konnten. Die Länge des Tages war das ganze Jahr hindurch so gut wie immer die gleiche, der geringe Unterschied wurde von ihnen kaum bemerkt. Die Regenzeit hatte ihre Arbeit auch nicht wesentlich beeinflussen können. Es kam vor, daß einige Stunden lang wahre Wolkenbrüche heruntergossen; aber dann gab es immer genügend anderes zu tun. Außerdem hatte der Regen auch wieder seine Vorteile, weil er ihren Erdtank, den sie sich gegraben hatten, um immer genügend Wasser für das Waschen des Sandes zu haben, auffüllte und ihnen so das Heraufschleppen des Wassers erspart wurde.

»Es ist doch eine elende Schufterei gewesen«, meinte Curtin, als er sich einen Augenblick hinsetzte, um zu rasten.

»Schon richtig«, bestätigte der Alte. »Aber wenn wir das ausrechnen, dann hat wohl noch keiner von uns einen so guten und so hohen Tagelohn gehabt, als wir ihn hier verdient haben.«

Auch Dobbs hatte den Spaten hingestellt, sich niedergesetzt und begann, eine Pfeife zu stopfen. »Es kommt mir jetzt so in den Sinn«, sagte er langsam, »als ob wir noch gar nicht so recht zufrieden sein können. Nicht, was unseren Verdienst anbelangt, sondern ich meine, ehe wir nicht den ganzen Zauber sicher und geborgen in einer Stadt haben und unauffällig in unserem Hotelzimmer schön zusammen aufgeschichtet vor uns sehen, können wir nicht gut sagen, daß er uns gehört.«

»Das ist mir die letzten Wochen auch im Kopf herumgegangen«, sagte der Alte. »Das wird eine schwierige Reise. Das wird die schwierigste Sache. Da sind Banditen, da sind Unglücksfälle auf dem Weg, da ist die Landpolizei, die neugierig ist und wissen möchte, was wir transportieren. Und findet sie den gelben Kies, so haben wir ihn entweder gestohlen oder jemand umgebracht und es geraubt, oder wir haben es gegraben ohne Lizenz und ohne die Taxen zu bezahlen. Das wird noch manches zu bedenken geben. Ja, denkt mal auch ein wenig darüber nach, wie wir den Pfeffer am besten und sichersten verschiffen.«

Die beiden jüngeren Teilhaber schwiegen, dann zogen sie die Stirnen in Falten, als ob sie angestrengt nachdächten, dann stöhnten sie, weil ihnen das Denken Mühe machte, mehr Mühe als die schwerste Minenarbeit, und endlich taten sie einen tiefen Atemzug, standen auf und warfen die Haufen auseinander.

Spät am Nachmittag schichteten sie die zusammengeschlagenen Gerüste übereinander und steckten sie in Brand, damit sie verschwänden. Am nächsten Tag sollte dann die Brandstelle mit Erde überworfen werden. Dann sollten noch einige Sträucher, junge Bäumchen und Grasfladen, die an anderen Stellen ausgerupft waren, hier verstreut eingepflanzt werden. Der Alte hatte so nebenbei hingeworfen: »Es kann ja sein, daß einer von uns sein Zeug nicht durchkriegt, oder er verjubelt es in ein paar Wochen, oder er hat sonst Pech. Der kann dann hier zurückkommen und noch mal durchbuddeln, er findet schon immer noch einen anständigen Tagelohn. Das ist mit ein Grund, warum wir das so unverdächtig zurücklassen wie nur möglich. Dann kommt so leicht niemand auf die Idee, sich hier umzusehen.«

Das war etwas, das Dobbs und Curtin besser verstanden, als was der Alte gesagt hatte über Dankbarkeit gegen den Berg und daß man die Natur nicht geschändet hinter sich lassen solle. Dobbs war der Meinung, daß die Natur für sich selbst sorgen könne, sie habe mehr Zeit und mehr Geduld als er, er sei nicht der Nachtwächter einer einsamen Berglandschaft. Aber man hatte das dem Alten versprochen, und so tat man es nun auch; er war eben alt und hatte seine Grillen, wenn er auch sonst ein Partner war, mit dem sich schon auskommen ließ.

Als sie dann Feierabend machten, sah der Platz wahrhaftig so aus, daß keiner, der vorüberkam und nur gerade so oberflächlich hinsah, vermutet hätte, daß hier einmal eine Mine gewesen wäre. Nur der Haufen der zusammengeschlagenen Gerüste kohlte und rauchte noch. Morgen würde auch die Erinnerung an ihn verschwunden sein.

Lacaud war um die Mittagszeit nicht am Feuer erschienen. Ob er vorher oder später auf dem Campplatz gewesen war, wußten die drei nicht. Sie hatten ihn überhaupt ganz vergessen. Sie waren viel zu sehr mit ihren eigenen Sorgen beschäftigt, als daß sie sich seiner erinnert hätten. Erst jetzt, als sie auf ihrem Umweg zum Platz gekrochen kamen und ihn dort hocken und das Feuer in Ordnung bringen sahen, fiel ihnen ein, daß der Mann noch immer da sei.

»Hast du deine Goldmine inzwischen gefunden?« fragte Dobbs, während er mit dem Wasserkessel zum Feuer trat.

»Noch nicht«, erwiderte Lacaud, »aber ich denke, ich bin nie so dicht dabei gewesen wie heute.«

»Dann viel Glück«, lachte Curtin, der mit seiner Pfanne kam.

Lacaud hatte einen Kessel mit seinem eigenen Reis am Feuer stehen.

»Kaffee brauchst du nicht zu kochen«, sagte Howard gutmütig, »den kannst du mit uns trinken. Mehr Kaffee schütten wir nicht auf, nur mehr Wasser, und das Wasser brauchen wir ja jetzt nicht mehr zu sparen.«

»Danke!« sagte Lacaud kurz.

Sie wuschen sich, dann aßen sie und hockten am Feuer. Howard, Dobbs und Curtin fühlten sich wie Fabrikarbeiter am Samstagabend. Sie wußten, daß sie morgen früh nur eine gute Stunde die angenehme Arbeit des Bepflanzens des Platzes zu machen haben würden, dann folgte die viel angenehmere Arbeit des Packens, und dann hatten sie nur noch die leichte Aufgabe zu erfüllen, die Tragkarawane vorzubereiten. Alles schöne, leichte Arbeit, bei der man rauchen, singen und schwatzen konnte.

Deshalb saßen sie auch, zum erstenmal seit Monaten, gemütlich und gutgelaunt zusammen am Feuer. Der Gedanke, daß sie sich bald zu trennen haben würden, nachdem sie beinahe ein volles Jahr Mühe und Arbeit und unglaubliche Entbehrungen gemeinschaftlich getragen hatten, ließ sie so verträglich zueinander werden, wie sie es nie vermocht hatten. Zum erstenmal fühlten sie, daß ein festes Band sie umschlösse, das Freundschaft, Kameradschaft, Bruderschaft bedeute. Sie fühlten, daß der eine dem anderen beistehen könne, auch wenn es das Leben kosten solle. Sie fühlten sich mehr verwandt als leibliche Brüder. Ohne es laut zu sagen, baten sie sich im stillen gegenseitig alles ab, was sie einander in den letzten Monaten an kleinen, oft aber auch an sehr nichtswürdigen Bosheiten zugefügt hatten.

Lacaud war ausgeschlossen von dieser Bruderschaft, weil er die Empfindungen der anderen nicht so lesen und verstehen konnte, wie die es konnten, die sich gegenseitig ausgelernt hatten. Sie konnten nichts voreinander verbergen, was in ihnen vorging und was sie dachten; aber vor Lacaud konnten sie alles verbergen, was sie ihn nicht wissen lassen wollten, ihn vermochten sie sogar irrezuführen und zu täuschen, wenn sie wollten. Das wäre den dreien untereinander nicht geglückt.

Jeder von ihnen hatte in den verflossenen Monaten kein anderes Studium gehabt als das seiner beiden anderen Genossen. Weder Bücher noch Zeitungen, noch andere Gesichter, noch unerwartete Landschaftsbilder konnten sie ablenken von ihrem Studium. Es kam oft vor, daß der eine nur einen Satz anfing, und die beiden anderen wußten sofort den ganzen Inhalt des Satzes und sogar die genauen Worte und die genaue Wortfolge, die der Sprecher gebrauchen würde. Es hatte sich dadurch auch die merkwürdige Gewohnheit bei ihnen herausgebildet, daß keiner von ihnen je seinen Satz vollendete, weil er es nicht nötig hatte und der andere schon antwortete, wenn nur drei oder vier Worte des Satzes gesprochen waren. Das war ja mit einer der Gründe gewesen, warum sie sich so sehr auf die Nerven fielen, daß sie sich gegenseitig hätten ermorden können, nur um nicht immer schon vorher die Worte und Gedanken des anderen wissen zu müssen und sich über sie tödlich zu langweilen oder zu Tode zu ärgern. Aber auf welche Weise hätten sie ihren Wortschatz und ihren Ideenreichtum vermehren können? Es handelte sich immer um dieselben Angelegenheiten, immer um dieselben Begriffe, immer um dieselben Aufgaben. Es hatte sich auch, ohne daß es ihnen selbst zum Bewußtsein gekommen wäre, zwischen ihnen eine ganz eigenartige Form der Unterhaltung entwickelt, der ein Fremder hilflos gegenüberstehen mußte.

Da hatten sie ein Schaufelrad gebaut. Mit Hilfe eines primitiven Göpels, den ein Esel ziehen mußte, wurde das Schaufelrad in Bewegung gesetzt, um das Wasser auf die Rinne zu schöpfen, von wo es herabfiel in die Waschpfannen, in denen der Sand ausgewaschen wurde. Weil es die leichtere Arbeit war, den Göpel zu bedienen, so hatte diese Arbeit Howard zu verrichten. Ursprünglich wurde gerufen: »Howard, schütte das Wasser auf, wir sind soweit.« Dieser ganze lange Ruf hatte sich verdichtet zu dem einen Wort: »Schitt.« Und dieses Wort »Schitt« hatte schließlich die Bezeichnung für Wasser überhaupt zu übernehmen, weil es kürzer und einfacher zu sagen war als »water«. Selbst wenn von Wasser zum

Kaffeekochen oder zum Trinken die Rede war, es hieß einfach: »Schitt a' feu?«, was bedeuten sollte: »Steht das Wasser am Feuer?« Der Spaten wurde aus Gründen, die später keiner von ihnen erklären konnte, der »Kat«, die Pickhacke wurde zum »Scheik«, die Dynamitpatrone wurde genannt die »Mary«. Wenn die »Mary« gezündet werden sollte, so gebrauchten sie hierfür zwei Worte, das eine hieß »Mary«, das andere kann aus Höflichkeitsgründen und auch aus anderen Gründen hier nicht genannt werden, wenngleich es unter gewissen Voraussetzungen und unter gewissen Bedingungen mit einer Mary schon in Verbindung gebracht werden kann. Und dieses Wort wurde dann auch gebraucht, wenn es sich um die Pfeife oder das Feuer anzuzünden handelte. »Essen«, also die Mahlzeit, bekam eine Bezeichnung, die eigentlich mehr das Gegenteil bezeichnen würde, wenn man das Wort unter gesitteten Menschen überhaupt anwendet, wo man es aber vermeidet und sogar sehr vorsichtig ist, wenn man es zu umschreiben hat.

Howard wurde nie bei seinem Namen gerufen, sondern nur »Olb«. Das hatte sich entwickelt aus »Old boy«, alter Knabe oder alter Bursche. Curtin war »Kuh«, und Dobbs wurde gerufen »Pamp«. Warum, wußte er selbst nicht, keiner hätte es erklären können.

So ging das mit allen Worten und Bezeichnungen. Sie konnten miteinander zehn Minuten sprechen, ohne daß Lacaud etwas verstanden hätte. Sie selbst natürlich wußten nicht, daß Lacaud das nicht verstehen konnte; es kam ihnen gar nicht einmal in den Sinn, darüber nachzudenken, daß er zuweilen glauben müßte, er sei unter Leuten, die aus irgendeinem unbekannten und fremden Land seien. Sie hatten sich so daran gewöhnt, daß sie sich lächerlich vorgekommen wären, wenn sie anders gesprochen hätten.

Ja, mit dem Fortkommen« – Howard nahm den Gedanken da wieder auf, wo er ihn bei dem kurzen Gespräch am Nachmittag verlassen hatte. Statt Fortkommen sagte er »Kippen«, aber man muß die Reden schon in eine Form bringen, daß auch diejenigen sie verstehen, die nicht zur Bruderschaft gehören.

»Ja, mit dem Fortkommen, das ist so eine verteufelte Sache. Fortkommen und weiterkommen werden wir schon. Warum nicht. Aber wenn man auch alles schön in Sicherheit zu glauben hat, so hat man es noch lange nicht auf sein Bankguthaben eingeschrieben. Habt ihr jemals die Geschichte der Donja Catalina Maria de Rodriquez gehört? Sicher nicht. Bei ihr handelte es sich auch nicht um das Abliefern an die sichere Stelle.

In Guadalupe ist das Gnadenbild unserer lieben Frau von Guadalupe, der Schutzpatronin von Mexiko. Kannst von Mexico City mit der Straßenbahn hinfahren. Zu diesem Gnadenbild pilgern alle Mexikaner und Indianer, die etwas auf dem Herzen haben, in der sicheren Hoffnung, daß das Gnadenbild ihr Verlangen erfüllen werde, sei es nun, daß sie ihrem Nachbar einen Acker abnehmen wollen, sei es, daß dem Mädel der Liebhaber fortgelaufen ist, oder sei es, daß die Frau in Ängsten ist, es könne herauskommen, daß sie ihren Mann mit einem Kräutchen unter die Erde und sich dadurch zu einem anderen Manne geholfen hat.«

»So was ist doch alles Schwindel und Aberglaube«, warf Dobbs ein.

»Durchaus nicht«, erwiderte der Alte. »Du mußt nur daran glauben, dann ist es kein Schwindel. Wer an einen Gott glaubt, für den gibt es einen, und wer nicht an einen obersten Lenker und Verwalter der Gestirne glaubt, für den gibt es keinen. Aber darum wollen wir uns nicht lange streiten. Ich sage ja nicht einmal, was ich selbst davon halte. Ich berichte eben nur die ungeschminkte und nüchterne Tatsache.

Das sind nun mehr als hundertfünfzig Jahre her, so ungefähr in der Zeit der amerikanischen Revolution. Da lebte in der Nähe von Huacal ein wohlsituierter Indianer, der zu den Häuptlingen der Chiricahuas gehörte. Er hatte eine schöne Farm und beteiligte sich nicht an den Mord- und Raubzügen der benachbarten Sippen. Die Sippe seines Stammes war hier seßhaft geworden und fand in der Landwirtschaft mehr Freuden und Wohlstand als in den Streifzügen und in den ewigen Kämpfen mit den Spaniern. Der Häuptling hatte nur ein Leid auf der Welt: sein einziger Sohn, Erbe und Erhalter seines Adelsranges, war blind. In früheren Zeiten wäre der Sohn ja getötet worden; seitdem der Stamm aber seßhaft geworden war und die Sippen sich zum Christentum bekannt hatten, war man weitherziger geworden. In diesem Fall sprach auch noch die Tatsache mit, daß der Junge sonst wohlgebaut und kräftig war und daß er ein selten schöner Knabe genannt werden durfte.

Ein Mönch, der herumzog und die Freigebigkeit des Häuptlings bis zur letzten Nagelprobe auszunützen verstand, riet dem Vater, er möge mit seiner Frau und dem Jungen eine Pilgerreise zur gnadenreichen Gottesmutter von Guadalupe unternehmen und mit der Opferung ja nicht sparen, denn dafür sei die Gottesmutter sehr empfänglich, und sie wisse den Wert der Gabe wohl zu schätzen.

Der Häuptling ließ sein Gut unter der Aufsicht seines Onkels zurück und machte sich auf die Pilgerfahrt. Er durfte weder Pferd noch Esel noch Wagen gebrauchen und mußte diese gewaltige Strecke von beinahe zweitausend Kilometern mit Frau und Kind zu Fuß machen, mußte in jeder Kirche, an der er vorüberkam, dreihundert Ave Marias beten und eine Anzahl Kerzen und silberne Augen opfern.

Endlich erreichte er Mexiko, und nachdem er viele Stunden in der Kathedrale gebetet und gefleht hatte, begann der letzte Teil seiner harten Aufgabe. Von der Kathedrale bis zum Gnadenbild in Guadalupe sind fünf Kilometer. Diese fünf Kilometer hatten er, seine Frau und der kleine Junge auf den Knien zu rutschen, und jeder hatte dabei eine brennende Kerze in den Händen zu tragen, die trotz Wind und Regen nicht ausgehen durfte. Wenn eine Kerze zu Ende ging, dann mußte rechtzeitig eine neue, die geweiht war und darum mehr Geld kostete als andere, gewöhnliche Kerzen, an der ausbrennenden angezündet werden. Die ganze Nacht hindurch ging die mühselige Reise. Der Junge schlief ein, und noch im Schlaf wimmerte er um ein Stückchen Maiskuchen und um Wasser. Aber sie durften weder essen noch trinken. Sie warteten, bis der Junge sich wieder ein wenig erholt hatte, und dann ging die Prozession weiter. Alle Leute, Spanier und Indianer, die ihnen begegneten, wichen ihnen scheu aus und bekreuzigten sich; denn was für eine unerhörte, nichtswürdige Sünde mußte diese Familie begangen haben, daß sie eine so furchtbare Pilgerfahrt abzubüßen hatte.

Völlig erschöpft kamen sie an den Fuß des Cerrito de Tepeyacac, des Hügels, auf dem die Gottesmutter im Jahre 1531 dem Quauhtlatohua-Indianer Juan Diego persönlich dreimal erschienen war und ihr Bild in seinem Ayate, seinem Überwurf, zurückgelassen hatte. Hier lagen sie drei Tage und drei Nächte auf den Knien, betend und flehend. Der Häuptling hatte sein Vieh und seine ganze Ernte der Kirche versprochen, wenn ihm die Gottesmutter in seiner Not hülfe. Doch kein Wunder ereignete sich. Da versprach er endlich, dem Rat des Mönches folgend, seine ganze Farm und alles, was er habe, zu opfern, wenn die Gottesmutter seinem Kind das Augenlicht gäbe.

Aber das erwartete und ihm so sicher versprochene Wunder vollzog sich auch jetzt nicht. Der Knabe wurde so erschöpft von dem langen Fasten und der anstrengenden Reise, daß sich seine Mutter endlich ganz seiner Pflege widmen mußte, um ihn am Leben zu erhalten. Der Häuptling, nicht mehr wissend, was er noch mehr tun könne, begann an der Macht der Gottesmutter im besondern und an der Macht der christlichen Religion im allgemeinen zu zweifeln, und er sagte, daß er nun zu den Medizinmännern seines Stammes gehen wolle, die seinen

Vätern oft genug Beweise von der Macht und der Wunderkraft der alten indianischen Götter gegeben hätten. Die Mönche verboten ihm, so gotteslästerliche Reden zu führen, und drohten ihm an, daß seine Familie noch bösere Gebrechen zu erwarten habe, wenn er nicht aufhöre, seine Zweifel zu äußern. Und sie sagten ihm, daß er allein die Schuld trüge, die Gnadenmutter wisse wohl, was sonst kein Mensch wisse, daß er auf der Reise Fehler gemacht habe, eine Kirche überschlagen habe, sich bei dem Beten der Ave Marias absichtlich verzählt habe, um schneller fertig zu sein, daß er gegessen habe, wenn er nicht sollte, und daß er verschiedene Male des morgens Wasser getrunken habe, ohne vorher niederzuknien und zu beten. Der Häuptling mußte schließlich zugeben, daß er wohl einmal nicht dreihundert, sondern nur zweihundertundachtzig Aves gebetet habe, weil es ihm schwerfalle, so hohe Zahlen zu behalten. Und gewiß, sagte ein anderer Mönch, habe er verschiedene Sünden anzugeben unterlassen, als er in der Kathedrale gebeichtet habe, denn noch jedem, der es verdient habe, hat die Gnadenmutter aus der Bedrängnis geholfen. Darum möge er die Pilgerfahrt nach sechs Monaten wiederholen.

Vielleicht ging dem Häuptling das doch zu weit, oder aber – und das ist wohl das, was am wahrscheinlichsten sein mag – er hatte den Glauben an die Wundermacht des Bildes verloren. Jedenfalls ging er zurück nach Mexiko, aß tüchtig und gut und nahm auch seine junge Frau wieder in seine Arme, was er, getreu der Aufgabe folgend, während der ganzen Reise nicht getan hatte. Dann hörte er herum in der Stadt, und man nannte ihm das Haus eines Don Manuel Rodriquez. Don Manuel war ein berühmter spanischer Arzt, aber er war sehr habgierig und machthungrig. Er untersuchte den Jungen und erklärte dem Häuptling, daß er wahrscheinlich fähig sein würde, dem Kind das Augenlicht zu geben. Was denn der Indianer zahlen könne?

Der Häuptling sagte, daß er eine Farm habe und viel Vieh. Das ist aber kein Geld, antwortete ihm Don Manuel, ich brauche Geld, viel Geld. Darauf sagte ihm der Häuptling, daß er den Arzt zum reichsten Mann in ganz Neu-Spanien machen wolle, wenn er seinem Sohn das Augenlicht gäbe.

Wie er denn das machen wolle mit seiner Farm, fragte Don Manuel. ›Ich weiß eine reiche Gold- und Silbermine‹, sagte ihm der Häuptling, ›und die will ich Ihnen zeigen, wenn mein Sohn sehen kann.‹ Und sie machten den grausamen Kontrakt, daß Don Manuel das Recht haben solle, dem Kind das Licht der Augen wieder auszulöschen, wenn die Mine nicht existiere oder schon jemand anders gehöre.

Don Manuel arbeitete und operierte mit dem Jungen zwei volle Monate und vernachlässigte alle seine anderen Patienten, darunter sogar den Geheimsekretär des Vizekönigs. Und nach zwei Monaten konnte der Knabe sehen wie ein Adler, und Don Manuel erklärte dem Häuptling, daß nun das Augenlicht dauernd sei. Und das war richtig.

Die Freude des Häuptlings war grenzenlos, und seine Dankbarkeit kam aus treuem Herzen. ›Nun will ich dir sagen, Don Manuel, daß ich dich nicht belogen habe‹, war seine Antwort, als der Arzt wegen der Bezahlung fragte. ›Die Mine gehört meiner Familie. Als die Spanier kamen, wurde sie von meinem Urvater verschüttet, weil wir keine Spanier in unserem Distrikt haben wollten, weil wir die Spanier haßten und weil wir wußten, daß die Weißen das Gold und das Silber mehr liebten als ihren Gottessohn. Die Mine war verraten worden, und die Spanier kamen und rissen meinem Urvater und seinem Weib lebendig die Zungen aus, um zu erfahren, wo die Mine sei. Aber obgleich sein Mund voll Blut war und die Schmerzen ihn wahnsinnig machen wollten, lachte mein Urvater ihnen ins Gesicht, und sie bekamen die Mine nicht. Und mein Urvater zeichnete die Worte nieder, und nach seinem Tod gingen sie von dem Mund des Sohnes zu dessen Sohn und so fort bis zu meinem Mund: Wenn dir oder deiner Familie oder deinem Stamm von einem Menschen ein großer Dienst erwiesen wird, den dir weder der federgekrönte Gott unseres Volkes noch der blutgekrönte Gott des weißen Volkes erweisen wollte oder nicht erweisen konnte, so gib den Schatz jenem Menschen, und ihm soll er gehören. Du, Don Manuel, hast in meinem Sohn mir, meiner Familie und meinem Stamm jenen Dienst erwiesen, den zu erweisen trotz aller meiner Mühen und Gebete und Opfer der Gott des weißen Volkes zu schwach war, und dir gehört darum die Mine. Folge auf meinem Weg, den ich dir sagen will, nach drei Monaten, und sprich zu niemand, was du weißt, und ich will dich zum reichsten Manne machen.‹

Die Indianer kennen nicht viel mehr Minen als wir«, sagte Howard, als er seine Erzählung weiterspann. »Sie haben einmal die Lage aller verborgenen Minen, die sie nach der Eroberung Mexikos aus Vergeltung für die Greuel, die man an ihnen verübte, verschüttet und unauffindbar gemacht hatten, sehr genau gekannt. Aber die Indianer sind ja nicht wohnen geblieben, wo sie zur Zeit der Eroberung lebten. Tausende wurden von den Spaniern als Arbeiter und Sklaven nach anderen Distrikten verschleppt, andere wurden in Rebellionen und Kämpfen von ihren Wohnplätzen in die Gebirge und Dschungel verjagt, andere wurden durch Blattern und durch Epidemien, die ihnen die weißen Kulturträger ins Land brachten, ausgerottet, Häuptlingsfamilien starben weg oder wurden getötet, ehe sie ihr Wissen auf ihre Nachkommen weitergeben konnten. Darum wird es immer seltener, daß ein Indianer eine verschüttete Mine kennt. Häufig glaubt er sie nur zu kennen, weil das, was in seiner Familie über diese oder jene Mine bekannt ist, so legendenhaft geworden ist, so sehr mit gefundenen und bekannten Minen verknüpft wurde, daß der wahre Ort unauffindbar ist, um so mehr, als oft der Ort mit Worten und Merkmalen und Richtungen bezeichnet wurde, die sich im Laufe der Zeit im Sprachgebrauch geändert haben und auf falsche Wege führen müssen. Diese Geschichte aber liegt ja weit zurück in einer Zeit, wo das Erinnerungsvermögen der Indianer noch frischer war, weil es nicht so sehr durch den Verkehr beeinflußt wurde, wie das der Fall ist, seit die Eisenbahnen laufen und die Indianer sich viel mehr und rascher zerstreuen als früher, weil auch sie dahin ziehen, wo sie ihren Lebensunterhalt leichter finden als an ihrem Geburtsplatz.

Nachdem Don Manuel seine Geschäfte in Mexiko abgewickelt hatte, machte er sich mit seiner Frau Maria auf die lange und beschwerliche Reise nach Huacal. Er fand den Häuptling und wurde von ihm aufgenommen besser als ein Bruder. ›Mir ist auf der Reise eingefallen‹, sagte Don Manuel zu seinem Gastgeber, ›daß es recht merkwürdig ist, warum du selbst nicht die Mine ausbeutest, Aguila? Du hättest mir doch hunderttausend Goldgulden geben können, und ich hätte getan, was du von mir verlangtest.‹ Der Häuptling lachte: ›Ich brauche kein Gold, und ich brauche kein Silber. Ich habe zu essen, habe eine schöne und gute Frau und einen Sohn, den ich liebe und der stark ist und wohlgebaut. Was wäre mir Gold? Die Erde bringt Segen, reichen Segen, die Früchte bringen Segen, reichen Segen, meine Viehherde bringt Segen, reichen Segen. Gold bringt keinen Segen, und Silber bringt keinen Segen. Bringt es euch, den weißen Spaniern, Segen? Ihr mordet euch um das Gold. Ihr haßt euch um das Gold. Ihr verderbt die Schönheit eures Lebens um das Gold. Wir haben nie das Gold zu unserem Herrn gemacht, wir waren nie seine Sklaven. Wir sagten, Gold ist schön, darum machten wir Ringe daraus und andere Schmucksachen, und wir schmückten uns, unsere Frauen und unsere Götter damit, weil es schön ist. Aber wir machten es nicht zu Geld. Wir konnten es ansehen und uns daran erfreuen, aber wir konnten es nicht essen. Unser Volk und auch die Völker im Tal haben nie um Gold gekämpft oder um Gold Kriege geführt. Aber wir haben viel gekämpft um Land, um Äcker, um Flüsse und Seen, um Städte, um Salz, um Herden. Aber um Gold oder um Silber? Es ist doch nur schön anzusehen. Doch wenn ich Hunger habe, kann ich es nicht in meinen Magen stecken, und also hat es doch keinen Wert. Es ist nur schön wie eine Blume, die blüht, oder schön wie ein Vogel, der singt. Aber wenn du die Blume in den Magen steckst, ist sie nicht mehr schön, und wenn du den Vogel kochst, singt er nicht mehr.‹ Da lachte Don Manuel und sagte: ›Ich werde mir das Gold nicht in den Magen stecken, Aguila, das glaube nur.‹ Und der Häuptling lachte auch und sagte: ›Das glaube ich dir wohl. Ich kann wohl für die Erde dienen, aber ich kann nicht für Gold dienen, weil ich sonst nichts zu essen habe, keine Tortillas und keine Camotes. Du verstehst nicht, was ich sage, und ich verstehe nicht, was du sagst. Du hast ein anderes Herz. Aber ich bin dennoch dein Freund.‹

Sie brauchten drei Tage, in denen sie in den Bergen herumkrochen und im Dickicht suchten, kratzten und gruben. Don Manuel war geneigt, das lange Suchen zu mißdeuten und zu glauben, daß der Indianer ihn um seinen Lohn gebracht habe. Aber wenn er dann wieder sah, wie geschickt und wie planmäßig der Häuptling die Gegend durchforschte, wie genau er auf den Stand der Sonne achtete und auf die Schatten, die von den Berggipfeln geworfen wurden, mußte er doch erkennen, daß ein bestimmter Weg verfolgt wurde. ›So ganz leicht, wie du es dachtest, ist das nicht‹, sagte der Häuptling. ›Da sind Erdbeben gewesen, und da waren ein paar hundert Jahre lang Regenzeiten und Wolkenbrüche und Erdrutsche, da haben Flüsse ihren Lauf geändert, da sind Bäche versiegt, und andere sind neu entstanden. Da sind kleine Bäume groß geworden, und große Bäume, die einmal Ziele waren, sind gestorben. Es kann auch noch eine Woche dauern, Don Manuel, du mußt Geduld haben.‹

Es dauerte auch noch mehr als eine Woche. Und der Häuptling sagte am Abend: ›Morgen kann ich dir die Mine geben; denn morgen habe ich sie in meinen Augen.‹ Don Manuel wollte wissen, warum er nicht gleich mit dem Häuptling hatte reisen können, als jener heimging. ›Dann hätten wir trotzdem bis morgen warten müssen, weil die Sonne nicht im Ziel stand. Jetzt steht sie im Ziel. Ich weiß auch seit ein paar Tagen, wo der Platz ist, aber morgen habe ich die Mine und kann sie dir geben.‹

Wirklich, am folgenden Tag fanden sie die Mine in einer Schlucht. ›Da ist einmal der Berg abgebrochen. Das kannst du auch sehen. Darum war es so schwer, den Platz zu finden. Da liegt die Mine, und sie ist nun dein. Mein Haus mußt du aber heute verlassen‹, sagte der Häuptling. ›Warum? Ich würde es auch so verlassen, denn ich will in der Nähe der Mine mein Haus bauen.‹ ›Ja, mein Haus ist nun nicht mehr gut. Du hast die reiche Mine und bringst keinen Segen.‹ Der Häuptling wollte ihm die Hand reichen, aber Don Manuel sagte: ›Warte, Aguila. Ich möchte dich noch etwas fragen. Wenn ich von dir hunderttausend Goldgulden verlangt hätte, damit ich deinen Sohn heilen soll, hättest du dann nicht die Mine selbst aufgemacht?‹ ›Gewiß hätte ich das getan‹, sagte der Gefragte, ›ich wollte doch mein Kind geheilt sehen. Aber wenn ich die Summe gehabt hätte, würde ich die Mine wieder verschüttet haben, weil Gold nicht gut ist. Was hätte ich auch tun können? Die Spanier würden es erfahren, und sie hätten mich, meine Frau und meinen Sohn ermordet, um die Mine zu bekommen. Nach euren Sitten wird ja wegen Gold immer gemordet. Sei vorsichtig, Don Manuel, daß nicht auch du gemordet wirst, wenn deine Leute wissen, daß du eine Goldmine hast. Wenn sie wissen, daß du nichts weiter hast als Brot und Tortillas, wirst du niemals gemordet. Ich will immer dein Freund bleiben, aber wir müssen uns trennen.‹

Don Manuel begann hier sein Lager aufzubauen, und Aguila zog zurück zu seinem Haus, das eine Tagesreise weit von der Mine entfernt lag. Vor seiner Abreise hatte sich Don Manuel die Certificados von der Regierung verschafft, die ihn berechtigten, nach Edelmetallen zu suchen und die Plätze, wo er welche fände, mit seinem Bergungsrecht zu belegen. Er reiste zurück in die nächste Stadt, wo er seine Frau zurückgelassen hatte, brachte seine Frau mit sich, und zu gleicher Zeit warb er Arbeiter an und kaufte die notwendigen Maschinen, Werkzeuge und Sprengmittel. Nun ging er an die Arbeit, die Mine freizulegen. Seine kühnsten Erwartungen wurden übertroffen. Die Mine war so reich an Silber, daß sie alle anderen bekannten Minen überbot. Sie gab als Hauptprodukt Silber, aber als Nebenprodukt kam auch Gold mit vor.

Viele Vorkommnisse hatten ihn gelehrt, daß es am besten sei, wenn man nicht zu sehr von seiner Mine spreche, sie nicht zu sehr preise. Nicht nur Privatpersonen, sondern selbst die königlichen Beamten und die hohen Würdenträger der Kirche verstanden es nur zu gut, einem Mann, der nicht genügend Macht im Rücken hatte, die Mine aus den Händen zu spielen. Der Besitzer verschwand plötzlich, niemand wußte, wo er geblieben war, und die Mine wurde als herrenloses Gut entweder der Krone oder der Kirche überwiesen. Die Inquisition, die in Mexiko viel länger ihre unheilvolle Macht ausübte als irgendwo sonst auf der Erde, die erst endgültig hier verschwand, als die Revolution siegte und das Land eine freie und unabhängige Republik wurde, wirkte zu jener Zeit noch immer mit ungeschwächten Kräften. Es genügte, daß ein Bischof Kenntnis einer reichen Mine erlangte, und der Finder und Besitzer jener Mine wurde wegen Gotteslästerung, Ketzerei, Zauberei, mangelnden Respekts gegen die Wunderkraft eines Gnadenbildes vor das Tribunal der Inquisition geschleppt. Vor diesem Tribunal zitterte selbst der mächtigste Mann im Land, der Vizekönig. Wenn er geladen war, trat er diesem Tribunal nur in Begleitung einer schwerbewaffneten Leibwache gegenüber mit der Ankündigung, daß seine Truppen und die Artillerie den Befehl hätten, auf das Gebäude der Hohen Inquisition rücksichtslos zu feuern, falls er innerhalb einer kurzbemessenen Frist nicht wieder in seinem Palast sei und sich seinen Soldaten gezeigt habe. Was konnte dann so ein einfacher Privatmann tun? Es traten zehn oder zwanzig Zeugen auf, die beschworen, gesehen zu haben, daß der Mann vor der Monstranz nicht gekniet habe, oder die gehört hätten, daß er gesagt habe, es falle ihm schwer, zu glauben, daß der Sohn gleichzeitig sein eigener Vater sein könne, oder daß der Papst keine Irrtümer begehen könnte. Und wurde das beschworen, so wurde der Missetäter verbrannt, und er durfte es als besondere Gnade ansehen, wenn er nicht lebendig verbrannt, sondern vor der Verbrennung erdrosselt wurde. Wie immer aber auch die Strafe ausfiel, war beschworen worden, daß er schuldig sei, so verfiel sein ganzer Besitz der Kirche. Darum war es durchaus nicht so merkwürdig, daß hier diejenigen Leute, die reichen Besitz hatten oder die sich weigerten, der Kirche und den Klöstern das Land oder die Minen, die sie begehrten, freiwillig abzutreten, oft viel rascher der Ketzerei angeklagt und schuldig gesprochen wurden als arme Indianer, die von der Inquisition viel glimpflicher behandelt zu werden pflegten; denn wer sollte für den armen Indianer die hohen Kosten der komplizierten Untersuchung zahlen? Denn hoch waren die Kosten für das Tribunal. Es tat niemand etwas umsonst, wie die Akten beweisen, und die Zeugen waren die allerletzten, die es billig machten aus Rücksicht für den heiligen Zweck. Die Macht einer jeden Religion ist begrenzt. Keine Religion kann diese Grenze berühren oder gar zu überschreiten versuchen, ohne abzusterben. Eine Religion, die zu starr geworden ist, eine Religion, die ihre Elastizität so sehr verloren hat, daß sie sich in die Entwicklung und in die Zeit nicht mehr einfügen kann, stirbt ab. Es können nicht ewig ungestraft Kriege geführt werden von Völkern, deren Religion ihnen verbietet, das Schwert zu ziehen, und deren Religion ihnen gebietet, nicht zu töten.

Don Manuel war gewitzigt dank der reichen Erfahrungen, die andere gemacht hatten. Er schickte kein Silber und kein Gold fort. Er speicherte es auf und wartete auf seinen Tag. Obwohl ihm die Mine so reichen Gewinn abwarf, behandelte er doch seine indianischen Arbeiter recht erbärmlich, zahlte ihnen kaum so viel Lohn, daß sie satt wurden, ließ sie arbeiten, bis sie zusammenbrachen oder gar wegstarben, und wenn sie nicht genügend schafften, ließ er noch mit der Peitsche nachhelfen. Mit Negern läßt sich so für eine lange Zeit wirtschaften, mit Indianern nicht. In den dreihundert Jahren spanischer Herrschaft in Mexiko haben die Spanier nie und zu keiner Zeit das ganze Land in unbestrittenem Besitz gehabt. Irgendwo war immer Rebellion, Aufruhr und Empörung. Und war sie an einer Stelle brutal und menschenunwürdig unterdrückt, brach sie woanders wieder aus. Das war im großen so, und das war auch so im kleinen. Und eines Tages war Rebellion in der Mine des Don Manuel. Seine Frau, Donja Maria, konnte noch rechtzeitig fliehen, aber er wurde erschlagen. Seine Schätze wurden nicht geraubt, sondern nachdem Don Manuel tot war, verließen die indianischen Arbeiter den Platz und kehrten in ihre Dörfer zurück.

Als Donja Maria durch Boten erfahren hatte, daß die Mine wieder sicher sei, kehrte sie zurück, um die Arbeit fortzusetzen. Sie fand die erbeuteten Schätze schön und sicher vergraben. Was sie besaß, hätte genügt, daß sie ihr Leben sorgenlos führen konnte bis an das Ende ihrer Tage.

Aber sie hatte sich in den Kopf gesetzt, nach Spanien zurückzugehen und dort als die reichste Frau zu erscheinen. Da sie noch jung war und auch Schönheit reichlich mit auf den Lebensweg bekommen hatte, so hegte sie die Hoffnung, in Spanien ein Schloß und ein adliges Gut zu kaufen und durch die Verheiratung mit einem Marquis dem Hof nahezukommen. Es hatten ja spanische Granden Töchter aztekischer, tezkukischer und anderer indianischer Fürsten Mexikos und Perus geheiratet nur ihres Reichtums wegen. Warum sollte sie, die aus anständigem bürgerlichem Haus war, mit Hilfe ihres unermeßlichen Vermögens nicht viel leichter noch einen Marquis zum Gatten bekommen?

Sie verstand zu rechnen, vielleicht noch besser als ihr erschlagener Mann. Sie rechnete aus, wieviel ein Schloß und wieviel ein altadliges Gut in Spanien kosten würde, wieviel die Unterhaltung dieses Besitzes, Dienerschaft, Wagen, Pferde und Reisen kosten würden, wieviel der Marquis gebrauchen würde, und wieviel sie selbst noch täglich auszugeben hätte, um eine glänzende Rolle bei Hof spielen zu können. Sie kam auf eine ansehnliche Summe. Aber immer fand sie, daß da noch vieles sei, was sie nicht bedacht habe, daß da noch Abgaben an die Regierung seien, daß sie eine Kirche zu bauen habe, um die hohen Herren der Inquisition günstig zu stimmen und sie nicht lüstern werden zu lassen. Und dann arbeitete sie noch so lange, bis der ausgerechnete Betrag verdoppelt werden konnte. Damit war sie gegen alle Fehlrechnungen gesichert. Es waren fürwahr harte Jahre, wo sie zu kämpfen hatte. Fern von der Zivilisation, fern jeder, auch der kleinsten Bequemlichkeit, Tag und Nacht auf dem Posten, geschickt mit den Arbeitern umgehend, daß ihr Lohn nicht zu hoch sei, daß er aber auch wieder gut genug sei, daß sie aushielten und sich nicht empörten. Da mußte auch an Überfälle gedacht werden, an Banditenhorden, die sich aus Verbrechern, aus desertierten Soldaten, aus entsprungenen Strafgefangenen, aus dem Auswurf der Städte gebildet hatten und die marodierend, unter Indianern und Weißen gleich Schrecken verbreitend, im Lande umherzogen.«

Der blasse Neid muß es der Donja Maria lassen, daß sie sich den zahlreichen Aufgaben besser gewachsen zeigte als ihr ehemaliger Gatte. Sie fürchtete weder Tod noch Teufel, weder marodierende Banditen noch rebellierende Indianer, und sie wäre sicher auch noch mit der Inquisition in irgendeiner Weise fertig geworden, wenn die Frage an sie herangetreten wäre. Sie war robust, ausdauernd und unternehmend; aber wenn sie damit nicht durchkam, so gewann sie um so sicherer mit ihren diplomatischen Fähigkeiten. Sie konnte lachen, wenn es ihr nützlich erschien, sie konnte weinen, wenn sie das für wertvoller hielt, sie vermochte zu fluchen wie ein Straßenräuber, und sie konnte inniger beten als ein Franziskanermönch. Arbeiten konnte sie für sechs Indianer, und wenn es nicht so ging, wie sie es wollte, dann packte sie mit gesunden Fäusten selbst zu, und die Indianer, ungewohnt, eine Frau so schwere Arbeit scheinbar spielend verrichten zu sehen, gerieten in eine Art von Bann, wo sie tun mußten, was Donja Maria von ihnen verlangte. Das ging so Jahre hin. Schließlich aber bekam sie doch eine solche Sehnsucht nach Spanien, nach einem sauberen Haus, einer guten Küche, einem molligen Schlafzimmer und nach einem Gespons, mit dem sie hätscheln und tätscheln konnte, daß sie sich eines Tages entschloß, aufzupacken und abzuziehen. Als sie ihr Vermögen überschlug, fand sie, daß es reichen konnte für jeden Luxus, der sich nur ausdenken lasse.

Sie hatte sich einen bewaffneten Schutztrupp herangebildet, der dafür diente, die Mine und die aufgespeicherten Schätze zu bewachen und zu verteidigen. Der Trupp bestand aus Indianern, einigen Mestizen und zwei spanischen Soldaten, die desertiert oder entlassen worden waren. Einen dieser beiden Spanier machte sie zum Führer bei Tag und den anderen zum Führer in der Nacht.

Das Metall, von dem etwa ein Sechstel Gold, alles übrige aber gediegenes Silber war, hatte sie in rohe Blöckchen und Barren gegossen, damit es sich leichter transportieren lasse. Diese Blöckchen wurden in Kisten sicher verpackt. Wie groß der Reichtum war, den sie aus der Mine geholt hatte, ist daraus zu ersehen, daß sechzig Maultiere, jedes einzelne bis zur Grenze der Tragfähigkeit beladen, nötig waren, um das Metall abzutransportieren.

Die Karawane mit ihren zwanzig bewaffneten Begleitmannschaften machte sich auf die Reise. Zweitausend Kilometer bis nach der Hauptstadt Mexiko. Keine richtige Straße, über Wüstengelände, über steile Gebirge, durch Flüsse, durch Schluchten und Felsklammen, durch Urbusch und Urwald, durch Dschungelgebiete, einige Tage in den eiseskalten Winden der Sierra, dann in der glühenden Hitze der tropischen Regionen und dann wieder über schneebedeckte Gebirgspartien und wieder durch fieberschwüle Dschungellandschaften.

Und dann kam ein Abend, wo ihr das Lager merkwürdig bewegt erschien. Sie sah näher zu und fand, daß der eine Spanier den Versuch gemacht hatte, die Dinge zu seinen Gunsten zu ändern. Er kam zu ihr und fragte: ›Wollen Sie mich heiraten oder nicht, Donja Maria?‹ ›Ich, Sie? Einen solchen Straßenräuber? Einen, der vom Galgen heruntergefallen ist, weil der Henker einen morschen Strick gebraucht hat, statt eines guten neuen?‹ Darauf sagte der Bursche: ›Ich nehme es auch ganz gern ohne Sie, Senjora. Ich kriege auch noch eine Hübschere.‹ ›Was nehmen Sie ohne mich?‹ fragte Donja Maria. ›Was da in den Kisten ist.‹ ›Nicht, solange ich dabei bin, du Bastard.‹ Der Mann hob die Hand, zeigte 'rüber, wo die Leute lagerten, und sagte grinsend: ›Dann sehen Sie nur erst einmal dorthin, vielleicht überlegen Sie es sich mit der Heirat. Eine Stunde will ich schon gern warten.‹ ›Da magst du auch gut dein ganzes Leben warten, wenn du nicht vorher gehenkt wirst.‹

Sie ging aber doch 'rüber zu den Leuten und fand, daß der Bursche eine schöne Arbeit geleistet hatte. Der andere Spanier und die Indianer waren gebunden, während die Mestizen auf der Seite dieses Mannes waren und an dem Geschäft teilzunehmen gedachten. Sie standen da, die Pistolen im Gürtel, und sahen die Frau frech und grienend an.

›Schöne Arbeit, das muß ich sagen‹, meinte Donja Maria zu dem Burschen, der ihr hinterher folgte. ›Nicht wahr?‹ gab er zur Antwort. ›Da werden sie wohl nun nicht mehr lange überlegen und brav und schön ja sagen‹, fügte er hinzu.

›Nein, da hast du recht, du Hund von einem Bastard, da werde ich nicht lange überlegen‹, sagte sie. Gleichzeitig hatte sie von einem der Sättel, die auf dem Boden lagen, eine Peitsche ergriffen, und ehe der Mann auch nur sah, was los war, hatte sie ihm einen erbarmungslosen Hieb quer über das Gesicht gezogen, der seine Augen blendete. Er taumelte, und sie ließ blitzschnell ein halbes Dutzend über sein Gesicht nachfolgen. Dann brach er zusammen und rührte sich nicht mehr. Aber sie fing erst an. Die Mestizen waren so erstaunt über das, was sie sahen, daß sie weder an Fortlaufen noch an Schießen dachten. Und als ihnen zum Bewußtsein kam, was mit ihrem Führer geschehen war, sausten ihnen auch schon die Peitschenhiebe über das Gesicht. Die nicht fielen, begannen, mit den Armen ihr Gesicht bergend, zu rennen. Donja Maria sprang zu dem Spanier und schnitt die Stricke, mit denen er gefesselt war, mit ein paar kurzen Rucken auf. Der befreite sofort die Indianer, und die waren im Nu auf den Pferden und lassoten die Mestizen ein.

›Häng den Bastard‹, rief Donja Maria und zeigte auf den Spanier, der sie zu heiraten gedacht hatte und der sich schwerfällig vom Boden zu erheben begann. Eine halbe Minute später hing er. ›Was habe ich dir Hund gesagt?‹ rief sie ihm zu, während die Indianer ihn hochzogen. ›Ich habe dir doch gesagt, daß du vorher gehenkt wirst. Und mit euch?‹ wandte sie sich den Mestizen zu. ›Euch müßte ich auch hängen lassen. Aber ich werde euch noch ein Loch offenlassen, ihr lauft ja doch alle dem Henker in die Schlinge, und ich will ihm nicht das Geschäft verderben. Aber das kann ich euch sagen, wenn ihr das noch einmal versucht, peitsche ich euch persönlich, bis die Fetzen von eurem Kadaver hängen, dann lasse ich euch rösten und darauf hängen. Ihr braucht nicht zu bleiben, könnt gleich gehen, brauche euch nicht. Lohn kriegt ihr nicht, und die Pistolen nehme ich euch auch wieder ab. Aber wenn ihr durchaus bleiben wollt, schenke ich euch in Mexiko die Pistolen, die Sättel und die Pferde, die ihr reitet. Höre mal, du Spanier‹, sie ging nun zu dem Mann hin, der auf ihrer Seite war, ›wie heißt du? Ja, Rügo. Wenn wir in Mexiko sind, kriegst du‹ – sie hatte sagen wollen, ›das ganze Maultier‹, überlegte es sich aber noch rechtzeitig und sagte: ›da kriegst du die rechte Seitenladung des Mulas da drüben, und die Indianer kriegen die halbe Ladung der linken Last, die können sie sich teilen.‹ Damit war die Meuterei zu Ende.

Da waren aber auch die marodierenden Horden, mit denen man sich herumzubalgen hatte und gegen die sie die Fracht auf Blut und Leben zu verteidigen hatte. Was scherten sich die Horden um Blut und Leben? Die kämpften bis auf den letzten Tropfen, denn es gab immer nur zu gewinnen, und auf das Leben, das sie dagegen einsetzten, pfiffen sie, weil darüber ja sowieso lange in einem Gerichtsurteil, oft in mehreren, endgültig verfügt war.

Es fiel auch ein Tier mit seiner Ladung in die Schlucht, und die Ladung mußte geborgen werden, oder ein Tier sank mit seinem Reichtum in einen Sumpf oder verschwand beim Überschreiten eines Flusses. Es war noch sehr in Frage zu stellen, ob es leichter war, die Schätze aus der Mine zu holen, oder ob es leichter war, die Schätze sicher nach Mexiko zu bringen, ohne daß das Leben der Donja Maria auf der Strecke blieb.

Sie durchlebte auf der Reise eine wahrhaft beklagenswerte Zeit, und wenn sie an die harte Zeit der vielen Jahre bei der Mine zurückdachte, so war jene Zeit nicht weniger beklagenswert gewesen. Nie war sie ihres Lebens froh gewesen, seit sie im Besitz der Mine war. Und sie wußte sich nicht einer einzigen Stunde zu erinnern, wo sie sich ihres Lebens oder ihres Schatzes vollkommen sicher gefühlt hatte. In Wahrheit, wenn sie an alles dachte und sich aller Tage erinnerte, so hatte sie das erbärmlichste Leben geführt, das sich nur denken läßt, ein Leben, viel erbärmlicher als das eines Tieres. Immer in Furcht, in Sorgen. Schwere Träume störten ihren Schlaf, und sie fand nie eine Erholung aus den qualvollen Gedanken, die sie hetzten und jagten während des Tages. In all dem Jammer ihres traurigen Daseins hatte sie nur ein, nur ein einziges leuchtendes und strahlendes Bild: Jenen Augenblick, wenn sie ihren Schatz abgeliefert hatte in dem Sicherheitshaus der königlichen Regierung in Mexiko.

Dieser Augenblick, den zu erleben sie ein so erbarmungswürdiges Dasein während der letzten Jahre geführt hatte, kam. Sie erreichte die Stadt Mexiko, ohne daß sie auch nur einen Barren ihres kostbaren Gutes verloren hätte. Sie wurde vom Vizekönig persönlich empfangen, und es wurde ihr die hohe Ehre zuteil, daß der Vizekönig sich mit ihr in Privataudienz lange unterhielt. Ihre Freude und Dankbarkeit gegen den hohen Herrn kannte kaum noch irgendwelche Grenzen, als er ihr versprach, daß er den Schatz, den sie in so harter entsagungsreicher Arbeit erworben habe, in den Gewölben aufbewahren wolle, die sonst nur der Verwahrung des königlichen Schatzes und der Staatsgelder dienen.

Das war viel mehr, als Donja Maria je erhofft hatte. Nirgends in ganz Neu-Spanien, nicht einmal in den Katakomben der Kathedrale oder in einem Kloster war ihr Schatz so gut verwahrt und so sicher aufgehoben wie in den festen Gewölben der Regierung und unter der persönlichen Verantwortung und Bürgschaft des Vizekönigs, der höchsten Macht im Land. Hier endlich lag ihr Schatz sicher und wohlverwahrt, bis sie ihn unter militärischer Bedeckung zum Schiff transportieren und dann mit sich nach dem Land ihrer Sehnsucht nehmen konnte. Sie versprach dem Vizekönig für seine gnädige Fürsorge, die er ihr angedeihen ließ, einen Anteil an ihrem Schatz, der hoch genug war, daß selbst ein Vizekönig in Neu-Spanien ihn einen fürstlichen Anteil nennen konnte. Dann zahlte sie ihren Leute die Löhne und entließ sie. Hierauf suchte sie ihren Gasthof auf, den besten, den die Stadt hatte. Und nun endlich, nach so vielen Jahren, konnte sie sich ruhig zum Schlaf niederlegen. Zum erstenmal seit Jahren konnte sie ruhig aufatmen, ruhig und bedachtsam und ungestört essen. Endlich durfte sie auch einmal andere und schönere Gedanken haben, als sie in all den Jahren in ihrem Hirn herumzuwälzen gehabt hatte.

Aber dann geschah etwas, was sie nicht erwartet hatte, obgleich es keineswegs merkwürdig, sondern ganz natürlich war. Der Schatz verschwand nicht und wurde auch nicht aus den Gewölben bei Nacht und Nebel gestohlen. Aber etwas anderes verschwand. Donja Maria hatte sich in dem Gasthof zum Schlaf niedergelegt, wohlgeborgen in einem weichen, herrlichen Bett. Aber niemand hatte sie wieder aufstehen sehen. Niemand hat je wieder etwas von Donja Maria gesehen. Niemand hat je wieder etwas von ihr gehört. Sie war verschwunden, und kein Mensch konnte angeben, wo sie geblieben war.

Das ist eben sehr einfach«, so schloß Howard seine Erzählung, »die Donja Maria hatte nur eines vergessen: daß Gold auch manchmal unsichtbar macht. Ich wollte euch die Geschichte ja auch nur erzählen, um euch zu zeigen, daß der Transport ebensogut seine Schwierigkeiten hat wie das Suchen und das Graben. Und selbst wenn man alles so schön in Sicherheit zu haben glaubt, so ist das dann noch nicht entschieden, ob man sich davon auch nur eine Tasse Kaffee wird kaufen können. Das alles ist ja der Grund, warum Gold so teuer ist.«

»Gibt es denn da keine Möglichkeit«, sagte Curtin, »daß man vielleicht herausfinden kann, wo die Mine war? Die Frau hat doch nicht alles ausgebeutet, die hat doch genug zurückgelassen.«

»Die Mine kannst du sehr leicht finden«, erwiderte Howard, »aber du kommst zu spät. Die wird von einer großen Minengesellschaft ausgebeutet, und sie hat der Gesellschaft schon zehnmal mehr eingebracht, als sie der verschwundenen Senjora gebracht hatte. Die Mine scheint in der Tat unerschöpflich zu sein. Kannst sie ganz leicht finden, sie heißt ›Donja-Maria-Mine‹, und sie liegt in der Nähe von Huacal. Kannst da im Wochenlohn arbeiten, wenn es dir Vergnügen macht.«

Die Männer saßen noch eine Weile um das langsam verglimmende Feuer, und dann begannen sie aufzustehen. Sie reckten sich, traten mit den Füßen auf den Boden und wollten hinüber zum Zelt gehen.

»Die Geschichte ist schon mehr als hundert Jahre alt,« sagte da Lacaud.

»Das hat ja niemand bestritten«, sagte Dobbs.

»Ich weiß aber eine Geschichte, die nur zwei Jahre alt ist und die ebensogut ist oder noch besser.«

»Ach, halt's Maul«, sagte Dobbs gähnend, »wir wollen deine Geschichte nicht hören, auch wenn sie nur eine Woche alt sein sollte. Deine Geschichte kennen wir schon, die interessiert uns ebensowenig wie du. Und wenn du gar nichts sagst, so ist uns das schon am liebsten. Du bist ja ein Ewiger.«

»Ein was?« fragte Lacaud.

»Ein Nischt«, sagte Dobbs und trottete hinter den beiden, die voraufgegangen waren, zum Zelt hinüber.

Am folgenden Morgen, dem vorletzten, den sie hier zu verbringen gedachten, waren die drei so aufgeregt, daß sie sich kaum Ruhe nahmen, zu frühstücken. Sie krochen in ihre geheimen Verstecke, und jeder brachte sein Häuflein Arbeitsgut hervor. Es waren Körnchen, Sand und Staub, sorgfältig eingedreht in altes Zeltleinen und mit einem Bindfaden verschnürt. Jeder besaß ein ganz ansehnliches Häufchen solcher Säckchen.

Die Aufgabe war nun, diese Säckchen gut und unauffällig zu verpacken. Sie kamen in getrocknete Wildhäute, und so wurden nun festverschnürte Packen gemacht, die durchaus den Anschein erweckten, als seien sie Packen, die nur aus trockenen Fellen bestanden. Diese Packen kamen hierauf in Säcke, und die Ladung war fertig.

Dobbs und Curtin gingen dann auf die Jagd, um noch ein Stück Wild zu bekommen für die Reise. Howard zimmerte Tragsättel für die Esel und überholte das Riemen- und Leinengut, damit sie auf der Reise nicht durch Brüche der Verpackungen aufgehalten würden. Lacaud war wieder seine eigenen Wege gegangen und stöberte in dem Gebüsch in der Nähe der Weidefläche herum. Aber er sagte nicht, was er suche, und von den dreien fragte ihn niemand. Sie betrachteten sein Gebaren weder mit dem Ausdruck von Mitleid noch mit dem von Spott. Mitleid war ihnen fremd, und um ihn zu verhöhnen, dazu fühlten sie sich nicht interessiert genug. Es war ihnen nunmehr ganz gleichgültig, was der Mann tat, solange er ihnen keine Unbequemlichkeit bereitete. Selbst wenn er einen Berg aus gediegenem Gold gefunden haben würde, sie wären noch sehr im Zweifel gewesen, ob sie ihren Plan, am folgenden Morgen abzureisen, auch nur um einen Tag verschoben hätten. Sie hatten sich in die sofortige Abreise so sehr verbissen, daß nichts sie hätte aufhalten können. Sie waren mit einemmal der Einsamkeit, der Schufterei und der harten Lebensweise so überdrüssig geworden, daß sie nichts nennen konnten, was sie bewogen haben könnte, auch nur einen Tag länger hierzubleiben. Ihre Stimmung war so, daß sie Lacaud halbtot geprügelt haben würden, wenn er auch nur den Versuch gemacht hätte, sie zu überreden, noch eine Woche hier zu verweilen, weil er einer großen Sache auf der Spur sei. Als Howard so nebenbei hinwarf, daß Lacaud genau zu wissen schiene, was er wolle, denn er handle nicht ganz so träumerisch wie ein Ewiger, da sagte Curtin: »Mich kann nichts verführen. Er könnte mir ein Stück bringen so groß wie meine Faust. Ich will es gar nicht haben.«

»Haben? Warum nicht?« sagte Dobbs. »Haben schon. Aber wie fortkriegen? Wir können das, was wir haben, ja schon kaum heimkriegen. Ich will nicht mehr, oder er müßte es mir schon nach Durango bringen. Also nun ruhig davon.«

Diesen Abend saßen sie ziemlich schweigsam am Feuer. Jeder war mit seinen Gedanken und Plänen viel zu sehr beschäftigt, als daß er etwas erzählt hätte oder als daß er einem anderen in Ruhe hätte zuhören können. Es war noch dunkel, als sie das Zelt abbrachen und sich auf den Weg machten.

»Du bleibst wohl noch hier?« fragte Curtin den Lacaud.

»Ja, ich habe hier noch zu tun«, sagte der.

»Dann viel Glück, Junge. Vielleicht haben wir später einmal Zeit, deine schöne Geschichte zu hören«, meinte Dobbs lachend. »Dann kannst du vielleicht auch Beweise bringen.«

Lacaud schob die Hände in die Taschen und antwortete: »Beweise? Beweise, sagst du? Die kann ich jetzt schon bringen. Aber ihr habt ja keine Zeit.«

»Die haben wir auch nicht«, sagte Dobbs. »Darum müssen wir jetzt gehen. Wir haben es eilig, ins trockene zu kommen.«

Howard gab Lacaud die Hand und sagte: »Ich habe dir da Salz, Pfeffer und noch einige andere Kleinigkeiten zurückgelassen, die uns nur im Weg sind. Kannst du vielleicht brauchen. Da liegt auch noch ein Stück Zelttuch. Magst du auch haben, ist gut für den Regen in der Nacht.«

»Danke«, erwiderte Lacaud.

Auch Dobbs und Curtin schüttelten Lacaud die Hand. Dobbs gab ihm Tabak, und Curtin gab ihm eine Handvoll Patronen. Jetzt, als sie schieden, wurden sie mit einemmal Freunde. Curtin hatte es bereits auf der Zunge, ihn einzuladen, mit ihnen zurückzugehen, weil es ja hier für ihn fürchterlich sein müsse, allein in dem Dickicht zu hocken, und wo gar keine Hoffnung sei, etwas zu finden, weil sie lange genug hier gewesen seien und jedes Steinchen umgewendet hätten und sie genau wüßten, was und was nicht hier zu finden sei. Aber er sagte es nicht und sagte nur: »Good bye.«

Howard hatte ein ähnliches Verlangen. Er wollte ihn ersuchen mitzukommen, und er gedachte, ihm eine Anstellung in seinem Kino zu geben, als Vorführungsoperateur oder als Hausverwalter. Aber auch er sprach das nicht aus, gab ihm nur die Hand und sagte nur: »Good luck.«

Und Dobbs dachte, daß ein Mann mehr auf der Reise nicht schaden könne, es sei ein Schutz mehr gegen Banditen, und wenn man die Ladung auf vier Mann verteile, sehe sie nicht so auffällig aus, aber er schüttelte ihm die Hand nur kräftig und sagte freundlich: »So long.«

Lacaud hatte jedem ebenfalls ein kurzes Wort zum Abschied gesagt, dann stand er eine Weile und sah den Leuten nach. Als er sie nicht mehr sehen konnte, drehte er sich zum Feuer, stieß mit der Stiefelspitze darin herum und sagte laut: »Schade.«

Die Reisenden hatten mit ihrem Packzug einen weiten Umweg zu gehen, um das Dorf, wo Curtin die Einkäufe zu machen pflegte, nicht zu berühren und nicht von den Bewohnern gesehen zu werden. Sie wollten die Leute des Dorfes in dem Glauben lassen, daß Curtin noch immer dort oben sei. Als sie weit aus dem Bereich des Dorfes waren, blieben sie auch nicht auf den Wegen, sondern wanderten Pfade, wo sie sicher waren, selten jemand zu begegnen. Je weiter sie aus dem Distrikt sich entfernten, desto mehr durften sie hoffen, ungesehen die Stadt zu erreichen. Waren sie erst einmal in der Stadt, dann waren sie und ihr Gut in Sicherheit. Da gingen sie in ein Hotel, packten alles schön um und setzten sich mit unauffälligen Koffern in die Bahn.

Sie hatten jetzt kaum noch bares Geld in der Tasche, einige Pesos, und die sollten reichen bis zur Stadt. Dort konnten die Esel und was man sonst nicht brauchte verkauft werden, und das gab dann das Fahrgeld. Aber die Stadt mußte erst geschafft werden. Und das erforderte seine Zeit. Die Entfernung war nicht so erheblich. Aber die Wege wollten sie nicht gehen, weil sie dort leichter Banditen oder Landpolizei treffen konnten als auf den versteckten Pfaden. Je weniger Leuten sie begegneten, um so lieber war es ihnen.

Nun liefen die Pfade nicht alle so, wie sie es gewünscht hätten. Alle Pfade führen entweder zu einem Dorf oder zu einer menschlichen Behausung. Da stießen sie zuweilen ganz plötzlich auf ein Dorf, wenn sie es weder erwartet noch gewollt hatten. Und waren sie erst einmal in Sicht eines Dorfes, so konnten sie nicht gut umkehren. Das hätte sie verdächtig gemacht.

So kamen sie am zweiten Tag in ein Indianerdorf. Es hatte sich nicht vermeiden lassen. Sehr ungewöhnlich ist es nicht, daß eine Eselkarawane durch einen Ort zieht. Daß nur weiße Männer diese Karawane führen, ist zwar selten, aber es macht sich niemand Gedanken darüber, weil die Weißen ja manchmal recht merkwürdige Ideen haben.

Als sie nun mitten im Ort waren, sahen sie vor einer Hütte vier Mexikaner stehen. Drei von ihnen hatten einen Patronengürtel umgeschnallt und hinten auf der Hüfte den Revolver.

»Das ist Polizei«, sagte Dobbs. »Jetzt sitzen wir drin.«

»Scheint wahrhaftig Polizei zu sein«, erwiderte der Alte.

Dobbs hielt die Esel an, aber Howard stieß ihn an und sagte: »Nur keine Dummheiten jetzt. Wenn wir so plötzlich anhalten oder gar umkehren, dann sind wir fertig. Dann merken die gleich, daß hier etwas nicht stimmt. Nur ganz ruhig darauflos, als ob wir ein klares Gewissen hätten. Das haben wir ja auch. Es ist nur wegen der Taxe und der nicht eingeholten Lizenz.«

»Kann uns aber den ganzen Bettel kosten.« Dobbs fluchte. Inzwischen kam auch Curtin näher.

»Was will denn der Mann mit der Brille?« fragte er und deutete mit dem Kopf hinüber zu dem Mann, der nicht bewaffnet war und der am Eingang zu der Hütte stand und offenbar mit den Bewohnern redete.

»Ist wahrscheinlich ein Regierungskommissar«, sagte Dobbs. »Weiß der Henker, was hier los ist. Laß uns ganz ruhig weitergehen.«

Die Mexikaner hatten die Ankommenden nicht bemerkt. Erst als sie den Platz erreichten, wo die Hütte stand, drehte sich einer der Polizeileute nach ihnen um. Dann schien er den anderen etwas zu sagen, und darauf drehten sich alle um und sahen den Reisenden nach, die gemächlich weitergingen. Als sie schon den Platz beinahe überschritten hatten, rief mit einem Male einer der Männer ihnen nach: »Hallo, Senjores, un momento!«

»Nun sitzen wir fest«, sagte Dobbs halblaut.

»Ich gehe 'rüber, allein«, schlug Howard vor. »Ihr bleibt hier bei den Eseln. Ich will hören, was die wollen.«

Howard ging hinüber. Als er vor den Männern stand, sagte er: »Guten Tag, womit können wir dienen?«

»Kommen Sie von den Bergen 'runter?« fragte einer der Beamten.

»Ja, wir haben gejagt.«

»Sind Sie alle geimpft?« fragte der Mann nun.

»Ob wir was? Ob wir geimpft sind?« Howard sprach es mit leichten Worten, denn er hatte sofort erkannt, was die Männer hier wollten.

»Freilich, wir sind alle geimpft. Schon als ganz kleine Kinder. Das ist bei uns gesetzlich. Ich bin sicher schon zehnmal geimpft worden in meinem Leben.«

»Wann das letztemal?«

»Vor zwei Jahren.«

»Haben Sie das Certificado bei sich?«

Howard lachte: »Das trage ich doch nicht immer in der Tasche.«

»Natürlich nicht«, sagte nun der Mann. »Aber dann muß ich Sie jetzt hier impfen. Wir sind die Impfkommission, und wir müssen jeden impfen, den wir hier in den Dörfern treffen.«

Der Mann mit der Brille ging in die Hütte und kam mit seinem Kasten hervor. Er öffnete ihn, Howard entblößte den

Oberarm, und der Mann kratzte ihm mit der Nadel ins Fleisch. »Mit Ihnen haben wir es leichter als mit den Leuten hier«, sagte er lachend. »Hier die Leute müssen wir auflauern, die rennen in die Berge und in das Dickicht, weil sie glauben, wir wollten ihnen den Kopf abschneiden.«

»Ja«, meinte einer der Polizeimänner, während er ein Buch herausnahm, »hier die gesamte Einwohnerschaft zu impfen, kostet uns mehr Mühe, als wenn wir eine Horde Banditen einfangen sollen. Aber die Seuche nimmt überhand, wenn wir nicht alles hier zum Impfen herankriegen. Die Kinder, das ist das Schlimmste. Die Frauen machen ein Geschrei, als ob wir die Kinder ermorden wollten, und kämpfen wie Wahnsinnige mit uns, wenn wir die Nadel ansetzen wollen. Da, sehen Sie mein Gesicht, ganz zerkratzt von den Weibern, und hier mein Kollege hat eine schwere Beule am Kopf, wo ihn die Weiber mit einem Stein getroffen haben. Wir sind schon vier Tage hier. Alle haben sich verkrochen, und wir müssen sie aushungern, bis sie wieder hereinkommen. Nach und nach kommen sie ja, weil sie gesehen haben, daß die Kinder, die wir schon geimpft haben, noch immer am Leben sind. Aber wie sollen wir es ihnen denn klarmachen, daß wir nur zum Besten der Leute und ihrer Kinder hier arbeiten.«

Während der Zeit hatte er in dem Buch herumgeblättert und kam zu den leeren Blättern.

»Schreiben Sie hier auf beide Seiten Ihren Namen hin«, sagte der Beamte. Howard schrieb und gab das Buch zurück.

»Ihr Alter?«

Der Beamte schrieb es ein, unterschrieb das Blatt, riß die eine Hälfte des Blattes an der perforierten Linie aus und gab sie Howard.

»Hier haben Sie Ihr Certificado, diesen anderen Abschnitt behalten wir in unserem Buch. Schicken Sie Ihre beiden Kameraden auch herüber. Es wird ihnen nichts schaden, auch wenn sie schon zehnmal geimpft sind.«

»Was habe ich denn nun zu bezahlen?« fragte der Alte. »Wir sind sehr knapp mit Geld.«

»Da haben Sie nichts zu bezahlen. Das kostet nichts. Bezahlt die Regierung.«

»Das wäre ja dann recht billig«, sagte Howard lachend und schob den Ärmel herunter.

»Wir wissen ja«, sagte nun einer der anderen Beamten, »daß Sie alle geimpft sind, oder wir nehmen es wenigstens an. Aber wir tun es hier mit Vorliebe, daß wir Sie impfen. Wir sind recht dankbar, daß Sie gerade hier zur rechten Zeit vorbeikommen. Die Einwohner hier, die sehen von ihren Verstecken aus ja jede Bewegung, die wir machen. Darum haben wir uns auch gerade diese Hütte ausgesucht, die steht am freiesten. Wenn die Leute nun sehen, daß wir keinen Unterschied machen zwischen Indianern und Weißen und daß Sie hier Ihren Arm hinhalten, als ob Sie das jeden Tag täten, so bekommen die Leute Vertrauen und sehen, daß es nicht das Leben kostet.«

Howard ging hinüber und schickte Dobbs und Curtin zum Impfen.

»Ich wüßte nicht, was ich lieber täte«, sagte Curtin lachend. »Jeden Augenblick dachte ich, sie werden kommen und dumme Fragen machen.«

»Wenn es dir Vergnügen macht«, sagte Howard, »dann kannst du denen erzählen, was du in den letzten Monaten getan hast. Die haben kein Interesse für deine Familienangelegenheiten. Die sind die Impfkommission, und alles, was nicht mit Impfen zu tun hat, läßt sie kalt. Die impfen einen verfolgten Banditen, der gerade vorüberkommt, und lassen ihn laufen. Es gehört nicht zu ihrem Geschäft, Banditen einzufangen.«

»Na, na«, unterbrach Dobbs, »besser, du hältst das Maul, wir lassen uns impfen, und dann sofort weiter.«

»Habe ich denn gesagt, daß wir uns hier niederlassen sollen?«

»Aber du redest gerade so, als ob wir denen um den Hals fallen sollten«, sagte Dobbs und trottete hinüber zu der Hütte.

Howard schüttelte den Kopf mit einer bedauernden Gebärde und wandte sich an Curtin: »Dieser Dobbs ist ohne Humor, was ich immer sage. Ich falle doch lieber einer Impfkommission um den Hals als einer Polizeitruppe, die Minen kontrollieren geht, in die Hände. Nun laufe nur 'rüber, Curtin, und lasse dir dein Papier geben, daß wir weiterkommen.«

Am Abend lagerten sie in der Nähe des Örtchens Amapuli. Sie hatten dort bleiben müssen, weil man ihnen gesagt hatte, daß sie bis zur nächsten Wasserstelle vor Einbruch der Nacht nicht kommen könnten.

Während sie noch ihr Abendessen bereiteten, kamen vier Indianer des Dorfes zu ihrem Lager. Sie grüßten und fragten sehr höflich, ob sie sich niedersetzen dürften.

»Como no?« sagte Howard. »Warum nicht?«

Die vier Indianer saßen eine Weile und sahen zu, wie die Fremden ihr Fleisch rösteten und ihren Reis kochten.

»Sie kommen gewiß von weit her«, sagte endlich einer der Indianer, »und Sie wollen gewiß noch weit reisen? Sie sind wohl sicher sehr kluge Männer.«

Curtin sagte: »Wir können Bücher lesen, und wir können Briefe schreiben, und wir können mit Zahlen rechnen.«

»Mit Zahlen?« fragte einer. »Zahlen? Das kennen wir nicht.«

»Zehn ist eine Zahl«, erklärte Curtin, »und fünf ist eine Zahl.«

»Oh«, meinte nun einer der Besucher, »das ist nur halb. Zehn ist nichts und fünf ist nichts. Sie meinen zehn Finger oder fünf Bohnen oder drei Hühner, nicht wahr?«

»So ist es«, mischte sich Howard ein.

Die Indianer lachten, weil sie es verstanden hatten, und einer sagte: »Zehn kann man nicht sagen. Man muß immer sagen, was zehn? Zehn Vögel oder zehn Bäume oder zehn Männer. Wenn man zehn oder drei oder fünf sagt, ohne daß man auch sagt, was man meint, so ist das ein Loch, und das ist leer.«

Dann lachten sie wieder. Nach einem längeren Schweigen sagte dann einer: »Mein Sohn ist ins Wasser gefallen. Wir haben ihn gleich wieder gefischt. Aber ich glaube nicht, daß er tot ist. Er wacht aber nicht auf. Sie haben gewiß Bücher gelesen und wissen, was man tun kann.«

Howard fragte: »Wann ist Ihr Sohn ins Wasser gefallen? Gestern?«

»Nein, heute nachmittag. Aber er wacht nicht auf.«

»Ich werde mit Ihnen gehen und mir Ihren Sohn ansehen«, sagte Howard. »Ich werde sehen, ob er tot ist.«

Die Männer standen auf, und Howard ging mit ihnen. Sie kamen in ein Haus, das aus getrockneten Lehmziegeln gebaut war. Auf einem Tisch lag eine Matte, und auf der Matte lag der Verunglückte.

Howard sah ihn sehr sorgfältig an, hob die Augendeckel, legte sein Ohr auf die Brust, fühlte die Hände und Füße ab und sagte: »Ich will einmal versuchen, ob er zu sich kommt.«

Er machte eine Viertelstunde lang Atembewegungen, dann ließ er dem Jungen heiße Umschläge auf den Leib legen, rieb die Füße und Hände, und als er sein Ohr wieder auf die Brust legte, fand er, daß das Herz zu schlagen begann. Nach einer Stunde begann der Junge selbst zu atmen, und wenige Minuten darauf öffnete er die Augen.

Die Männer und Frauen, die in der Hütte standen, hatten der Tätigkeit des Fremden zugesehen, ohne einen Laut zu äußern. Die beiden Frauen, die sich mit dem Erwärmen der Umschläge befaßten, verständigten sich nur durch Gesten oder durch ein leise geflüstertes Wort. Selbst jetzt, als der Junge völlig erwacht war, trauten sich die Leute nicht zu sprechen. Howard nahm seinen Hut, setzte ihn auf und ging zur Tür. Niemand hielt ihn zurück, und niemand sagte etwas. Nur der Vater kam ihm nach, gab ihm die Hand und sagte: »Vielen Dank, Senjor.« Dann ging er wieder zurück in sein Haus.

Es war nun finster geworden, und Howard hatte Mühe, das Lager zu finden. Aber der Lichtschein des Feuers zeigte ihm endlich den Weg.

»Was hast du denn ausgerichtet?« fragte Dobbs.

»Kleinigkeit«, sagte Howard. »Künstliche Atmung, und da kam er schon. Hatte nur gerade einen Schock. Wäre sicher nach ein paar Stunden selbst hochgekommen ohne Hilfe. Hat gerade ein Maul voll Wasser abbekommen. Habt ihr mir noch etwas übriggelassen vom Fleisch?«

Vor Sonnenaufgang waren sie schon wieder auf dem Marsch.

Sie wollten recht bald Tomini erreichen und versuchen, dort das Hochgebirge zu kreuzen.

Als sie ihre Mittagsrast beendet hatten, die Esel aufgepackt waren und sie eben begannen, die Tiere auf den Weg zu bringen, sagte Curtin: »Was ist denn los? Sieht ja aus, als ob wir jemand auf den Hacken haben.«

»Wo?« fragte Dobbs. »Ja, jetzt sehe ich. Indianer auf Pferden. Die brauchen doch aber nicht gerade auf unseren Hacken zu sein. Können doch ebensogut auf einem Spazierritt sein oder zu Markt reiten.«

Es dauerte nicht lange, und die Reiter waren herangekommen. Sie erkannten die vier Indianer, die ihnen gestern abend den Besuch abgestattet hatten, und außerdem waren da noch zwei Männer, die Howard in dem Haus gesehen hatte.

Die Männer grüßten, und dann sagte der eine: »Aber Senjores, warum sind Sie uns denn fortgelaufen?«

Howard lachte und sagte: »Wir sind nicht fortgelaufen, aber wir müssen weiterreisen, wir müssen zur Stadt. Wir haben dort wichtige Geschäfte, die eilig sind.«

»Oh«, sagte der Indianer, dessen Sohn in Lebensnöten gewesen war, »Geschäfte können warten, Geschäfte sind nicht eilig. Es gibt noch mehr Tage, nicht nur heute und nicht nur morgen und nicht nur übermorgen. Aber ich muß Sie doch erst einladen. Ich kann Sie doch nicht fortlassen. Sie haben meinem Sohn das Leben wieder zurückgegeben. Dafür müssen Sie mein Gast sein. Zwei Wochen. Ach, das ist zuwenig. Sie müssen sechs Wochen lang mein Gast sein. Ich habe Land. Ich habe viel Mais. Ich habe Kühe. Ich habe viele Ziegen. Ich gebe Ihnen jeden Tag einen guten Truthahn zu essen und Eier und Milch. Meine Frau wird ihnen jeden Tag Tamales machen.«

»Wir danken Ihnen von ganzem Herzen«, sagte Howard, »aber wenn wir nicht rechtzeitig in der Stadt sind, verlieren wir unser Geschäft.«

»Geschäfte laufen nicht davon«, sagte nun ein anderer der Indianer. »Geschäfte sind zäh wie das Fleisch einer alten Ziege. Geschäfte machen Sorgen. Warum wollen Sie sich Sorgen machen, wenn Sie es so gut bei uns haben sollen. Sie werden keine Sorgen haben, und wir haben auch Musik und Tanz.«

»Nein, wir müssen gehen, wir müssen ganz bestimmt zur Stadt«, sagte Dobbs, und er wurde ein wenig ärgerlich.

»Wir haben Ihr Geschenk angenommen«, sagte nun der Vater, »und Sie müssen auch unser Geschenk annehmen.«

Als die Indianer sahen, daß es schwieriger war, die Fremden zu Gast zu bitten, als sie sich gedacht hatten, sagte einer: »Die beiden jüngeren Männer mögen ruhig gehen, aber du«, und er wendete sich Howard zu, »du darfst nicht gehen. Der Sohn meines Bruders würde sicher sterben, wenn wir dich nicht zu Gast bitten. Wir müssen deine Medizin bezahlen, weil du so gut warst zu dem Jungen.«

So verärgert die drei Reisenden auch waren, so sehr sie sich wehrten, sie konnten nicht entkommen. Sie waren umringt von den sechs Männern und waren in deren Gewalt.

Endlich kam Dobbs auf einen Gedanken. Er sagte zu Howard: »Die Dummheit, die wir gestern getan haben, läßt sich nicht rückgängig machen. Die sind zufrieden, wenn du bleibst. Sie wollen nur dich hierbehalten. Wir gehen weiter, und du kannst später nachkommen. Das ist der einzige Ausweg.«

»Du hast gut reden«, sagte Howard. »Aber was wird aus meinen Packen?«

»Die behältst du bei dir«, sagte Curtin.

Dobbs widersprach und sagte: »Würde ich nicht raten. Die stöbern das durch und nehmen es dir weg, oder sie reden herum, und es kommt heraus, und wenn die dich nicht erschlagen, dann hören die Banditen davon und lauern dir auf.«

»Was soll ich denn nun tun?« fragte Howard.

»Wir nehmen dein Gut mit und liefern es bei der Bank auf deinen Namen ein. Oder traust du uns nicht?« sagte Dobbs.

»Trauen? Warum nicht trauen?« Howard lachte und sah von einem zum anderen. »Wir haben ja beinahe ein ganzes Jahr zusammen gelebt und zusammen gearbeitet. Da war doch immer etwas zu trauen. Oder etwa nicht?«

Und da ihnen nichts weiter übrigblieb, mußten sie zu einer

Entscheidung kommen, mit der auch die Indianer zufrieden waren. Denen war es nur darum zu tun, Howard ihre Dankbarkeit zu erweisen. So schien es der beste Ausweg zu sein, daß Howard den beiden Arbeitsgenossen sein Gut übergab. Beide übernahmen die Verantwortung für die Ablieferung, und beide gaben ihm einen Zettel, auf dem sie das Gut quittierten, soundso viele Säckchen, jedes ungefähr das gleiche Gewicht von soundso vielen Gramm ausgewaschenen Sandes.

»Und wo liefert ihr es ab?« fragte Howard.

»Wir geben es in ein Safe der Banking Company in Tampico, auf deinen Namen«, sagte Curtin.

»Gut denn«, sagte Howard, und sie schieden voneinander.

»Ist ja nur ein paar Wochen, Alter«, sagte Curtin. »Ich warte auf alle Fälle auf dich in Tampico. Triffst mich im Southern oder im Imperial. Ich würde mit dir hierbleiben, aber das ist ja solche Zeitvergeudung, und du weißt doch, ich habe jemand auf mich warten.«

Howard bekam eines der Pferde, während der Indianer, der sein Pferd hergegeben hatte, zu einem anderen Mann mit aufs Pferd stieg. Dann zogen sie lachend und zufrieden in ihr Dorf, Howard im Triumph in ihrer Mitte führend.

Durch den Aufenthalt und durch die langen Unterhandlungen, bei denen die Indianer keine Eile zeigten, wohl aber Zähigkeit, ihren Willen durchzusetzen, war ein halber Tag verlorengegangen. Es erweckte ganz und gar den Eindruck, als ob die Indianer auf die Begleitung der beiden Genossen Howards nicht allzu großen Wert legten. Hätte Howard gewünscht, daß die beiden in die Gastfreundschaft eingeschlossen sein müßten, so hätten sie mitgehen müssen, und man würde ihnen dieselben Freundlichkeiten erwiesen haben wie Howard. Aber die Indianer schienen keinen Gefallen an den beiden zu finden. Vielleicht war es deren Blick, der ihnen nicht zusagte, und sie legen auf den Blick mehr Wert als auf das übrige Aussehen.

Dieser Aufenthalt war die Ursache, daß Curtin und Dobbs heute nicht einmal Cienega, ein winziges Indianerdorf, erreichten und so einen Tag mehr zu reisen hatten, ehe sie zu dem Paß im Hochgebirge kamen, wo sie den Übergang machen wollten.

Sie waren beide durch den Vorfall ärgerlich geworden und mißmutig. Kaum daß sie ein Wort miteinander sprachen, und wenn sie etwas zu sagen hatten, so sagten sie es knurrend. Sie waren wütend, daß sie die Fracht Howards zu transportieren hatten, daß sie seine Esel zu treiben hatten, daß sie sein Gut abladen und aufladen mußten und daß er fehlte und seinen Teil an der Arbeit nicht verrichtete. Und es waren gerade die Esel des Howard, die auszubrechen liebten, es waren gerade seine Packen, die nicht gut aufgeschnürt waren und während des Transports sich von den Tragsätteln lösten. Sie luden fluchend auf. Und während sie das taten, begannen die übrigen Esel zu streunen und mußten eingeholt werden. Solche Dinge kamen nicht vor, wenn da drei Mann waren. Auf Howard konnten sie nur aus der Ferne fluchen und schimpfen. Sie sahen bald ein, wie lächerlich das war; denn Howard konnte es nicht hören, und da war es törichte Kraftverschwendung, auf ihn loszuwettern. Sie fluchten dann auf die Esel. Aber die antworteten nicht und nahmen es nicht ernst. Sie trotteten ihren Weg, zupften da ein Hälmchen aus und rissen dort ein Zweiglein von einem Strauch, wenn immer sie eine Sekunde Zeit hatten, ihre Zunge zu bewegen, und das nächste Tier im Zug nicht so unhöflich drängte.

Schließlich blieb den beiden Burschen nichts anderes übrig, als sich gegenseitig anzuknurren, sich alberne Vorwürfe zu machen, sich für ferne und weit zurückliegende Dinge die Schuld zuzuschieben, nur um Antworten zu hören und sich an den Antworten immer mehr zu erhitzen. Es sind immer die

Antworten, die einen Streit machen. Denn welcher von beiden hätte die philosophische Ruhe gehabt, auf Vorwürfe, Anschuldigungen und lächerliche Behauptungen nicht zu antworten? Curtin hatte die Spitze des Zuges und Dobbs den Schwanz. Und über die Esel hinweg, die geduldig und langmütig zwischen den beiden trollten, warfen sie sich ihre lieblichen und wohlgemeinten Reden zu. Die Esel drehten ihre Ohren bald nach vorn, um einen strahlenden Fluch Curtins auszukosten, und bald drehten sie ihre Ohren nach hinten, um zu hören, in welch kräftiger Form Dobbs die Schmährede Curtins aufnehmen und beantworten werde. Dann kamen die Esel, die nebeneinander gingen, mit ihren Nasen zusammen, schnüffelten sich an, flüsterten etwas und grinsten mit breiten Mäulern. War der Pfad zu schmal, so daß sie nicht nebeneinander aufkommen konnten, so schnüffelte der eine Esel an den Hinterbacken des vor ihm marschierenden. Der drehte sich dann um, nickte und grinste und gab unzweideutig zu erkennen, daß er es verstanden und sich seine Meinung gebildet habe. Sie gaben dann ihre Meinungen unter sich weiter, immer durch Schnüffeln und Umdrehen, Nicken und Grinsen und Wackeln und Drehen der armlangen Ohren. Hätten sich Dobbs und Curtin nur einen Augenblick Zeit genommen und einmal darauf geachtet, was und wie die Esel über die Angelegenheit dachten, so würden sie sicher einen Begriff von wahrer Weltweisheit bekommen haben. Aber wer wird sich denn so weit herablassen, daß er den Esel als Lehrmeister duldet?

»Ich mache Stopp hier«, sagte Dobbs plötzlich. »Ich bin doch kein Vieh, daß ich den ganzen Tag so drauflosrenne.«

»Es ist ja erst drei Uhr, Mensch«, erwiderte Curtin.

Dobbs schrie wütend über die Esel hinweg: »Ich habe dir doch nicht geheißen, hier Lager zu machen. Meinetwegen kannst du losbürsten bis morgen früh.«

»Geheißen? Du?« blökte Curtin zurück. »Du hast mir gar nichts zu heißen. Du bist doch nicht der Boß.«

»Du vielleicht? Sag's nur. Ich warte nur darauf, das von dir zu hören.« Dobbs wurde rot im Gesicht.

»Gut«, sagte Curtin etwas ruhiger, aber doch noch verärgert, »wenn du nicht mehr weiterkannst . . .«

»Kannst? Kannst?« schrie Dobbs. »Mit dir kann ich noch um die Wette.«

»Ja, ja, das ist gut. Also wenn du nicht mehr willst, dann können wir abladen und Lager machen. Meinetwegen, mir auch recht.«

»Hier ist doch Wasser«, sagte Dobbs, ebenfalls ruhiger werdend, »wer weiß, ob wir am Abend Wasser finden.«

Essen stimmt immer versöhnlich, wenn während des Essens nicht über die Kostenfrage geredet wird.

Auch hier stimmte das Essen versöhnlich, obgleich es kein Festessen war. Und auch hier wurde ein Trinkspruch ausgebracht. Auch hier auf den anderen.

Dobbs war der Redner des Abends. Er sagte: »Was wird denn der alte Bursche machen?« Und dabei dachte er nicht an ihn, sondern an sich selbst, an seine eigenen Interessen. Freilich, zuerst war ja sein Gedanke wohl in der Tat bei Howard. Aber noch ehe er den Satz beendete, wurde ihm klar, daß etwas anderes ihm näher lag als Howard. Er sah hinüber zu den Packen, und sein Blick haftete eine Weile an den Packen Howards.

Curtin sah ebenfalls hinüber zu den Packen. Aber er deutete den Blick des Festredners unrichtig. Denn er sagte: »Oh, ich denke, wir kriegen die ganze Schiffsladung fein und sauber ins Häuschen. Wir sind jetzt weit genug fort vom Berg. Das ist nun ganz unverdächtig. In zwei Tagen, wenn wir einen guten Blick haschen von der Höhe, können wir schon die Eisenbahn rauchen sehen.«

Dobbs sagte nichts darauf. Er stierte ins Feuer, dann sah er hinüber, wo sich die dunklen Schatten der grasenden Esel bewegten, und weil er nicht wieder ins Feuer starren und nicht wieder Esel beobachten wollte, so fiel sein Blick abermals auf die Packen und blieb an den Packen Howards hängen.

Plötzlich stieß er Curtin mit der Faust an und lachte laut auf. Sein Lachen wurde glucksend und schluckend.

Curtin sah ihn erstaunt und verwirrt an, wurde von dem Lachen etwas angesteckt, lächelte und sah sich um, als wolle er nach der Ursache suchen, warum Dobbs vergnügt und lachlustig war.

Endlich fragte er mit lachendem Mund: »Mensch, worüber lachst du denn eigentlich so sehr?«

»Ach Söhnchen, ach Söhnchen«, sagte Dobbs, herausplatzend mit Lachen, »Söhnchen, das ist ja so sehr komisch, so unsagbar komisch.«

»Was ist komisch?«

»Denke dir doch nur, dieser Esel von einem Mann gibt uns seine ganze Bronze. Hier draußen in der Wildnis. Und wir können damit so leicht abziehen. Kein Windhauch bleibt mehr übrig von uns. Wo will er uns denn suchen, dieser alte Knochen?«

Curtin hatte aufgehört zu lächeln. »Ich verstehe dich nicht, Dobbs«, sagte er. »Wovon redest du denn?«

Dobbs lachte und stieß Curtin wieder mit der Faust an: »Verstehst nicht? Du Bähschaf, wo bist du denn groß geworden?«

»By Jolly, ich verstehe dich nicht.« Curtin schüttelte den Kopf.

»Was ist da zu verstehen? Sei doch nicht so hartleibig. Wir ziehen ab.«

Curtin zeigte keine Miene, daß er verstände, was man von ihm wolle.

»Wir ziehen ab«, erläuterte Dobbs. »Verladen alles sauber und teilen auf, und jeder geht seiner Wege.«

»Ich fange nun an zu begreifen.« Curtin nickte.

»Es hat lange gedauert«, sagte Dobbs und klopfte ihm auf die Schulter.

Curtin stand auf. Er trat ein paar Schritte herum, dann kam er wieder zum Feuer. Er setzte sich aber nicht, sondern blieb stehen und sah hoch in den Himmel. Dann sagte er kurz und hart: »Wenn du meinst, daß wir Howard leichtmachen sollen um seine Arbeit, wenn du das meinst ...«

»Was denn sonst? Freilich meine ich das. Und ich meine es im Ernst!«

»Ja, also wenn du das meinst«, setzte Curtin fort, als sei er gar nicht unterbrochen worden in seinem Satz, »da mache ich nicht mit. Ich bin nicht von dieser Partei.«

»Am Ende«, sagte nun Dobbs, während er aufstand und sich ganz dicht vor den stehenden Curtin hinstellte, »am Ende brauche ich deine Erlaubnis dazu nicht. Wenn du das durchaus wissen willst. Dich frage ich nicht. Und wenn du nicht mitmachst, so ist das dein Schade. Dann nehme ich das ganze Süßholz allein, und du kannst dir die Rotznase wischen, wenn du einen Lappen hast. Verstehst du das?«

»Ja, das verstehe ich jetzt.« Curtin schob die Hände in die Taschen und trat einen Schritt zurück, um Dobbs nicht so dicht auf dem Leib zu haben.

»Und?« fragte Dobbs hart. »Und was?«

»Solange ich hier bin, kriegst du nicht eine Linse von dem, was dem Alten gehört. Ich habe ihm den Zettel unterschrieben . . .«

»Habe ich doch auch, pfeife ich drauf. Er soll uns erst einmal finden. Dann erzähle ich ihm, Banditen haben es uns abgenommen. Klar wie ein Diamant.«

Curtin sprach unbeirrt weiter: »Ich habe den Zettel unterschrieben, und ich habe ihm mein Wort gegeben, daß ich es mit dir oder ohne dich richtig abliefern will. Es ist nicht allein wegen des Zettels und wegen meiner Unterschrift und wegen meines Versprechens. Man verspricht so viel im Leben, und man unterschreibt so viel im Leben, wenn man das alles halten sollte, hätte man keine Zeit mehr zum Leben. Das ist es nicht. Es ist etwas anderes. Er hat es nicht gestohlen, er hat es nicht irgendwo aufgelesen, er hat es nicht in der Lotterie oder an der Börse oder an der Monte Bank gewonnen. Er hat es treu und schwer und ehrlich erarbeitet. Ich habe vor nichts Respekt. Aber etwas achte ich. Und das ist das, was jemand hart und treu mit seinen Händen erarbeitet hat.«

Dobbs machte eine wegwerfende Geste: »Laß doch die

bolschewistischen Ideen woanders. Da kannst du deine Hühner damit füttern. Die kenne ich auswendig.«

»Hat gar nichts mit Bolschewisten zu tun«, erwiderte Curtin. »Ist ja vielleicht möglich, daß dies die Absicht der Bolschewisten oder Kommunisten ist, allen Nichtarbeitern, die das Geld schon haben, den Respekt vor dem Arbeitslohn beizubringen, daß man dem Arbeiter den Lohn gibt, den er wirklich verdient, und daß man ihm den Lohn nicht auf allerlei Umwegen und Schleichwegen wieder aus der Tasche zieht und dafür Dinge tut, die den Arbeiter gar nicht interessieren. Aber das steht auf einem anderen Blatt. Das können die mit sich abmachen. Ich habe nichts damit zu tun. Und nun kurz und deutlich, Junge: Solange ich im Zug oder in der Nähe des Zuges bin, faßt du nicht ein Körnchen an von dem, was dem Alten gehört. An seine Bronze gehst du nicht, solange ich auf meinen zwei Beinen stehe. Nun weißt du es.«

Curtin setzte sich, nahm seine Pfeife und begann sie zu stopfen. Er gab sich Mühe, ruhig zu erscheinen.

Dobbs blieb stehen und sah Curtin unverwandt an. Dann lachte er laut und höhnisch auf: »Du hast recht, Söhnchen. Nun weiß ich es. Nun weiß ich, was du vorhast. Ich habe es schon lange gewußt.«

»Was hast du schon lange gewußt?« fragte Curtin, ohne aufzusehen.

»Daß du das selbst im Sinn hast, daß du mich heute oder morgen nacht niederknallst, mich verscharrst wie einen krepierten Hund, dann mit Howards Packen und mit meinen noch dazu abziehst und dir eins lachst, was für blöde Kühe wir gewesen sind.«

Curtin ließ die Pfeife, die er eben anzünden wollte, sinken und sah auf. Seine Augen waren weit geöffnet. Aber sie waren hohl und leer. Gegenüber dieser Anschuldigung verlor er die Fähigkeit, seinen Augen einen Ausdruck zu geben. An eine Tat, wie sie ihm hier unterschoben wurde, hatte er nie gedacht. Er zählte sich durchaus nicht zu den ehrenhaften Mustermenschen. Er wußte wohl zuzugreifen, wenn es etwas zum Zugreifen gab, und er ließ sich von Gewissensskrupeln nicht plagen. Die schweren Ölmagnaten, die Stahlkönige, die Eisenbahnriesen könnten nicht sein, was sie sind, wenn sie sich von dem sogenannten Gewissen beeinflussen lassen würden. Warum sollte er, der Kleine, der Winzige, ein edleres und feineres Gewissen haben als jene, die als die Sterne der Nation bezeichnet werden und die in Zeitungen, Zeitschriften und Lesefibeln als die großen Beispiele der Tatkraft, der Willenskraft und des Erfolgs hingestellt werden? Aber was Dobbs ihm hier unterstellte, das war die schäbigste Tat, die er sich denken konnte. Vielleicht hätte er die Tat nicht so sehr schäbig gefunden, wenn er von selbst auf den Gedanken gekommen wäre. Da sie ihm jedoch von Dobbs in so hämischer und widerwärtiger Weise an den Kopf geworfen wurde, fand er sie so hundsgemein wie keine Tat, von der er je gehört hatte. Denn dadurch, daß ihm Dobbs diese Tat zutraute, erkannte er mit einemmal die grenzenlose Schäbigkeit und Gemeinheit des Dobbs. Wie konnte er so etwas von jemand denken? Doch nur, weil er es selbst im Sinn hatte. Hatte er aber eine solche Tat im Sinn, dann war Curtin ein toter Mann; denn Dobbs würde nicht zögern, ihn umzubringen, um alles Gut zu besitzen. Und dieses Bewußtsein, daß es nun um sein Leben ging, war es, das jeden Ausdruck in seinen Augen verlöschte. Er sah die Gefahr und konnte ihr nicht entgehen.

Er war hilflos. So hilflos, wie ein Mensch selten sein kann. Denn wie konnte er sich gegen Dobbs schützen? Vier oder fünf Tage hatten sie noch zu wandern. Allein, selbst wenn sie jemand trafen, so war das keine Sicherheit. Dobbs brauchte den Leuten, denen sie begegneten, nur anzudeuten, was es zu verdienen gäbe, und sie würden sofort auf seiner Seite sein. Und trafen sie niemand, um so besser für Dobbs. Eine Nacht konnte Curtin wohl ohne Schlaf zubringen und sein Fell bewachen. Aber in der nächsten Nacht schlief er nur um so fester. Dobbs brauchte dann gar nicht einmal eine Kugel zu vergeuden. Er konnte ihn binden, ihm einen Hieb über den Kopf geben und eingraben. Den Hieb konnte er sich sogar noch sparen.

Da war nur ein Ausweg. Curtin hatte das mit Dobbs zu tun, was Dobbs mit Curtin vorhatte. Eine andere Rettung gab es nicht. Schlinge oder du wirst verschlungen. Da ist kein anderes Gesetz.

Seine Bronze will ich gar nicht haben, dachte Curtin, aber ich muß ihn beiseite schaffen. Der Alte bekommt seine Ladung, ich behalte meine, und die des Schurken grabe ich ein. An ihm will ich mich nicht reich machen, aber mein Leben ist ebensoviel wert wie das seine.

Er hatte die linke Hand mit der Tabakspfeife in seinem Schoß ruhen. Seine rechte Hand lag auf dem Knie. Jetzt zog er die rechte Hand langsam an sich und ließ sie nach hinten zur Hüfttasche gleiten.

Aber im selben Augenblick hatte Dobbs seinen Revolver hoch.

»Eine Bewegung, Junge«, rief er, »und ich ziehe ab.«

Curtin hielt die Hände ruhig.

»Hoch damit!« sagte Dobbs.

Curtin streckte die Arme hoch.

»Habe ich doch ganz richtig vermutet«, sagte Dobbs höhnisch. »Verräuchern mit langen Redensarten. Da kommst du bei mir nicht durch.« Dobbs kam näher. »Steh auf!« sagte er.

Curtin sprach kein Wort. Er war blaß geworden. Als er stand, kam Dobbs ganz nahe, ging um ihn herum und griff in die Revolvertasche des Curtin, um ihn zu entwaffnen.

Mit einem kurzen Ruck fuhr Curtin herum. Dobbs schoß. Aber durch die unerwartete Bewegung des Curtin fehlte die Kugel, und ehe Dobbs ein zweites Mal ziehen konnte, hatte ihm Curtin einen Faustschlag gegen das Kinn gegeben, der Dobbs zu Boden warf. Curtin warf sich sofort auf ihn und entwand ihm den Revolver. Dann sprang er auf und trat einige Schritte zurück.

»Die Karten sind jetzt anders gemischt, Dobbs«, sagte er.

»Sehe ich«, erwiderte Dobbs. Er richtete sich hoch, blieb aber auf dem Boden hocken.

»Nun will ich dir nur sagen, daß du ganz im Unrecht bist«,

meinte Curtin. »Ich habe nicht einen Augenblick daran gedacht, dir etwas abzunehmen oder dich gar aus dem Weg zu räumen.«

»Kannst du mir jetzt gut erzählen. Aber wenn du ein so gutes frommes Kind bist, wie du behauptest, dann gib mir meine Kanone wieder.«

Curtin lachte. »Das werde ich doch besser bleibenlassen. Das ist kein Spielzeug für dich.«

»Verstehe«, erwiderte Dobbs kurz und ging zum Feuer.

Curtin zog die Patronen aus dem Revolver des Dobbs und schob sie in die Tasche. Dann wog er die Waffe eine Weile in der Hand. Er wollte sie Dobbs zureichen, und Dobbs streckte auch schon den Arm aus. Aber er besann sich und schob den Revolver ebenfalls in die Hosentasche. Dann setzte er sich auch ans Feuer, achtete aber darauf, daß er genügend Platz hatte, um einem unerwarteten Angriff Dobbs auszuweichen.

Nun brachte er seine kurze Tabakspfeife hervor und zündete sie an. Dobbs sprach kein Wort, und Curtin hatte reichlich Gelegenheit, seinen Gedanken nachzuhängen.

Er war keineswegs besser dran als eine halbe Stunde vorher. Er konnte nicht vier Tage und vier Nächte Dobbs bewachen. Endlich würde er einschlafen, und Dobbs würde ihn überwältigen. Dobbs würde kein Erbarmen zeigen. Er war ja nun überzeugt, daß er richtig vermutet hatte, daß er in Notwehr handele, wenn er Curtin beseitige. Es konnte nur einer überleben. Beide würden halb wahnsinnig werden vor Furcht und Übermüdung. Wer einschlief, war das Opfer des anderen.

»Könnten wir uns nicht morgen früh oder heute nacht noch trennen und jeder seinen eigenen Weg ziehen?« fragte Curtin.

»Würde dir gefallen.«

»Warum gefallen?«

Dobbs lachte höhnisch auf. »Mich von hinten packen? Nicht wahr? Oder mir Banditen auf den Nacken hetzen?«

»Dann freilich, wenn du das denkst«, sagte Curtin, »dann weiß ich nicht, wie wir auseinanderkommen. Dann werde ich dich wohl binden müssen, Tag und Nacht.«

»Ja, das wirst du wohl müssen. Also komme nur heran und binde. Ich bin dabei.«

Dobbs hatte recht. Das war nicht so einfach, ihn zu binden. Das konnte leicht dazu führen, daß die Karten abermals vertauscht würden. Und das wäre zum letztenmal gewesen. Dobbs war der, der robuster war, der rücksichtsloser zugriff. Er war durch die Robustheit seines Gewissens der Stärkere der beiden. Der Rücksichtslose überlebt den Zögernden. Diejenigen, die einer raschen Tat mehr vertrauen als einem ruhigen sorgfältigen Überlegen und Abwägen, sind die Eroberer. Aber die anderen sind die Sieger und werden die Besitzer. Hier aber kam nur die Eroberung in Frage, weil die Sicherheit des eigenen Lebens allein in der rücksichtslosen Überwältigung und Vernichtung des anderen lag. Curtin hatte die Macht, aber er fürchtete sich, sie zu gebrauchen. Er war Politiker, aber kein Schöpfer. Dobbs dagegen konnte vergeuden, aber nicht verschwenden; er konnte vernichten, aber nicht zerstören. Und darum war auch er kein Schöpfer; denn der Schöpfer kann verschwenden und zerstören.

Für Curtin begann eine entsetzliche Nacht. Nicht aber für Dobbs. Nachdem er die schwache Seite Curtins entdeckt hatte, fühlte er sich durchaus sicher. Er konnte mit Curtin spielen.

Curtin hatte sich so weit entfernt von Dobbs niedergelegt, daß er ihn gut im Auge behalten konnte und zu gleicher Zeit Raum genug hatte, um ihn mit vorgehaltener Waffe zu empfangen, falls er einen Überfall versuchen sollte. Curtin bemühte sich mit allen Kräften, wach zu bleiben. Er war durch den Tagesmarsch ermüdet, und er fühlte, daß es nicht leicht sein würde, die ganze Nacht durchzuhalten. Umhergehen mochte er nicht, weil er glaubte, das würde ihn noch mehr ermüden. Er saß eine Weile aufrecht, aber auch das ermüdete ihn. Dann dachte er, es sei besser, sich in die Decke zu rollen und niederzulegen. Dabei könne der Körper ruhen. Dobbs würde auch nicht wissen, wenn er ein wenig einschliefe, weil er das nicht so genau sehen könnte.

Nach einer Stunde etwa, als Curtin sich lange nicht bewegt hatte, richtete sich Dobbs auf und begann zu kriechen. Sofort hatte Curtin den Revolver hoch: »Nicht einen Schritt weiter«, rief er hinüber.

»Guter Nachtwächter«, erwiderte Dobbs und lachte.

Spät nach Mitternacht wachte Dobbs durch das Schreien eines der Esel auf. Er machte wieder den Versuch zu kriechen, aber Curtin hielt ihn sofort auf.

Nun wußte Dobbs, daß er gewinnen würde, und schlief fest ein. Er holte sich seine Nachtruhe, die er durch die beiden kleinen Tricks Curtin entzog. Die nächste Nacht gehörte ihm.

Am Tag hatte Dobbs die Spitze des Zuges zu nehmen. Da konnte er nichts ausrichten. Dann kam wieder der Abend und dann die Nacht. Kurz nach Mitternacht stand Dobbs ganz ruhig auf, ging hinüber zu Curtin und nahm ihm die Revolver ab. Dann stieß er ihm mit dem Fuß heftig in die Rippen.

»Auf, du Schurke«, sagte er, »die Karten sind abermals gemischt. Diesmal aber zum letztenmal.«

Curtin war schlaftrunken und fragte: »Was? Karten gemischt?« Dann begriff er und wollte aufstehen.

»Bleibe nur sitzen«, sagte Dobbs und setzte sich vor ihm nieder. Er stieß das Holz weiter ins Feuer, und die Flammen leuchteten auf.

»Viel zu sprechen haben wir wohl nicht«, fuhr Dobbs fort. »Ich mache nicht für dich die Kinderwärterin wie du für mich die letzte Nacht und den vergangenen Tag. Ich mache jetzt reines Geschäft. Ich will hier nicht die ganze Zeit in Angst leben.«

»Also Mord.« Curtin sagte es ohne Aufregung. Er war zu müde, als daß er den Sinn des ganzen Vorgangs erfaßt hätte.

»Mord?« antwortete Dobbs. »Wo ist Mord? Ich muß mich doch meiner Haut wehren. Ich bin doch nicht dein Gefangener. Ich bin doch nicht auf deine Gnade angewiesen, wie lang du mich zappeln läßt.«

»So glatt wird das nicht gehen«, sagte Curtin, langsam zu seinen Gedanken kommend. »Der Alte wird dich ja nicht so leise abziehen lassen.«

»Wird er nicht? Einfach. Du hast mich an einen Baum gebunden und bist mit der ganzen Güte abgezogen. Ist doch ganz einfach. Der sucht nach dir. Du bist der Schuft. Daß er dich nicht findet, laß nur ruhig meine Sorge sein. Auf nun und marsch, vorwärts.«

»Wohin vorwärts?« fragte Curtin.

»Zum Begräbnisplatz. Oder hast du vielleicht gedacht zum Tanzvergnügen? Es steht dir ja frei, es aufzufassen, wie du willst. Zu beten hast du wohl nicht. Ich möchte auch wissen, zu wem. Du kommst schon ganz von selbst an den richtigen Ort. Sei darum nur nicht in Sorge. Ich kürze nur die Zeit ein wenig ab, das ist alles. Also los, marsch, vorwärts.«

»Und wenn ich nicht gehe?« fragte Curtin. Er war noch immer müde und schlaftrunken. Daß es bitterer Ernst sei, was um ihn herum vorging, das wußte er genau. Aber seine Müdigkeit ließ ihn den Vorgang nicht in dem vollen Sinn erfassen, daß er weiterdenken konnte als bis zu dem Schuß, den er gleich hören würde. Er faßte in seiner Schläfrigkeit nicht die Tatsache auf, daß es nach dem Schuß mit seinem Dasein aussein würde. Ihm erschien alles das, was geredet und getan wurde, wie ein Traum. Und in diesem Taum verlor er nicht ganz das Bewußtsein, daß es ein Traum sei und nichts weiter, daß er morgen früh aufwachen und sich des Traumes nur ganz fern erinnern würde. Dennoch versuchte er, die Vorgänge in diesem Traum seinem Gedächtnis fest einzuprägen, damit er sie im wachen Zustand genauso wiederholen könne. Es schien ihm wichtig zu sein, diesen Traum nicht zu vergessen, weil dieser Traum ihm ein so scharfes Charakterbild des Dobbs zeigte, wie er es nie vorher gesehen zu haben glaubte. Er erinnerte sich ganz deutlich, einmal gehört zu haben, daß man im Traum einen Menschen zuweilen besser kennen und beurteilen lerne als im wachen Leben, und er nahm sich vor, von morgen früh an vor Dobbs noch mehr auf der Hut zu sein als bisher.

»Ich kann doch auch hier sitzen bleiben«, sagte er, während seine Augen geschlossen waren. »Warum soll ich erst noch lange marschieren, ich bin müde und will schlafen.«

»Kannst dich dann lange genug ausschlafen«, sagte Dobbs. »Vorwärts, hoch und los!«

Das laute barsche Kommandieren des Dobbs quälte Curtin, und um es nicht mehr hören zu müssen, stand er schwankend und stolpernd auf. Dobbs stieß ihn mit den Fäusten vor sich her. Fünfzig oder sechzig Schritte weit in das Gehölz. Dann schoß er ihn nieder.

Curtin brach sofort zusammen. Dobbs beugte sich nieder, und als er weder einen Atemzug noch ein Seufzen hörte, schob er den Revolver in die Tasche und ging zurück zum Feuer.

Hier saß er eine Weile und versuchte auszudenken, was nun zu tun sei. Aber es kam ihm auch nicht ein Gedanke. Er fühlte sich ganz leer. Er starrte ins Feuer, schob Holz nach oder stieß es mit den Füßen in die Glut. Dann zündete er sich eine Pfeife an.

Als er ein paar Züge getan hatte, huschte endlich ein Gedanke durch sein Hirn. Er dachte, daß er vielleicht Curtin gar nicht getroffen habe, daß der nur gestolpert und hingefallen sei, gerade als der Schuß gefeuert wurde. Er drehte sich um nach dem Gehölz, wo Curtin lag. Eine Weile sah er scharf hinüber, als erwarte er, daß Curtin auf ihn zukommen würde.

Dann wurde ihm das Sitzen unbequem. Er stand auf, ging ein paarmal um das Feuer und stieß mit den Stiefelspitzen die Äste nach. Er setzte sich wieder und zog seine Decke heran. Er wickelte sich ein und streckte sich dann lang aus. Mit einem tiefen Atemzug gedachte er einzuschlafen. Aber mitten im Atem hielt er an. Er war sicher, daß er Curtin nicht getroffen hatte und daß der plötzlich vor ihm stehen würde mit dem gezogenen Revolver. Das ertrug er nicht.

Er riß einen dicken brennenden Ast aus dem Feuer und ging damit ins Gehölz. Curtin lag noch an derselben Stelle. Er atmete nicht und hatte die Augen geschlossen. Dobbs hielt ihm den flammenden Ast dicht vor das Gesicht. Aber Curtin rührte sich nicht. Sein Hemd war auf der Brust voll von frischem Blut.

Zufriedengestellt wollte Dobbs gehen. Aber noch ehe er drei Schritte getan hatte, drehte er sich um, zog den Revolver und feuerte abermals einen Schuß auf Curtin. Dann kehrte er zurück zum Lagerplatz.

Er schlug sich die Decke um die Schultern und setzte sich ans Feuer.

»Verflucht, mir schlug doch das Gewissen«, sagte er lachend zu sich selbst, »wenn ich denke, daß er etwa gar noch hätte leben können. Aber nun bin ich beruhigt.«

Dieses Wort »Gewissen«, das er jetzt gebraucht hatte, setzte sich aber in seinen Gedanken fest. Es arbeitete selbständig weiter, und jeder Satz, der sich in ihm bildete, gruppierte sich um das Wort »Gewissen«. Nicht so sehr um den Begriff, als vielmehr um das nackte Wort.

Nun will ich doch sehen, ob das Gewissen mir einen Streich spielt, dachte er. Mord ist das schlimmste, das man tun kann. Also wird nun das Gewissen wach werden. Aber ich habe nie von einem Henker gehört, daß ihn sein Gewissen geplagt hätte. Mr. McDollin in Sing Sing hat hundertfünfzig in den elektrischen Stuhl gesetzt, und es scheint ihm Vergnügen zu machen. Er schläft sicher ruhig in seinem Bett jede Nacht, ohne daß ihn das Gewissen peinigt. Vielleicht sind da vier Knöpfe, und es drücken vier Mann jeder auf einen Knopf, und keiner weiß, welcher Knopf der Todesknopf war. Aber Mr. McDollin muß jeden Burschen doch festklammern im Stuhl. Er hat hundertfünfzig oder mehr schon umgebracht und ist doch ein geachteter Mann, ein Staatsbeamter.

Wieviel Deutsche habe ich denn in Frankreich abgeschlachtet? Fünfzehn? Ich glaube, es waren dreiundzwanzig. »Fein«, sagte der Colonel. Und ich habe immer gut geschlafen, es ist mir keiner von den Deutschen je im Schlaf erschienen, keiner hat mein Gewissen beunruhigt. Nicht einmal ihre Mütter oder ihre Frauen oder ihre kleinen Kinder haben mich belästigt im Schlaf oder im Wachen. Wie war das da auf der Argonnenhöhe? Ein Maschinengewehrnest der Deutschen. Donnerwetter, wie wakker haben sich die gehalten. Mit zwei vollen Kompanien konnten wir nicht heran. Dann waren sie verschossen. Winkten mit einem weißen Fetzen. Wir kamen 'ran. Sie hielten alle die Hände hoch. Sie lachten uns an. Es waren ehrliche Soldaten. Dachten uns auch ehrliche Soldaten. Wir haben sie alle abgestochen wie Vieh. Der am schlimmsten gestochen und gewütet hat und auch keinen Verwundeten schonte, war ein Steinhofer mit Namen. In Deutschland geboren und mit siebzehn Jahren 'rübergekommen. Seine Eltern und Geschwister sind noch alle in Deutschland. Der war der, der kein Erbarmen kannte. Da waren ein paar, die baten um ihr Leben, weil sie so viele Kinder hätten. Was sagte der feine Steinhofer zu jenen Vätern? Wie war es doch? Na, es war so gemein, und er stach. Ich glaube, er hat eine Medaille bekommen. Aber ein englischer Ordonnanzoffizier kam gerade hinzu, als das Schlachten um die letzten paar Jungen ging, die sich gar nicht wehrten, sondern ganz stillhielten. Und der Engländer sagte: »Dirty dogs, solltet euch was schämen.« Wenn sich nicht einmal Steinhofer schämte, wenn sich nicht einmal so viele andere seiner Landsleute schämten, die deutschmörderischer wurden bei der Kriegserklärung als der blutgierigste Jingo, warum sollte ich mich schämen? Mir hat das Gewissen um jene deutschen Jungen nie geschlagen, Steinhofer erst recht nicht. Warum soll mich das Gewissen nun beunruhigen dieses widerwärtigen Burschen Curtin wegen? Wenn er nur tot ist, dann ist das Gewissen beruhigt. Das Gewissen schlägt nur dann, wenn das Zuchthaus wartet oder der Henker mit dem Strick dasteht. Wenn man freigesprochen ist oder die Strafe abgesessen hat, erscheint einem der Gemordete nicht mehr.

Er erscheint einem nur dann, wenn man Angst hat, daß es herauskommen könnte oder daß man gefaßt werden könnte.

Und weil Soldaten und Henker bezahlt werden, darum läßt sie das Gewissen immer in Ruhe, auch wenn sie noch so viele Menschen umbringen. Wovor sollte ich Angst haben? Ich habe die Beute, und Curtin wird nie gefunden. Besser, ich grabe ihn morgen früh noch ein.

Dobbs lachte laut heraus. Er fand es lustig, daß seine Gedanken plötzlich so lebhaft geworden waren und so eilig durcheinanderliefen. Es erschien ihm merkwürdig, daß er so weise geworden war, daß er so kluge Gedanken hatte. Er dachte, das ließe sich vielleicht niederschreiben, und man würde ihn für einen Gelehrten halten. Und er wunderte sich über sich selbst, daß er nie vorher gewußt habe, wie klug und vorurteilslos er denken könne. Er dachte jetzt, es müsse doch sehr leicht sein, mit den Moralpredigern, die immer von dem Gewissen faseln, ohne daß sie jemals mit dem Gewissen in einer großen Sache in Berührung gekommen sind, fertig zu werden und ihnen zu beweisen, daß alles das, was sie da reden und schreiben und womit sie die Menschen ihr Leben lang ängstigen, nichts als Humbug ist. Wenn man an ein Gewissen glaubt, dann hat man eins, und dann schlägt es einem auf Kommando; wenn man nicht an ein Gewissen glaubt, so hat man keins, und es belästigt einen nie.

Dobbs streckte sich am Feuer lang aus, und während er einzuschlafen begann, fühlte er, daß er so gut schlafen würde, wie er seit Tagen nicht geschlafen habe. Und in der Tat schlief er fest durch bis zum Morgen.

Er trank etwas von dem Kaffee, der von gestern abend übriggeblieben war, und begann aufzupacken. Erst beim Aufpacken fiel ihm ein, daß Curtin tot sei. Das betrachtete er als eine Tatsache, die ihn nicht mehr anging, als wenn Curtin an irgendeiner Krankheit gestorben wäre oder daß ihn irgend jemand erschlagen habe. Er fühlte sich als Zuschauer. Es kam ihm nicht einen Augenblick lang ein Gefühl des Mitleids oder etwa gar ein Gefühl der Reue. Er hatte nichts zu bereuen. Curtin war aus dem Weg geschafft, und das gab ihm vollkommene Ruhe.

Er überlegte, ob er das Gut Curtins an sich nehmen oder ob er es einfach hier liegenlassen solle. Aber kaum zu Ende gedacht, hatte er auch schon entschieden. Es wäre Unsinn gewesen, die Packen hier zurückzulassen. Sie wären eine Beute der Banditen oder herummarodierender Indianer geworden. Curtin konnte das Zeug jetzt doch nicht mehr gebrauchen. Dagegen: was konnte er, Dobbs, mit dieser wertvollen Last alles anfangen! Er konnte zum Beispiel – aber das war ja gar nicht zum Ausdenken, was er damit tun konnte. Es wäre zwar übertrieben gewesen, zu sagen, daß ihn die ganze Ladung zum steinreichen Mann machen würde. Nicht einmal zu einem reichen Mann. Aber doch zu einem wohlhabenden. Und da er sich nicht müßig damit zur Ruhe setzen würde, sondern etwas damit unternehmen, eine Fabrik oder eine große Viehfarm oder Spekulation oder ... Nein, Spekulation besser nicht. Fraglich, ob er Glück haben würde. Aber warum nicht? Etwa des kleinen Erlebnisses der Notwehr wegen? Die schäbigsten Spitzbuben haben das größte Glück. Nur der Anständige und der Ehrenwerte, die haben immer Pech, was sie auch anpacken, was sie auch beginnen mögen. Freilich, wenn er alles Gut hier zurückließe, konnte ihm niemand den Vorwurf machen, daß er etwa gar der Beute wegen zur Notwehr gegriffen habe. Es gibt Leute und sogar Richter, die eine Sache völlig verdrehen und verwickeln können, daß am Ende ein glatter Raubmord herauskommt. Ließe er aber die Ladung des Curtin hier zurück und sie würde von anderen aufgelesen, glaubte ihm keine Menschenseele, daß er nichts von dem genommen hätte, was Curtin gehörte. Besser schon, er nahm es getrosten Mutes mit und machte sich vorläufig einmal keine Sorgen darüber. Kam etwas zum Licht, dann hatte er noch immer reichlich Zeit zu sagen: »Was wollt ihr denn, hier ist doch das ganze Eigentum des Mannes; ich habe ihm nichts gestohlen.« Er würde erst einmal sehen, wie lange es gutging und wie weit er kam.

Geht ebenso leicht mit dem Gut Howards. Wenn er ihn auffindet, well, da ist es genauso, wie du es mir übergeben hast.

Er soll ihn erst einmal auffinden. Und findet er ihn später einmal, man kann es nicht wissen, es gibt manchmal so merkwürdige Zufälle, dann haben ihm Banditen auf der Reise eben alles abgenommen, und er hat gerade das nackte Leben und einen seiner eigenen Säcke retten können. Es sind ja so viele Banditen herum. Denen kann man schließlich alles aufhängen, weil ihnen ja alles zuzutrauen ist. Die haben auch den Curtin erschossen. Vielleicht ist es doch besser, zu sagen, sie hätten sich beide gezankt und verprügelt, und dann hätten sie sich getrennt. Curtin ist dann einen anderen Weg gegangen, und was aus ihm geworden ist, das kann er nicht wissen. Aber es ist doch besser, lieber gleich die Geschichte mit dem Überfall der Banditen zu erzählen. Wozu sich lange den Kopf zerbrechen, was er sagen und erzählen wird. Erst einmal in Sicherheit in der Stadt sein, dann wird sich auch ein Ausweg finden, wie das alles schön geordnet werden kann. Man könnte auch ganz offen auf den Alten in Tampico warten und ihm mit einer wilden Geschichte entgegenspringen, so daß er jede Nachforschung sein läßt. Den einen oder die zwei Säcke, die man gerettet hat aus den Klauen der Banditen, kann man teilen mit dem Alten. Dann ist er ganz zufrieden, daß er wenigstens etwas übrigbehalten hat, und sagt kein Wort weiter. Vielleicht stößte auch dem Alten auf der Reise bis zur Bahn noch etwas zu. Wenn man nur ein paar Mestizen zur Hand hätte. Für zwanzig Pesos oder fünfundzwanzig könnten sie dem Alten auflauern und ihn beiseite räumen.

Die Esel waren aufgepackt. Sie standen geduldig da, trotteten einen Schritt oder zwei umher und standen wieder still. Ab und zu drehten sie sich um. Sie warteten auf den Zuruf und verstanden nicht recht, warum es denn nicht voranging. Sie waren an ihre Zeit gewöhnt, und es war schon spät am Vormittag. Das Laden hatte Dobbs viel mehr Mühe gemacht, als er erwartet hatte. Es war nicht so leicht, die Tiere ganz allein ohne die Hilfe einer zweiten Person so zu beladen, daß die Packen nicht zu rutschen begannen; denn er konnte nicht an beiden Seiten des Tieres zu gleicher Zeit stehen. Beide Seitenpacken zugleich auf den Tragsattel zu bringen ging nicht, weil die Packen zu schwer waren und er sie nicht so hoch heben konnte, daß sie gleichzeitig aufkamen und das Gleichgewicht hielten. Wenn sich die Esel wenigstens zum Laden niederlegen wollten wie die Kamele. Aber das tun die Esel nicht, weil sie eben keine Kamele sind. Sie könnten auch mit einer solchen Last sich nicht erheben, obgleich sie mit der Last Stunden und Stunden hoch die Berge hinauf- und wieder hinuntertrotten können, ohne eine Spur von Ermüdung zu zeigen. Endlich war es Dobbs aber doch gelungen, mit dem Laden zu Ende zu kommen.

Er wollte gerade den Eseln zurufen und ihnen einen Hieb versetzen, als er an Curtin dachte. Er hatte zwar während des ganzen Morgens und besonders während des Ladens ununterbrochen an Curtin gedacht, aber mehr als an einen Abwesenden oder Vorausgegangenen denn an einen Toten. Daß Curtin tot war, tot für immer, war noch nicht mit dem Bewußtsein so völlig verschmolzen, daß er nur an einen toten Curtin hätte denken können.

Jetzt aber, als der Zug losmarschieren sollte, dachte er an den toten Curtin. Und da fiel ihm ein, daß er ihn ja vor dem Abmarsch hatte begraben wollen, der größeren Sicherheit wegen. Einen kurzen Augenblick zögerte er, ob er ihn nicht einfach liegenlassen solle, wie er lag. Die Coyoten, Berglöwen, Geier, Ameisen und Fliegen würden ihn schon schnell genug verschwinden lassen. Aber dann blieben immer noch einige Knochen und Lumpen zurück. Das war nicht gerade nötig, daß die Knochen Reklame machten und erzählten, was geschehen sei oder was geschehen sein könnte.

Diese Gedanken mischten sich aber mit einem anderen Gedanken, der ihm bis jetzt ganz fremd gewesen war und ihn unschlüssig machte. Er dachte, daß er vielleicht den Leichnam nicht sehen könne, ohne eine Dummheit zu machen. Alles um ihn herum war so unnatürlich einsam und still. Der Wald war so mager, die Bäume schienen nicht ganz ausgewachsen zu sein. Sie schienen sich nicht entscheiden zu können, ob sie noch ein wenig größer wachsen sollten oder ob sie besser bleiben möchten, wie sie sind. Die Trockenheit ist gar zu lang und kann ans Leben gehen, wenn man zuviel Wasser braucht. Und weil manche aus Klugheit nicht größer werden wollten, die Erde unter ihnen aber nicht mit ihnen übereinstimmen wollte, so wuchsen sie krumm, krüpplig, schief und grotesk.

Kaum daß ein Vogel sang oder ein Wild durch das Unterholz huschte. Es war Wind in der Luft. Dobbs fühlte ihn und sah es an den ziehenden Wolken. Aber die Bäume bewegten sich nicht. Sie standen wie versteinert. Sie schienen nicht grün zu sein, sondern graubläulich wie spröde Lavamasse. Die Luft um ihn herum schien eine ebenso graue Lavafarbe anzunehmen, und es war ihm, als sei sie versteinert und kaum zu atmen.

Die Esel standen nun ganz ruhig, als warteten sie darauf, versteinert zu werden, wie alles andere umher. Sie drehten zuweilen den Kopf unheimlich langsam zu Dobbs herum und sahen ihn mit den großen schwarzen Augen lange an. Er bekam einen Augenblick Furcht vor den Eseln. Und um die Furcht abzuschütteln, ging er zu einem Esel und zog die Leinen fester an. Dann ging er zu einem anderen und rüttelte an den Packen, als ob er prüfen wolle, ob sie fest genug sitzen und beim Abstieg von der Höhe nicht etwa rutschen würden. Sie saßen aber fest genug. Das Puffen gegen die Körper der Tiere und das Betasten ihres Felles beruhigten ihn, und er vergaß den Blick der großen gläsernen, leuchtenden Kohlebrocken.

Ob er die Augen offen hat, gläsern, leer und matt? dachte Dobbs. Das ist nur natürlich, sagte er sich, jeder Tote hat die Augen auf, und die Augen sind immer gläsern und matt. Nein, dachte er wieder, sie sind nicht gläsern und leuchten auch nicht wie die Eselsaugen, sie sind eingeschrumpeltes, mattes, trübes Glas. Sie sind überhaupt nicht gläsern, sie sind glasig. Es ist doch besser, ich grabe ihn ein. An die Augen könnte ich vielleicht denken. Aber ich muß ihn eingraben.

Er zog einen Spaten aus dem Gepäck. Aber als er ihn in der Hand hatte, dachte er wieder, daß das Eingraben überflüssig sei und nur einen Zeitverlust bedeute. Er könne dadurch vielleicht gerade den Zug nicht bekommen, und je eher er aus der Gegend fort sei, desto besser sei es.

Während er den Spaten wieder zwischen die Gurten schieben wollte, packte ihn aber die Neugierde, zu wissen, ob Curtin vielleicht schon von den Geiern angefallen sei. Das genau zu wissen würde ihm eine große Sicherheit geben, dachte er. Er zog den Spaten wieder heraus und ging hinüber in das Gehölz.

Er ging geradewegs auf die Stelle zu, wo Curtin lag. Er hätte die Richtung, vielleicht gar die Stelle mit geschlossenen Augen finden können. Als er aber zu dem Platz kam, war dieser leer. Er hatte sich geirrt. Die Dunkelheit des vergangenen Abends und das unsichere Licht des brennenden Astes hatten die Richtung verschieden erscheinen lassen.

Er begann zu suchen, kroch durch das Unterholz, und schob sich durch das Geäst der Gebüsche. Er fühlte sich plötzlich nicht wohl dabei. Er fürchtete, auf den Leichnam zu stoßen, wenn er es am wenigsten erwarte. Das wollte er vermeiden. Er dachte, es könne sogar geschehen, daß er unversehens dem Leichnam ins Gesicht fasse. Der Gedanke bereitete ihm ein unbehagliches Gefühl. Er gedachte nun, das Suchen überhaupt sein zu lassen.

Als er jedoch den halben Weg zurückgegangen war, sagte er sich, daß er niemals Ruhe finden würde, wenn er nicht jetzt den Leichnam vor sich noch einmal liegen gesehen habe und überzeugt sein könne, daß Curtin wirklich tot ist und keine Dummheiten bereiten würde.

Abermals begann er zu suchen. Kreuz und quer lief er durch den Busch. Dann rannte er zurück zu dem Lagerplatz, um von dort aus die Richtung aufzunehmen. Er konnte sich plötzlich nicht mehr genau erinnern, in welche Richtung er am vergangenen Abend Curtin getrieben hatte. Zehnmal, fünfzehnmal, zwanzigmal jagte er in jene Richtung. Es war vergebens. Er fand den Leichnam nicht. Sollte er sich derartig in der Richtung getäuscht haben?

Seine Aufregung steigerte sich immer mehr. Die Sonne stand jetzt steil hoch und glühte unerbittlich. Er keuchte und geriet in Schweiß. Er bekam fürchterlichen Durst. Aber er trank nicht, sondern goß das Wasser gedankenlos in großer Menge in sich hinein.

Wenn er wieder durch das Gestrüpp kroch, drehte er sich jeden Augenblick nervös um. Eine Sekunde lang glaubte er, das müsse Furcht sein. Aber er redete sich ein, daß es nur Nervosität sei. Gewissen war es ganz bestimmt nicht, dessen war er sicher. Es war nur die Aufregung. Die Esel waren ungeduldig geworden. Die vordersten hatten begonnen abzumarschieren. Und bald folgte der übrige Zug nach. Gleichgültig trottend. Mit einem Fluch sprang er ihnen nach. Das machte die Esel scheu und verwirrt. Sie begannen zu rennen. Er mußte die vordersten überholen, um sie aufzuhalten. Das brachte ihn ganz außer Atem. Er jagte die Esel wieder zurück zum Lagerplatz. Nun standen sie ruhig und nagten an dem mageren Gras. Der eine oder der andre drehte sich um nach ihm und sah ihn groß und verwundert an. Das erschreckte Dobbs, und er nahm sich vor, ihnen die Augen zu verbinden.

Aber er begann wieder zu suchen. Und als er nun zum hundertsten Male überzeugt war, auf der Stelle zu sein, wo er Curtin niedergeschossen hatte, sah er das Stück eines verkohlten Astes liegen. Und nun wußte er, daß er auf dem richtigen Platz war. Das Stück war in der vergangenen Nacht von dem Ast abgebrochen, den er zum Leuchten gebraucht hatte.

Der Boden sah unruhig aus. Aber das konnte ebensogut von seinem eigenen Herumwühlen und Herumlaufen sein. Blut konnte er nicht sehen. Auf diesem Boden hätte man es auch kaum sehen können. War Curtin von einem Tier verschleppt worden? Oder hatte ihn jemand gefunden und aufgehoben?

Selbst konnte er nicht fortgekrochen sein, denn er war tot. Davon hatte sich Dobbs doch überzeugt. Er war sicher von einem Tier verschleppt worden.

Um so besser, dachte Dobbs. Dann wird bald nichts mehr von dem Leichnam übrig sein. Etwas ruhiger geworden, begann er nun, an den Abmarsch zu denken. Aber er drehte sich immer wieder um. Bald glaubte er, daß er Curtin zwischen den Bäumen gesehen habe, bald schreckte er zusammen, weil er meinte, einen anderen Menschen bemerkt zu haben. Dann wieder fuhr er auf, weil er überzeugt war, er hätte Stimmen gehört. Und wenn irgendwo ein Ast brach oder ein Stein rollte, so glaubte er, ein Berglöwe schleiche um ihn herum, derselbe, der Curtin verschleppt hatte, sei nun auf den Geschmack gekommen und wolle ihn hinterrücks anfallen.

Er rief den Eseln zu, und sie begannen zu marschieren. Aber der Marsch war viel schwieriger, als Dobbs geglaubt hatte. Ging er vorn an der Spitze, dann blieben die hinteren Esel zurück und fingen an zu streunen und auf Seitenpfaden und im Gebüsch nach Gras zu suchen. Verschiedene Male mußte er den Zug anhalten, weil er zurückgebliebene Esel einzubringen hatte.

Dann ging er am Ende des Zuges. Nun streuten die vorderen Esel, und der ganze Zug kam auseinander. Dann nahm er Leinen und band jeden Esel an den Tragsattel des vorangehenden, um sie zusammenzuhalten. Wieder nahm er die Spitze. Aber sobald einer der folgenden Esel nicht nachkam und am Sattel des vorderen zog, blieb der vordere stehen, und der ganze Zug kam zum Halten.

Er begann nun, sich nur mit dem führenden Esel zu beschäftigen, ihn anzupeitschen und so zu zwingen, die anderen nachzuziehen. Das ging einige fünfzig Schritte. Dann wurde es dem Esel zu dumm. Er blieb stehen, stemmte die Vorderbeine fest nach vorn, warf die langen Ohren zurück und stand fest wie ein Fels. Dobbs mochte ihn peitschen oder ihm die Stiefel in die Weichen schlagen, der Esel rührte sich nicht. Er wußte ja nicht, was los war. Er sollte vorwärts marschieren und wurde gleichzeitig nach hinten gezogen. Dobbs änderte abermals seine Taktik und stellte sich selbst an die Spitze des Zuges und zog den vorderen Esel. Das ging eine Weile sehr gut. Die Esel kamen alle nach. Aber als der führende Esel gelernt hatte, daß es für ihn leichter und bequemer sei, gezogen zu werden, als freiwillig zu laufen, ließ er sich immer mehr ziehen und schleppen, bis Dobbs schließlich eine solche Last zu ziehen hatte, als hänge ein ganzer Eisenbahnzug an der Leine, die er über der Schulter nach sich zog. Er mußte es aufgeben und versuchte es wieder, von hinten anzutreiben und am Zug immer auf- und abzurennen, um die streunenden Esel zusammenzuhalten.

Dann kam eine Zeit, wo der Zug ganz willig und mühelos ging. Die Esel waren in Gang gekommen und hielten sich schön auf dem Pfad. Das ging nun so ruhig und angenehm, daß Dobbs gemütlich hinterhertrotten und sich eine Pfeife anzünden konnte. Und da er nichts weiter zu tun hatte, als ruhig seines Wegs zu schlendern, begannen die Gedanken wieder in ihm zu arbeiten.

Ich habe nicht sorgfältig genug nachgesehen, dachte er. Der war vielleicht nicht tot, sondern nur schwer verwundet. Jetzt kriecht er durch das Holz und kommt schließlich in ein Indianerdorf. Dann ist alles aus. Er drehte sich mit einem Ruck um, denn er glaubte die Indianer, die ihn verfolgten, um ihn der Polizei zu übergeben, schon hinter sich zu hören.

Er kann aber noch nicht in einem Dorf sein. Die Dörfer sind weit. Und wenn er auch nicht tot sein sollte, so ist er doch so schwer getroffen, daß er nur ganz langsam vorwärts kommen kann. Ich muß ihn finden und ihm den Rest geben, dachte Dobbs weiter. Nun ist es doch schon auf alle Fälle Mordversuch und Straßenraub. Das kostet zwanzig Jahre Heilige-Maria-Insel.

Endlich sah er keinen anderen Ausweg, als wieder umzukehren und aufs neue nach dem Leichnam oder dem verwundeten Curtin zu suchen. Es fiel ihm ein, daß er nach einer Richtung nicht ein einziges Mal gesucht hatte. Das war die entgegengesetzte Richtung, von der Stelle aus, wo er Curtin hatte liegenlassen, über das Lagerfeuer in die andere Seite des Busches. Da hatte er nie nachgeforscht. Und es war ganz klar, daß Curtin sich zum Lager geschleppt hatte, um zu trinken, und dann in der Richtung weitergekrochen war, weil diese Richtung zurückführte in die Nähe jenes Dorfes, das sie gestern nachmittag gesehen hatten. Dobbs hatte ruhig geschlafen und nichts gesehen und nichts gehört. Vielleicht war Curtin auch gar nicht ganz dicht an das Lager gekommen, um Dobbs nicht aufzuwecken und den Rest zu bekommen. Wehren konnte er sich ja nicht. Da war kein Zweifel, in jene Richtung war Curtin gekrochen, und dort mußte er gesucht werden.

Es war kurz vor Abend, als Dobbs wieder zum alten Lagerplatz zurückkam. Er nahm sich keine Zeit, die Esel abzuladen, sondern begann sofort zu suchen. Nun suchte er in jener Richtung mit der gleichen Hast und dem gleichen Eifer, mit denen er am Vormittag in der entgegengesetzten Richtung gesucht hatte.

Die Nacht aber kam rasch, und Dobbs mußte das Suchen aufgeben.

Nun blieb nur noch ein Ausweg für ihn übrig. Er durfte keine einzige Stunde mehr auf das Suchen verschwenden. Morgen früh mußte er sofort aufbrechen und mit der größten Schnelligkeit die Station in Durango erreichen, sofort die Esel und Werkzeuge verkaufen und sich in den nächsten Zug setzen, um in einer größeren Stadt zu verschwinden. Nach Laredo, Eagle Pas, Brownsville oder einer anderen Grenzstation durfte er vorläufig nicht. Denn wenn Curtin wirklich ein Dorf erreicht hatte oder Howard auf dem Weg war, dann wurde die Grenze ganz sicher zuerst nach ihm abgesucht.

Am vergangenen Nachmittag hatte Dobbs von der kahlen Stelle eines hohen Berges aus schon in der Ferne die Rauchschwaden eines fahrendes Zuges gesehen. Es konnte demnach nicht mehr allzu weit sein.

Frühzeitig war Dobbs auf dem Marsch. Der Zug marschierte leidlich gut, nachdem er in Gang gekommen war.

Die Tiere waren williger als am Tag zuvor, weil sie nicht so lange hatten stehen brauchen und weil sie den ersten Teil des Weges schon kannten. Immerhin, ein Esel brach aus, und Dobbs konnte ihn nicht einbringen. Er mußte ihn aufgeben, weil er sonst zuviel Zeit verloren hätte. Bei dem Hinterherjagen war das Gepäck heftig gegen Bäume gestoßen, die Gurten waren gerissen, und der Esel trabte ohne das Gepäck weiter. Dobbs nahm sich aber die Mühe, das Gepäck aufzuteilen. Der Esel würde ja folgen und am Abend im Lager freiwillig eintreffen.

Nun konnte Dobbs beinahe ununterbrochen die Bahnlinie in der Ferne sehen. Der Weg führte den ganzen Tag hindurch immer abwärts, hinunter ins Tal. Er hätte leicht am selben Nachmittag die Stationen Chinacates oder Guatimape erreichen können. Aber in diesen winzigen Dörfchen wäre er zu sehr aufgefallen mit seinem Zug, jetzt um so mehr als vorher, weil er ganz allein war. Das hätte Verdacht erregt. Außerdem kaufte ihm in diesen kleinen Örtchen niemand seine Esel, Werkzeuge oder andere Gegenstände ab, die er verkaufen mußte, um die Fahrkarte und die Expreßfracht zu bezahlen.

Es blieb ihm darum keine andere Wahl, als noch die Strecke bis Durango zu machen, wo er seine Geschäfte unauffälliger abwickeln konnte. Das waren noch zwei kräftige Marschtage. Vielleicht gar drei. Wenn er nur wüßte, ob Curtin tot ist oder nicht. Aber schließlich soll man ja seinem guten Glück auch etwas zu tun übriglassen.

Als Dobbs an dem Abend das Lager aufschlug, fühlte er sich ruhiger als die beiden Tage vorher. Es war in der Tat nicht das Gewissen gewesen, das ihn beunruhigt hatte. Es war vielmehr nur das trübe Gefühl gewesen, das man bekommt, wenn man eine Arbeit nur halb oder unzulänglich getan hat. Und er hatte seine Arbeit mehr als unzulänglich getan. Das rächte sich. Das machte ihn unsicher. Er hätte dem Curtin den Schädel vollständig zertrümmern, ihm das Messer in das Herz stoßen und ihn noch im selben Augenblick eingraben sollen. Das wäre eine vollkommene Arbeit gewesen, die ihm wahre Zufriedenheit und Ruhe gebracht hätte. »Tu deine Arbeit vollkommen und tu sie sofort«, war ihn schon als Kind gelehrt worden. Wo es endlich einmal darauf ankam, hatte er sie weder vollkommen noch sofort getan.

Aber da kam der Esel angetrottet, der am Tag ausgebrochen war und jetzt zu seinen Genossen zurückkehrte. Zwei der grasenden Esel steckten den Kopf weit vor und brüllten. Sie waren gewiß seine intimeren Freunde. Der Heimgekehrte aber ging zu einem anderen Esel, schnüffelte an seinem Hals herum, kratzte ihn dort mit den Zähnen und begann dann, neben ihm zu grasen, so gleichgültig, als sei er gerade nur einmal für fünf Minuten beiseite getreten und nicht einen ganzen vollen Tag lang einige Meilen hinter dem Zug hergetrottet.

»Da habe ich ja schon Glück«, rief Dobbs lachend aus, als er den Esel antrotten sah. »Da wären fünfzehn Pesos gerettet. Noch zwei Tage, dann kann ich dem Alten ruhig einen Brief schreiben und dem anderen Burschen einen Doktor schicken. Die können mich dann nicht mehr unter dem Fingernagel kratzen.«

Er wurde so guter Laune, daß er zu pfeifen und schließlich zu singen begann. Auch schlief er in dieser Nacht viel ruhiger als die vorhergehende Nacht, wo er mehrere Male aufgescheucht worden war von Geräuschen, die ihn erschreckten, obgleich sie ganz natürlich waren.

Gegen Mittag des nächsten Tages konnte er schon, als der Pfad über einen Hügel ging, Durango in der Ferne liegen sehen. Durango, das liebliche Juwel der Sierra Madre, das, immer gebadet im goldenen Licht und leise gefächelt von weichen lauen Winden, die es umschmeicheln wie zarte Frauenhände, kosig eingebettet ist zwischen den schützenden Bergen. »Die Stadt des Sonnenscheins« wird es genannt von denen, die es sahen und die sich zurücksehnen nach seiner trauten Lieblichkeit. Ein Wunderwerk hat Mutter Erde ihm zur Seite gestellt, wie es kaum ein zweites gibt, den »Cerro del Mercado«, einen Berg aus purem Eisen, 600 Millionen Tonnen reines Eisen. Mutter Erde ist nicht knickerig, wenn sie einmal die Laune zeigt, Geschenke zu machen.

An diesem Abend schlug er das letzte Lager auf. Morgen abend wird er in Durango sein und am darauffolgenden Morgen im Zug nach Canitas sitzen. Der Verkauf der Esel und der übrigen Sachen wird schnell vor sich gehen, er wird so viel verlangen, wie er ungefähr benötigt.

Er frohlockte. Er fühlte sich auf der sicheren Seite. Wenn der Wind günstig herüberwehte, konnte er das Bellen der Güterzüge durch die Stille der Nacht hören. Und dieses merkwürdig heulende Bellen der Lokomotiven, das so unheimlich und geisterhaft klingen kann, flößte ihm Empfindungen ein, als wäre er schon in einem Hotel nahe der Eisenbahn. Es war der Schrei der Zivilisation. In diesem Schrei fühlte er sich geborgen. Er sehnte sich nach den Gesetzen, nach der Rechtlichkeit, nach den festen Mauern der Stadt, nach allen den Dingen, die sein Gut beschützen sollten. Innerhalb jenes Bereiches, wo Gesetze das Eigentum bestätigen und wo starke Mächte dem Gesetz Achtung verschafften, war er sicher. Dort mußte jede Sache, jede Anschuldigung bewiesen werden. Und konnte nichts bewiesen werden, dann war der Inhaber der rechtmäßige Besitzer, dessen Eigentum mit Gewehren und Gefängnissen geschützt wurde. Aber er würde es überhaupt vermeiden, sich in Beweisführungen einzulassen. Er geht vorsichtig aus dem Weg, allen den Steinen und Steinchen, über die man so leicht stolpern kann, wenn man seine Augen nach allen Seiten offen halten muß. Was kann Howard machen? Nichts. Versucht er, mit der Polizei oder dem Gericht etwas zu erreichen, dann sitzt er selbst drin. Er hat ja eine Mine gegraben und ausgebeutet, ohne die Erlaubnis der Regierung einzuholen. Er hat den Staat und die Nation bestohlen. Wird sich also schön hüten und etwas gegen ihn unternehmen. Und Curtin? Wenn er wirklich leben sollte, was kann er gegen ihn tun? Ebensowenig.

Auch er, Curtin, hat den Staat bestohlen, er muß es ja eingestehen, wenn er eine Anzeige machen will. Dobbs hat den Staat nicht beraubt. Es kann ihm niemand beweisen. Mordversuch? Auch das kann Curtin nicht beweisen. Es hat niemand gesehen. Die Schußnarben? Wer weiß, in welcher Schlägerei oder gar in welchem Straßenraub, den er verübt hat, er die Wunden bekommen haben mag. Dobbs ist jetzt ein feiner, eleganter, wohlhabender Herr, der sich einen teuren Anwalt mieten kann. Ihm glaubt man, wenn er mit vornehmer wegwerfender Geste erklärt, die beiden anderen seien Straßenräuber. Man braucht sie ja nur anzusehen, und außerdem haben sie ja den Staat bestohlen. Er wird das schon drehen. An ihn können sie nicht heran, nicht wenn er unter dem Schutz des Gesetzes steht. Es ist doch gut, daß es Gesetze gibt.

Nur hier, ehe er die Station erreicht, ehe er in die schützenden Arme des Gesetzes sich bergen kann, können die beiden etwas gegen ihn unternehmen. Aber die sind weit, und morgen ist er in Sicherheit. Vielleicht finden sie ihn rein zufällig später einmal irgendwo, in den States oder in Kuba oder in Mexiko oder gar in Europa. Sie können ihm natürlich dreist ins Gesicht hineinschreien, daß er ein Raubmörder, ein Straßenräuber, ein ganz infamer Schuft sei. Das können sie tun. Dagegen ist man wehrlos. Er wird sich nichts daraus machen. Oder wenn sie es zu bunt treiben, dann bringt er eine Anklage gegen sie ein wegen Verleumdung und Beschimpfung. Denn das ist eine Verleumdung, weil kein Richter in einem zivilisierten Land glauben wird, daß solche Dinge geschehen könnten irgendwo auf der Erde. Jetzt nicht mehr, heute nicht mehr. Das war vor hundert Jahren, vor fünfzig vielleicht noch möglich. Heute nicht mehr. Nirgends auf der Erde. So abgelegene und ungeschützte Gegenden gibt es nicht mehr. Das weiß jeder Richter. Er lacht darüber. Und dann muß der Verleumder tüchtig Strafe zahlen oder ins Gefängnis gehen, denn Dobbs ist ein ehrenwerter und vermögender Mann, der sich sein Geld durch gesetzliche Spekulationen erworben hat.

Der Alte oder Curtin können ihn natürlich meuchlerisch umbringen. Das können sie, dagegen ist man trotz aller Gesetze wehrlos. Aber dann werden sie gehenkt oder kommen in den elektrischen Stuhl. Das wissen sie vorher, und darum werden sie es schön bleibenlassen.

Da bellt wieder eine Lokomotive durch die Nacht. Es ist für Dobbs, als höre er Musik. Die Musik des Geborgenseins.

Merkwürdig, daß Curtin gar nicht schrie, als er ihn niederschoß, daß er nicht stöhnte, nicht wimmerte, nicht röchelte, nicht seufzte. Nichts, nichts. Er brach zusammen wie ein gefällter Baum. Schlug lang hin und war tot. Nur das Blut quoll und preßte sich dick und zäh durch das Hemd. Das war die einzige Bewegung. Und als Dobbs mit dem brennenden Ast ihn beleuchtete und erwartete, daß er ein Grauen empfinden würde, sah er nur das weiße starre Gesicht. Er hätte sich auch gar nicht grauen können, denn Curtin lag so komisch verrenkt da, daß Dobbs beinahe gelacht hätte über die groteske Verrenkung des Körpers.

Und Dobbs lachte nun vor sich hin. Er fand es so komisch, alles, wie Curtin hingeschlagen war, wie er da so stumm lag und wie ein ganzes Leben so mit einem leisen Bewegen des Abzuges eines Revolvers für immer ausgelöscht ist.

Wo kann nur der Leichnam sein? Verschleppt? Gefunden und in Sicherheit gebracht? Von einem Löwen oder einem Jaguar fortgezerrt? Das hätte er aber sehen müssen. Vielleicht war er nicht tot?

Dobbs wurde unruhig. Er begann zu frieren. Er schürte im Feuer herum. Dann drehte er sich um und sah über die kahlen Flächen, dann hinüber in das Gesträuch. Endlich mußte er aufstehen. Er ging umher. Er redete sich ein, daß er es tun müsse, um sich zu erwärmen. Aber in Wahrheit tat er es, weil er so leichter nach allen Seiten beinahe zugleich sehen konnte. Zuweilen glaubte er, daß er jemand heranschleichen sehe. Dann wieder meinte er zu hören, wie jemand sich dem Feuer näherte. Und dann plötzlich hatte er das Gefühl, daß jemand ganz dicht hinter ihm stände, daß er eben dessen Atem an seinem Ohr verspürt habe und daß die Spitze eines langen

Messers in seinen Rücken ziele. Mit einem kurzen Ruck sprang Dobbs vorwärts und drehte sich um, den Revolver gezogen. Aber er sah nichts. Er sah nichts weiter als die dunklen Schatten der Esel, die gelangweilt grasten oder sich gelegt hatten.

Dobbs entschuldigte sich selbst damit, daß man immer auf der Hut sein müsse und daß ein solches Gebaren durchaus nicht lächerlich sei und mit Furcht oder gar Gewissen nichts zu tun habe. Wer so allein in der Wildnis ist und wertvolles Gut mit sich führt, ist immer etwas nervös. Das ist ganz natürlich. Und wer das nicht eingesteht, der betrügt sich nur selbst. Er schlief in dieser Nacht nicht ganz so gut wie in der vorhergegangenen. Aber er wußte auch gleich die Ursache. Es war nur darum, weil er zu sehr ermüdet war. Der Abmarsch am Morgen verzögerte sich, weil einige Esel weit abgestrichen waren und eingeholt werden mußten. Dobbs war zu nachlässig gewesen, als er die Knebel festlegte. Er verlor volle zwei Stunden.

Der Weg wurde besser, und gegen zwölf Uhr konnte Dobbs ausrechnen, daß er in drei Stunden in Durango sein würde. Es war nicht seine Absicht, gleich mitten in die Stadt zu gehen, sondern er wollte an der ersten Fonda, die er am Rande der Stadt traf, halten und abladen. Dort wollte er mit dem Besitzer der Fonda verhandeln, daß er ihm Käufer für die Tiere besorgen möge, falls er sie nicht vielleicht gleich selbst zu einem billigen Preis übernehme, um ein gutes Geschäft zu machen. Dann würde er alles übrige Gepäck, also die Säcke mit dem allein wichtigen Gut, auf einen Wagen verladen und zur Expreßgutstelle fahren lassen. Das würde dann in keiner Weise auffallen. Deklarieren könne er leicht als trockene Felle. Er bezahlte die Höchstrate für Handelsware, dann kümmerte sich niemand mehr darum.

Der Weg wurde ungemein sandig und staubig. Die eine Seite des Weges war offen. An der anderen Seite aber erhob sich eine Wand von trockenem, brüchigem Lehm und bröckelndem, zerfasertem und ausgewettertem Stein. Dorniges Gesträuch und

Magueypflanzen standen müde, durstig und mit dickem Staub bedeckt an einigen Stellen am Wege.

Wenn sich der Wind erhob oder wenn eine Bö gezogen kam, so standen dicke Wolken erstickenden Staubes in der Luft. Sie erschwerten das Atmen. Und der Sand spreute in die Augen, daß sie schmerzten und für einige Minuten zu erblinden schienen. War die Bö vorübergefegt, so stand die Luft still, schwer, eisern und lastend über dem Land. Dann kochte und glühte die Luft, und der Staub sengte und röstete die Haut. Die Erde, seit Monaten wartend auf den Regen, konnte die auf ihr lastende Gewalt der Sonne nicht ertragen, und sie warf das Leuchten zurück zur Höhe in quälender Brunst. Das glastende Flimmern des wuchtenden Sonnenlichtes hieb Menschen und Tieren in die Augen und in das Hirn, daß sie sich taumelnd dahinschleppten, die Augen schlossen und nichts mehr denken konnten als das Ende dieser Pein.

Die Esel torkelten mit halbgeschlossenen Augen weiter. Keiner streunte, keiner brach aus. Sie gingen wie Apparate. Sie bewegten kaum den Kopf. Auch Dobbs hatte die Augen zu. Wenn er sie nur ganz schmal öffnete, hieb die sengende Flut des grellen Lichts in sie hinein, daß er glaubte, die Augäpfel müßten ihm verbrennen mit einem Husch.

Durch einen schmalen Ritz in den Augen sah er dann einige Bäume am Wege stehen. Er dachte, daß er hier ein wenig halten wolle, fünf Minuten oder zehn, um sich eine Weile gegen den Baumstamm lehnen zu können, den Schatten zu fühlen und die Augen aufzumachen, um sie zu erholen. Die Esel werden ja leicht stehenbleiben und zufrieden sein, einen Augenblick rasten zu können im Schatten.

Er kam zu den Bäumen, lief nach vorn, wendete den führenden Esel, und der Zug stand. Die Esel drängten sich von selbst in den Schatten und blieben ruhig. Dobbs ging zum Wassersack, spülte sich den Staub aus dem Mund und trank.

»Keine Zigarette, Mensch?« hörte er da jemand sprechen.

Er zuckte zusammen. Seit Tagen die erste menschliche Stimme, die an sein Ohr klang.

Im ersten Augenblick, als er sprechen hörte, dachte er an Curtin, dann sofort an Howard. Aber dann begriff er noch in derselben Sekunde, daß es Spanisch war und daß es also keiner seiner beiden Genossen sein könne. Er wendete den Kopf und sah unter einem der nächsten Bäume drei Männer liegen. Sie waren völlig zerlumpte und heruntergekommene Mestizen. Leute, die vielleicht vor langer Zeit bei irgendeiner Minengesellschaft gearbeitet hatten und nun seit vielen Monaten ohne Arbeit waren. Sie trieben sich hier draußen in der Nähe der Stadt herum, schliefen, faulenzten, bettelten, und wenn sie irgendwo einen kleinen Diebstahl verüben konnten, betrachteten sie das als eine Fügung Gottes, der keinen Spatzen verhungern läßt, auch wenn er weder pflügt noch sät.

Vielleicht auch waren sie ausgebrochene Sträflinge, oder sie wurden einer verunglückten Sache wegen gesucht und verbargen sich hier, bis ihnen ein Bart gewachsen war und sie hoffen durften, zurück in die Stadt zu gehen, ohne erkannt zu werden. Was die Stadt nicht einmal auf ihrem Kehrrichthaufen duldet, das treibt sich draußen an den Wegen, die zur Stadt führen, herum. Eine gute Strecke weiter draußen als da, wo die verrosteten Konservenbüchsen, die zerbrochenen Flaschen, die durchlöcherten Emailletöpfe, die zerbeulten Eimer, die vergilbten Zeitungsfetzen und all der übrige Speichel beginnt, den eine zivilisierte Stadt täglich auswirft. Es ist in den Tropen nicht besser denn anderswo. Kein Tier erzeugt soviel Unrat und Kot wie der zivilisierte Mensch; und den Unrat, den er täglich erzeugt, zu beseitigen kostet ihn ebensoviel Mühe, Arbeit und Nachdenken wie die Anfertigung und der Verbrauch der Dinge, die er nötig zu haben glaubt.

Dobbs war lange genug im Land, um zu wissen, daß er sich nun in einer der verteufeltsten Lagen befand, die er je erwartet hatte. Diesen Auswurf der Städte kannte er. Das waren die Leute, die nichts zu verlieren hatten, hier in einem Sinn, der sich auf keine andere Menschenschicht anwenden läßt.

Er dachte jetzt, daß er einen bösen Fehler begangen hatte, vom Weg abzuweichen, um hier eine Viertelstunde im Schatten zu rasten. Sicherer war er auf dem Weg auch nicht, aber er war nicht ganz so in der Falle wie augenblicklich.

»Eine Zigarette habe ich nicht. Habe selber seit zehn Monaten keine mehr gekostet.«

Das klang sehr gut. Er sagte damit gleichzeitig, daß er selbst ein armer Teufel sei, der sich nicht einmal eine Zigarette kaufen könne.

»Aber ich habe etwas Tabak noch übrig«, fügte er hinzu.

»Papier zum Rollen?« fragte einer der Männer.

Die Männer lagen noch ruhig und faul am Boden. Alle hatten sich ihm zugewendet, einer halb sitzend, einer auf einen Arm gestützt und der andere lang auf dem Bauch liegend und den Kopf träge zur Seite geneigt, um Dobbs anzusehen.

»Ein Stück Zeitungspapier habe ich«, sagte Dobbs.

Er zog den Tabakbeutel, brachte ein Stück Papier aus der Tasche und reichte es dem, der ihm am nächsten lag, hinunter; denn der bemühte sich nicht, aufzustehen, um den Tabak anständig in Empfang zu nehmen.

Alle rissen ein Stück Papier ab und schütteten den Tabak auf. Dann rollten sie die Zigaretten, und der vorderste gab den Tabakbeutel zurück.

»Cerillos? Zündhölzer?« fragte der eine, der den Beutel zurückgab.

Dobbs griff in die Tasche und brachte die Zündhölzer hervor. Auch die Schachtel mit den Zündhölzern gaben die Leute wieder zurück.

»Nach Durango?« fragte einer.

»Ja, ich will die Esel verkaufen. Ich brauche Geld. Ich habe nichts.«

Das war eine kluge Antwort, dachte Dobbs, jetzt wissen sie schon, daß ich nichts in der Tasche habe.

Alle drei lachten auf. »Geld. Das ist es gerade, was wir auch brauchen, was, Miguel? Da warten wir drauf, auf das Geld.«

Dobbs lehnte gegen einen Baum so, daß er die drei im Auge behalten konnte. Er stopfte sich jetzt seine Pfeife und zündete sie an. Jede Müdigkeit war vergangen. Er suchte nach einem

Ausweg. Ich könnte sie vielleicht als Treiber mieten, dachte er, dann fällt es gar nicht auf, wenn ich in die Stadt komme; es ist besser, als wenn ich ganz allein mit der Karawane ankomme. Dann sind sie sicher, sie haben Arbeit, erwarten jeder einen Peso, und da vergessen sie andere Absichten. Sie fühlen dann schon das Essen im Magen und ein paar Gläser Tequila.

»Ich könnte zwei oder drei Treiber gebrauchen«, sagte er.

»Könntest du?« lachte einer.

»Ja, die Esel machen mir zu schaffen. Sie halten nicht zusammen.«

»Was willst du denn zahlen?« fragte ein anderer.

»Einen Peso.«

»Allen drei oder jedem?«

»Jedem. Freilich erst, wenn wir in der Stadt sind und ich dort Geld einkassiert habe, jetzt habe ich keinen Centavo in der Tasche.«

Wieder dachte Dobbs, wie klug und deutlich die Antwort sei.

»Bist du denn ganz allein?« fragte nun der, der sich auf den Arm gestützt hatte.

Was soll ich antworten, dachte Dobbs. Um aber nicht zu lange auf eine Antwort warten zu lassen und dadurch Verdacht zu erregen, sagte er: »Nein, ich bin nicht allein. Es kommen zwei meiner Freunde hinter mir auf dem Weg, mit den Pferden.«

»Das ist merkwürdig, Miguel, meinst du nicht auch?« sagte der, der lang ausgestreckt auf dem Bauch lag.

»Ja«, gab Miguel zu, »das ist wirklich merkwürdig. Geht hier ganz allein mit seiner großen Karawane und läßt seine Freunde auf Pferden hinterherkommen.«

»Siehst du die Freunde kommen, auf den Pferden?« fragte der, der den Kopf aufgestützt hatte.

»Will mal sehen«, erwiderte der Ausgestreckte. Er erhob sich langsam, trat aus den Bäumen heraus und sah den Weg hinauf, den man in der Ferne besser übersehen konnte, als gerade in der letzten Strecke.

Er kam zurück und sagte: »Die beiden Freunde mit den Pferden sind noch weit hinterher. Sicher eine Stunde weit. Das ist merkwürdig, Miguel, meinst du das nicht auch?«

»A decir verdad«, sagte Miguel, »ich denke auch, das ist sehr merkwürdig. Was hast du denn da alles geladen?« fragte er dann, stand auf und ging zu einem der Esel.

Mit der geballten Hand klopfte er die Packen ab.

»Felle, scheint es«, sagte er.

»Ja, auch Felle«, gab Dobbs zu. Er fühlte sich immer unbehaglicher und dachte an Aufbruch.

»Tiger?«

»Ja«, sagte Dobbs leichthin, »es ist auch Tiger dabei.«

»Bringen schönes Geld«, meinte Miguel mit sachverständiger Miene und trat von dem Esel wieder zurück.

Um seine Unbehaglichkeit zu verbergen, ging Dobbs nun zu einem Esel und zog die Gurte fester, obgleich es gar nicht nötig war. Dann ging er zu einem anderen und rüttelte an den Packen, als ob er sich davon überzeugen müsse, daß sie fest genug sitzen. Hierauf zog er seinen Gürtel an und zerrte die Hosen höher, als ob er sich zur Weiterreise fertigmache.

»Werde ich wohl – ja, da muß ich wohl nun wieder weiter, um noch vor Abend in der Stadt zu sein.« Er klopfte dabei seine Pfeife an seinem hochgehobenen Stiefelabsatz aus, als er das sagte. »Wer will denn als Treiber mitgehen nach Durango?« Er sah sich um, umkreiste aber gleichzeitig die Esel, um sie zusammenzuholen.

Keiner der Burschen gab eine Antwort. Sie sahen sich an und wechselten Blicke miteinander. Einen der Blicke fing Dobbs auf, und er stieß einen der Esel an, um ihn in Gang zu bringen. Der Esel trottete los, und ein anderer folgte ihm träge. Die übrigen aber blieben stehen und nagten an dem Gras. Dobbs ging zu einem anderen Esel und rief ihm zu. Auch der begann abzutrotten.

Die Männer waren aufgestanden. Sie schlenderten zwischen die noch stehenden Esel und drängten sie, scheinbar unabsichtlich, zurück oder stellten sich so, daß die Esel nicht folgten, sondern wieder stehenblieben, wenn sie schon einen Schritt gemacht hatten.

Dann aber begannen sie, unruhig zu werden, als sie sahen, daß die Spitze marschierte und schon auf dem Weg war, und sie drängten die Männer zur Seite, um Platz zu bekommen. Aber die Männer wurden nun lebhaft und griffen den Eseln dreist in die Leinen und hielten sie fest.

»Weg da von den Eseln!« schrie Dobbs erbost.

»Was da?« sagte Miguel frech mit vorgestrecktem Kopf. »Die können wir so gut verkaufen wie du, die werden nicht schlechter dadurch, daß wir sie verkaufen.«

Die beiden andern lachten und packten noch einen zweiten Esel.

»Weg da von den Eseln, sage ich noch einmal!« schrie Dobbs mit erhöhter Stimme. Er sprang einen Schritt zurück und zog den Revolver.

»Mit deinem Eisen da kannst du uns nicht erschrecken«, höhnte einer, »uns nicht. Du kannst nur einen schießen, und dem ist es ohnehin gleichgültig.«

»Zurück und die Esel los!« schrie Dobbs.

Dann schoß er auf den nächsten. Es war Miguel. Aber der Revolver klickte nur kalt und hart. Dreimal, fünfmal, siebenmal klickte der Revolver. Kein Schuß krachte. Dobbs starrte, und die Männer starrten. Sie vergaßen vor Erstaunen, zu lachen oder zu höhnen.

Aber einer bückte sich und ergriff einen schweren Stein.

Eine Sekunde nur folgte, eine kurze Sekunde. In dieser Sekunde jedoch kamen die Gedanken so schnell auf Dobbs ein, daß er, selbst in dieser kurzen Sekunde, wo es sich um sein Leben entschied, noch denken mußte, wie es nur möglich sei, daß man in einer Sekunde so viel denken könne. Sein erster Gedanke war, wie es geschehen konnte, daß der Revolver versagte. Aber da kam eine ganz lange Geschichte in sein Bewußtsein. In jener Nacht, als er Curtin erschoß, hatte er sich an den schlafenden Curtin geschlichen, dessen geladenen Revolver gezogen und ihn später mit diesem Revolver niedergeschossen. Curtin hatte beide Revolver in den Taschen gehabt, seinen eigenen und den des Dobbs. Da beide Revolver gezeichnet waren und Howard die Revolver hätte nennen können, warf Dobbs den Revolver Curtins, mit dem er die Schüsse getan hatte, zu dem Leichnam, als er ihn das zweitemal aufsuchte und ihm den zweiten Schuß gab. Den eigenen Revolver aber steckte er zu sich. So gewann es den Anschein, falls Curtin gefunden wurde, als sei er angegriffen worden und habe sich verteidigt. Der Revolver des Dobbs hatte ein anderes Kaliber, aus seinem Revolver konnten die Schüsse nicht gefeuert worden sein. Dobbs hatte nur eines vergessen. Als er seinen eigenen Revolver wieder an sich nahm, vergaß er, ihn zu laden. Er hatte es vergessen, daß in jener Nacht, als Curtin ihm den Revolver abnahm, Curtin den Revolver entladen hatte. Unter allen anderen Gedanken, die ihn während der letzten Tage so viel beschäftigten, hatte er nicht einmal daran gedacht, daß der Revolver noch immer ungeladen sei.

Immer noch in derselben Sekunde dachte jetzt Dobbs an eine andere Waffe. Er stand dicht bei einem der Esel, an dessen Packen eine Machete gebunden war. Er griff zu, um den Machete zu ziehen und sich damit zu verteidigen. Das wäre ihm auch gelungen. Er hätte, die Machete in der Hand, vielleicht Zeit gefunden, den Revolver zu laden, denn er hatte einige Patronen lose in der Hemdtasche.

Aber da war die Sekunde zu Ende, und der Stein sauste an seinen Kopf. Er sah ihn kommen, konnte aber den Kopf nicht rasch genug abwenden, weil er seine Gedanken ganz auf die Machete gerichtet hatte. Der Stein streckte ihn nieder, mehr durch die Wucht und den Anprall als durch die Verletzung.

Ehe er jedoch Zeit gewann, wieder aufzuspringen, war Miguel schon an der Machete, auf die er durch die Bewegung des Dobbs erst aufmerksam geworden war. Mit einem gewandten Griff zog er die Machete aus der langen Lederscheide, sprang zu dem liegenden Dobbs, und mit einem kräftigen, kurz und sicher ausgeholten Hieb schlug er Dobbs Kopf glatt vom Nacken.

Nicht so sehr erschreckt als vielmehr verblüfft über diese rasche Tat, starrten alle drei auf den Leichnam. Die Augen des Kopfes, der nur um die Breite der Machete vom Rumpf entfernt lag, zuckten nervös und blieben dann im scharfen Ruck zu dreiviertel geschlossen stehen. Beide Hände spreizten sich lang aus und krampften sich fest zusammen. Das taten sie mehrere Male. Dann, nachdem sie das letztemal die Nägel in die eigenen Handflächen gepreßt hatten, lösten sie sich sanft und starben, halb geöffnet.

»Das hast du getan, Miguel«, sagte einer der beiden andern halblaut und kam näher.

»Halt dein Maul«, rief Miguel wütend und drehte sich so rasch nach dem Sprecher um, als wolle er ihn auch erschlagen. »Das weiß ich selbst, wer ihm eins draufgewichst hat, du Hänfling. Wenn es herauskommt, werdet ihr beide genausogut erschossen wie ich. Das wißt ihr doch, oder soll ich es den Gendarmen erzählen. Bei mir macht es sowieso keinen Unterschied aus, und ich bin eure Pflegemutter nicht.«

Er betrachtete die Machete. Es war nur ganz wenig Blut daran. Er rieb sie ab an dem Baum, und dann schob er sie wieder in die Scheide.

Die Esel, die sich ja im allgemeinen nicht so in die Angelegenheiten der Menschen zu mischen pflegen, wie die Hunde es so gern tun, waren lässig abmarschiert. Da sie viel klüger sind, als Menschen, die nie etwas mit Eseln zu tun haben, gemeinhin glauben, so marschierten sie auf dem richtigen Weg immer auf Durango zu.

Die Männer hatten in ihrer Erregung die Esel ganz vergessen. Sie nahmen dem Leichnam die Hosen und die Stiefel ab und zogen die Sachen gleich an. Viel Wert hatten weder die

Hosen noch die Stiefel; denn sie hatten die letzten zehn Monate mehr getan, als man von solchen Dingen erwartet. Dennoch waren sie, verglichen mit den Fetzen, die jene Männer trugen, wahre Prachtstücke.

Das Hemd aber wollte niemand haben, und niemand wollte es anziehen, obgleich alle drei anstelle der Hemden etwas trugen, von dem man schwer hätte sagen können, welches die kompaktere Masse war, die Löcher oder die darumhängenden Fetzen.

»Warum willst du denn das Hemd nicht nehmen und anziehen, Ignacio?« fragte Miguel, während er mit dem Fuß gegen den Leichnam stieß, der jetzt nichts weiter anhatte als das mürbgetragene Khakihemd.

»Ist nicht viel wert«, erwiderte Ignacio.

»Du hast Grund, so etwas zu sagen, du Hund, du dreckiger«, sagte Miguel darauf. »Gegen das deine betrachtet, ist es besser als neu.«

»Ich mag es nicht«, meinte nun Ignacio und wandte sich ab. »Es ist zu nahe am Hals. Warum nimmst du es denn nicht?«

»Ich?« fragte Miguel und zog wütend die Stirn hoch, »ich ziehe nicht das Hemd an, das so ein Hund von einem Gringo warm am Leib gehabt hat.«

Die Wahrheit aber war, daß das Hemd auch für Miguel zu nahe am Hals des Leichnams war. Es hatte zwar keine Blutflecken, aber trotzdem wollte es keiner anziehen. Sie hatten das Vorgefühl, daß sie sich in dem Hemd nicht wohl fühlen könnten. Sie vermochten das Gefühl nicht zu erklären und gaben sich alle damit zufrieden, daß das Hemd eben zu nahe am Hals sei und daß es darum als Wertgegenstand nicht mehr in Betracht kommen könne.

»Der Schurke wird ja wohl in seinem Packen noch ein paar andere Hemden haben«, sagte Ignacio.

Miguel fuhr ihn sofort an: »Da wartest du erst einmal, bis ich nachgesehen habe, und was dann übrigbleibt, da können wir darüber sprechen.«

»Bist du hier vielleicht der Hauptmann?« schrie nun der

dritte, der die letzten Minuten, scheinbar uninteressiert, gegen einen Baum gelehnt dagestanden hatte. Er hatte guten Grund, uninteressiert zu scheinen, denn er hatte sich die Hosen angeeignet, während Miguel die Stiefel genommen hatte. Nur Ignacio war leer bei dieser Teilung ausgegangen, weil er das Hemd nicht gemocht hatte.

»Hauptmann?« brüllte Miguel erbost. »Hauptmann oder kein Hauptmann, was hast du denn bis jetzt getan?«

»Habe ich ihm denn nicht den Stein an den Schädel gefeuert?« prahlte der dritte. »Du hättest dich ja sonst nicht an ihn gewagt, du Cobarde.«

»Du mit deinem Stein«, höhnte Miguel, »das war gerade wie ein Zahnstocher. Wer von euch beiden räudigen Katzen hätte sich denn herbeigemacht und ihm den Rest gegeben? Ihr Jammerfetzen, die ihr seid. Und damit ihr es wißt, gleich jetzt, die Machete kann ich auch noch ein zweitesmal gebrauchen und auch noch ein drittesmal, für euch beide. Ich werde nicht um eure Erlaubnis fragen.«

Er wandte sich um und wollte zu den Packen gehen.

»Wo sind denn die Esel hin, verflucht noch mal?« rief er erstaunt.

Erst jetzt kam es allen ins Bewußtsein, daß die Esel abmarschiert waren. »Nun aber nach und die Biester eingeholt, sonst kommen sie in die Stadt, und wir haben gleich darauf die Schwärme von Gendarmen hier herumsausen«, rief Miguel.

Die Männer machten sich auf und rannten dem Zug nach. Sie hatten gut zu laufen, denn die Esel, die hier kaum ein trockenes Hälmchen am Weg fanden, das sie aufgehalten hätte, waren munter vorangetrottet. Es dauerte mehr als eine Stunde, ehe die Männer mit den Tieren wieder zurück bei den Bäumen waren.

»Wir werden ihn besser einscharren«, sagte Miguel, »sonst schwärmen die Geier herum, und jemand, der nichts Besseres zu tun weiß, könnte nachsehen kommen, was die Geier hier gefunden haben.«

»Ja, willst du denn vielleicht einen Zettel mit deinem

Namen bei ihm zurücklassen?« fragte Ignacio höhnisch. »Es kann uns doch gleichgültig sein, ob man das Aas findet oder nicht. Er wird es nicht mehr erzählen, wen er zuletzt getroffen hat.«

»Du bist aber schlau, mein Hühnchen«, sagte Miguel. »Wenn man den Hund findet und bei uns seine Esel, dann kannst du nichts mehr abstreiten. Aber wenn man bei uns die Esel findet und nirgends den Kadaver, da soll dir erst mal einer beweisen, daß du dem Gringo in die Hölle verholfen hast. Wir haben die Esel von dem Gringo gekauft. Aber wenn man das findet, was noch von ihm übrig ist, glaubt dir niemand, daß du die Esel gekauft hast. Also los an die Arbeit.«

Und mit demselben Spaten, mit dem Dobbs den Curtin einzugraben gedacht hatte, wurde er nun selbst eingescharrt. Es ging sehr rasch. Die Männer machten sich nicht viel Mühe. Sie taten gerade das Allernotwendigste und überließen die Arbeit den Ameisen und den Würmern.

Dann machten sie sich auf und trieben den Zug wieder ins Gebirge zurück, weil sie sich zur Stadt nicht wagten, einmal aus persönlichen Gründen, dann aber auch, weil sie dachten, sie möchten dort jemand begegnen, der den Zug kannte und erwartete. Es war auch recht gut möglich, daß Dobbs die Wahrheit gesagt hatte und wirklich noch zwei Männer mit Pferden auf seinem Weg folgten. Denn es schien ihnen in der Tat sehr unwahrscheinlich zu sein, daß Dobbs den ganzen Zug allein geführt haben sollte. Und um zu vermeiden, jenen Männern, die vielleicht existierten, zu begegnen, bogen sie von dem Weg, den Dobbs ihrer Rechnung nach gekommen war, ab und zogen auf einem anderen Maultierpfad hinauf ins Gebirge.

Als sie wieder im Busch waren, konnten sie ihre Neugier nicht länger zurückhalten. Sie wollten wissen, wie groß die Beute sei und welche guten Dinge in den Packen waren.

Es war dunkel geworden, und der Busch machte den Platz, wo sie nun hielten, um hier zu übernachten, noch dunkler. Um ihren Aufenthalt nicht zu verraten, solange sie noch in dieser Gegend waren, unterließen sie es, Feuer anzuzünden.

Sie wurden geschäftig. Sie luden die Tiere ab und begannen, die Packen aufzuschnüren. Da waren noch eine Hose und noch zwei Paar leichte Schuhe. Da waren noch Kochgeschirr, aber nur noch eine Handvoll Bohnen und eine Faustvoll Reis.

»Scheint wirklich nicht so ein reicher Bursche gewesen zu sein«, sagte Ignacio. »Hatte es sehr nötig, zur Stadt zu kommen.«

»Geld hat er auch nicht gehabt«, knurrte Miguel, während er den Packen, den er aufgeschnürt hatte, durchsuchte. »Hatte gerade noch siebzig Centavos in der Hosentasche, der Schurke. Vom Besten sind die Felle auch nicht, die er hier hat. Werden kaum ein paar arme Pesos bringen.«

Dann kam er zu den Säckchen.

»Was hat er denn hier? Sand, wahrhaftig, Sand. Möchte wissen, wozu er den Sand hier mit sich herumschleppt, in lauter kleinen Säckchen?«

»Das ist ganz klar«, sagte Ignacio, der nun ebenfalls die Säckchen in seinem Packen fand. »Ist durchaus klar. Der Bursche war ein Ingenieur von einer Mining Company. Der hat hier im Gebirge herumgesucht und bringt nun die Sandproben mit zur Stadt, damit sie dort im Büro von den anderen Ingenieuren und Chemikern untersucht werden. Dann wissen die amerikanischen Kompanien gleich, wo sie Land abstecken können.« Er schüttete alle Säckchen aus. Auch Miguel schüttete den Inhalt der Säckchen, die in seinen Packen waren, aus, und als er sah, daß die Säckchen nur wertlose, abgerissene Fetzen waren, verfluchte er Götter, Teufel und alle Gringos. Es war so dunkel geworden, daß sie den Charakter des Sandes selbst dann nicht hätten erkennen können, wenn sie mehr darüber gewußt hätten.

Auch Angel, der dritte, fand die Säckchen in seinem Packen. Er gab ihnen eine andere Deutung. Er sagte: »Der Bursche war ein echter amerikanischer Schwindler und Betrüger, das kann ich euch sagen. Die Säckchen hat er alle so schön zwischen den Fellen versteckt gehabt und dann die Felle dicht verschnürt. Wißt ihr, warum? Der hat die Felle in Durango nach Gewicht verkaufen wollen, und damit sie mehr wiegen sollten, hat er den Sand dazwischengesteckt, und damit der Sand nicht herauskommen sollte, darum hat er ihn in kleine Säckchen gesteckt. Der hätte die Felle am Abend verkauft, und am nächsten Morgen, ehe der Käufer den Schwindel gemerkt hätte, wäre der Vogel fortgeflogen mit der Bahn. Dem haben wir den Schwindel ganz schön verdorben, diesem Hund.«

Und Miguel und Ignacio fanden, daß dies die beste Erklärung für den Sand sei, und sie beeilten sich, ihn loszuwerden.

Noch in der Nacht packten sie auf und zogen weiter. Am Nachmittag kamen sie in ein Dorf, und sie fragten einen Indianer, den sie vor seinem Haus trafen, ob er niemand wüßte, der Esel kaufen würde, sie hätten die Absicht, einige der Esel zu verkaufen, weil sie keine Verwendung für sie hätten. Der Indianer sah sich die Esel an, ging um sie herum, sah nach den Brandzeichen, dann sah er sich die Packen an, dann sah er unauffällig auf die Stiefel des Miguel und auf die Hosen des Angel, als ob er willens sei, das alles zu kaufen. Endlich sagte er: »Ich kann keine Esel kaufen, ich habe jetzt kein Geld. Aber mein Onkel, der kauft vielleicht die Esel. Der hat auch Geld genug dazu, ich habe keins. Ich will euch zu meinem Onkel führen, und mit dem könnt ihr verhandeln.«

Das ging ja leicht, dachten die drei Halunken, denn für gewöhnlich kann man in ein halbes Dutzend Indianerdörfer gehen, ehe man jemand findet, der einen Esel kauft. Meist haben die Leute ja kein Geld, und ein Peso bedeutet schon eine große Summe für sie.

Nach einigen hundert Schritten kamen sie zu dem Haus des Onkels. Das Haus war, gleich den meisten der übrigen Häuser, aus getrockneten Lehmziegeln gebaut und mit Gras gedeckt.

Es befand sich an dem großen Dorfplatz, wo der Markt, die Unabhängigkeitsfestlichkeiten, die Revolutionserinnerungsfeiern und die politischen Versammlungen abgehalten werden. In der Mitte des Platzes war ein bescheidener Pavillon errichtet, wo die Musik zu spielen pflegte, wenn eine öffentliche Festlichkeit war, und wo sich auch die Redner hinzustellen hatten, wenn sie eine Ansprache halten wollten. Von diesem Pavillon aus sprachen auch die Führer der Gesundheitskommissionen, wenn sie aufs Land kamen, um die indianische Bevölkerung über Gesundheitspflege und Kinderfürsorge zu unterrichten. Die Arbeiterregierung leistet auf diesen Gebieten mehr als alle Regierungen seit der Ankunft der ersten Spanier zusammengenommen.

Der Indianer ging in das Haus seines Onkels, um mit ihm über den Ankauf der Esel zu sprechen. Es dauerte nicht lange, da kam der Onkel heraus und ging auf die drei Wegelagerer zu, die sich im Schatten der paar Bäume, die in der Nähe des Hauses standen, niedergehockt hatten.

Der Onkel war ein älterer Mann, grauhaarig schon, aber fest und sehnig. Sein kupferbraunes Gesicht war straff, und seine schwarzen Augen glänzten wie die eines Knaben. Das strähnige Haar trug er ziemlich lang und seitlich nach hinten gestrichen. Er kam sehr aufrecht und langsam auf die Männer zu. Er grüßte und trat dann sofort zu den Eseln, um sie zu prüfen.

»Sehr gute Esel, Senjor«, sagte Miguel, »sehr gute, verdad, die können Sie nicht besser auf dem Markt in Durango kaufen.«

»Das ist wahr«, sagte der Onkel, »es sind gute Esel. Freilich, ein wenig abgearbeitet und ein wenig hungrig. Ihr habt wohl eine weite Reise gemacht?«

»Oh, nicht so weit, kaum zwei Tage«, mischte sich Ignacio ein.

Miguel stieß ihn in die Rippen und sagte: »Da hat mein Freund hier nicht ganz die Wahrheit gesagt. Wir sind jetzt allerdings nur zwei Tage marschiert, seit dem letzten Ruhetag.

Aber in Wirklichkeit sind wir doch schon seit einigen Wochen auf der Reise.«

»Dann ist es ja auch kein Wunder, daß die Esel etwas herunter sind. Die werden wir aber schon wieder auffüttern.« Als er das sagte, sah er sich die Leute genauer an, ihre Kleidung und ihre verkommenen Gesichter. Er ließ es sich aber nicht anmerken, daß er sie beobachtete, er erweckte vielmehr den Anschein, als ob er sie nur ganz gedankenlos betrachte, während sich sein Geist mit dem Kauf und mit den Zahlen beschäftigte. »Was sollen sie denn kosten?« fragte er nun, die Leute immer weiter betrachtend.

»Oh, ich denke«, sagte Miguel lächelnd und den Kopf vertraulich neigend, »ich denke, daß zwölf Pesos kein zu hoher Preis ist.«

»Für alle?« fragte der Onkel ganz unschuldig.

Miguel lachte laut auf, als habe er einen guten Witz gehört: »Aber natürlich nicht für alle, ich meinte, zwölf Pesos für jeden einzelnen.«

»Das ist ein sehr hoher Preis«, sagte nun der Onkel geschäftsmäßig, »dafür kann ich sie auch auf dem Markt in Durango kaufen.«

»Wer weiß?« gab Miguel zur Antwort. »Da sind sie viel teurer, fünfzehn oder gar zwanzig Pesos. Dann müssen Sie sie aber noch heimtreiben.«

»Richtig«, nickte der Onkel, »aber dann verdienen sie auch schon auf der Reise ihr Geld. Da kann ich Ware mit heimbringen und den Eseln aufpacken.«

Miguel lachte breit aus: »Ich sehe, ich habe es mit einem klugen Geschäftsmann zu tun, und da wollen wir auch nicht so hartnäckig auf unserem Preis bestehen. Mein letztes, mein allerletztes Wort – da schlagen Sie zu, mein allerletztes Wort ist neun Pesos für jeden einzelnen. Ich weiß, Sie haben es auch nicht so dick, und wir haben dieses Jahr eine lange Trockenzeit.«

»Neun Pesos«, sagte der Onkel ruhig, »das kann ich nicht zahlen. Vier Pesos und nicht einen Centavito mehr.«

»Machen Sie es fünf, und die Esel sind alle Ihr Eigentum«, sagte Miguel und schob die Hände in die Hosentaschen, als ob er das Geld schon im Sack habe.

»Vier Pesos ist mein Gebot«, sagte der Onkel ruhig.

»Sie ziehen mir die Haut über die Ohren, Senjor; aber gut, ich will gewiß nicht selig werden, und blind will ich morgen früh sein, wenn ich Ihnen die Esel nicht in Wahrheit geschenkt habe für einen solchen Preis.« Das sagte Miguel und sah dabei der Reihe nach vom Onkel zu dem Neffen und dann zu seinen beiden anderen Strauchdieben. Die nickten und machten eine traurig sein sollende Miene, um anzudeuten, daß sie soeben ihr letztes Hemd für nichts weggegeben hätten.

Der Onkel nickte nun ebenfalls, aber mit einer Gebärde, als hätte er schon gestern nachmittag gewußt, daß er heute Esel für vier Pesos das Stück kaufen würde.

Er ging wieder zu den Eseln und sagte dann: »Wollt ihr denn die Packen auf euren Rücken weiterschleppen?«

»Ja, richtig, die Packen«, sagte Miguel verblüfft und sah nach seinen beiden Kumpanen; diesmal aber nicht so protzend, wie er es gewöhnlich tat, sondern so, als ob er sie um eine gute Antwort oder einen Rat anflehen wollte.

Ignacio verstand den Blick und sagte: »Die Packen wollten wir auch verkaufen, wir wollen mit der Bahn weiterfahren.«

»Das ist wahr«, gab Miguel nun geläufig zu, »die verkaufen wir auch. Das war unsere Absicht.«

In Wahrheit hatten sie die Packen ganz vergessen über dem Eselverkauf.

»Was habt ihr denn in den Packen?« Der Onkel ging wieder näher heran und stieß mit der Faust in einen Packen.

»Felle«, sagte Miguel, »gute Felle. Auch unser Kochgeschirr und dann noch Werkzeuge. Das Gewehr können Sie uns ja wohl kaum bezahlen, das ist zu teuer.«

»Was sind denn das für Werkzeuge?« fragte der Onkel.

»Das ist so allerlei«, erwiderte Miguel, »das sind Spaten und Pickhacken und Brecheisen und alles so etwas.«

»Wie kommt ihr denn zu solchen Werkzeugen?« fragte der

Onkel scheinbar ganz nebensächlich, so als wolle er nur das Gespräch weiterführen. »Oh – die Werkzeuge – das ist ...« Miguel wurde plötzlich unsicher. Er fühlte ein Unbehagen und mußte ein paarmal schlucken. Auf eine solche Frage war er nicht vorbereitet gewesen.

Dann platzte Ignacio hinein: »Wir haben doch bei einer amerikanischen Minengesellschaft gearbeitet, da kommen wir doch nun gerade her.«

»Jawohl, so ist es«, sagte nun Miguel rasch und warf einen dankbaren Blick zu Ignacio hinüber. Er nahm sich vor, diese Hilfeleistung dem Ignacio nie zu vergessen.

»Dann habt ihr bei der Minengesellschaft diese Werkzeuge also gestohlen?« sagte der Onkel trocken.

Miguel lachte vertraulich und blinzelte den Onkel an, als ob er mit ihm im Bunde sei. »Nicht gerade gestohlen, Senjor«, sagte er, »stehlen ist nicht unsere Sache. Wir haben die Werkzeuge nur nicht abgeliefert, als wir unsere letzte Schicht gemacht hatten. Das kann doch niemand stehlen nennen. Wir wollen ja nicht viel dafür haben, vielleicht zwei Pesos für die ganzen Werkzeuge. Nur damit wir sie nicht zur Bahn zu schleppen brauchen.«

»Ich kann die Esel natürlich nicht alle kaufen«, sagte nun der Onkel langsam. »So viele Esel brauche ich gar nicht. Aber ich werde die übrigen Einwohner zusammenrufen lassen. Jeder hat etwas Geld, und dann kann ich euch versprechen, ihr werdet die Esel und auch das übrige Zeug leicht los. Ich werde mein Bestes tun. Setzt euch nieder. Wollt ihr Wasser haben oder ein Paket Zigaretten?«

Dann ging Angel ins Haus und kam mit einem Krug Wasser und mit einem Päckchen Supremos heraus.

Der Onkel redete mit seinem Neffen, und der Neffe machte sich auf, die Männer des Dorfes zusammenzurufen.

Die Männer kamen. Alte und Junge. Sie kamen einzeln oder zu zweit. Manche trugen ihre Machete im Gürtel, andere trugen sie offen in der Hand, wieder andere trugen gar nichts. Sie alle gingen zuerst in das Haus des Onkels und sprachen mit ihm.

Dann kamen sie heraus, sahen sich die Esel sehr sorgfältig an und betrachteten darauf die drei Fremden ebenfalls. Sie betrachteten die Verkäufer vielleicht noch sorgfältiger als die Esel, aber sie taten es bei weitem unauffälliger als bei den Eseln. Die Fremden merkten nicht, daß sie so genau besehen wurden, sie hielten es für die übliche Neugier der indianischen Landbevölkerung.

Nach einer Weile kamen auch die Frauen der Männer langsam und ein wenig scheu herangeschlichen. Sie alle brachten ihre Kinder mit. Einige Frauen trugen sie im Tuch über den Rücken geknotet, andere trugen sie auf dem Arm. Die Kinder, die laufen konnten, liefen um ihre Mütter herum wie die Küchlein um die Henne.

Endlich schienen die Männer alle versammelt zu sein; denn es kam keiner mehr. Nur vereinzelte Frauen näherten sich noch langsam dem Platz. Der Onkel trat nun aus dem Haus. Alle Männer, die noch bis zuletzt mit ihm gewesen waren, folgten ihm. Sie bildeten eine dichte Gruppe. Aber andere, die schon vorher herausgekommen waren und sich die Esel angesehen hatten, blieben zwischen den Eseln stehen. Dadurch waren die Straßenräuber, ohne es zu bemerken, unauffällig eingeschlossen. Wohin auch immer sie sich wenden mochten, der Rückweg war ihnen abgeschnitten. Und dennoch sah es ganz natürlich aus, denn die Männer waren doch wegen der Esel hier.

»Der Preis wäre nicht zu hoch«, sagte der Onkel, »wir wundern uns nur alle sehr darüber, daß ihr so gute Esel so billig verkaufen könnt.«

Miguel zog ein breites Lachen und sagte: »Sehen Sie, Senjor, wir brauchen eben Geld, das ist es, und darum müssen wir verkaufen.«

»Haben die Esel einen Brand?« fragte nun der Onkel so beiläufig.

»Natürlich«, sagte Miguel, »alle haben einen Brand.« Er sah sich um nach den Eseln, um den Brand zu erkennen. Aber die Männer verdeckten die Esel so, daß keiner der Strauchdiebe den Brand sehen konnte.

»Was für einen Brand haben denn die Esel?« fragte nun der Onkel.

Miguel fing an, sich sehr unbequem zu fühlen, und seine Freunde begannen, sich zu drehen und zu wenden, um den Brand zu sehen. Aber die Indianer drängten sie scheinbar unabsichtlich immer weiter ab von den Eseln.

Der Onkel sah Miguel unverwandt an. Und Miguel wurde immer unsicherer. Er fühlte, daß sich ihm etwas näherte, was für sein ferneres Dasein entscheidend werden konnte. Als der Onkel, ohne seine Frage zu wiederholen, ihm weiter so merkwürdig scharf ins Gesicht sah, wußte Miguel, daß er die Frage zu beantworten hatte.

Er druckste ein wenig und würgte, und dann sagte er: »Der Brand – ja, der Brand, das ist ein Ring mit einem Strich darunter.«

Der Onkel rief hinüber zu den Männern, die bei den Eseln standen, und fragte: »Ist das der Brand, Hombres?«

»Nein«, riefen die zurück.

»Ich habe mich geirrt«, sagte darauf Miguel, »der Brand ist ein Ring mit einem Kreuz darüber.«

Die Männer sagten: »Das ist nicht der Brand.«

»Ich bin ganz verwirrt«, sagte nun Miguel, beinahe zusammenklappend, »der Brand ist natürlich ein Kreuz und ein Ring herum um das Kreuz.«

»Ist das richtig?« fragte der Onkel.

»Nein«, sagten die Männer, »das ist falsch.«

»Ihr habt mir doch erzählt,«, sagte nun der Onkel ruhig, »daß dies eure Esel seien.«

»Sind sie auch«, platzte Ignacio dreist heraus.

»Aber keiner von euch weiß den Brand, das ist merkwürdig.«

»Da haben wir nicht darauf geachtet«, sagte Miguel und versuchte, eine wegwerfende Miene aufzusetzen.

»Habt ihr«, wandte sich nun der Onkel zu allen Männern, die anwesend waren, »jemals einen Menschen gesehen, der Esel oder sonst irgendwelches Vieh besaß und nicht jeden einzelnen

Brand wußte, selbst wenn die Brände verschieden waren und das Vieh aus verschiedenen Zuchten kam?«

Die Männer lachten alle und sagten nichts.

»Ich weiß«, sagte der Onkel, »wo die Esel her sind.«

Miguel sah sich um nach seinen Kumpanen, und die blickten nach allen Seiten, um zu sehen, ob sich nicht ein Loch fände, wo sie entwischen könnten, sobald der nächste Satz kam.

»Die Esel sind von der Senjora Rafaela Motilina in Avino, der Witwe des Senjor Pedro Leon. Ich kenne seinen Brand. Es ist ein L und ein P rückwärts am Strich des L. Ist das richtig, Hombres?« rief der Onkel.

Und die Männer, die bei den Eseln standen, riefen: »Das ist richtig. Das ist der Brand.«

Der Onkel sah sich um in der Gruppe und rief: »Porfirio, komm her.«

Ein Indianer kam nahe heran und stellte sich ihm zur Seite.

Nun sagte der Onkel: »Mein Name ist Alberto Escalona. Ich bin der Alkalde des Ortes hier, ordnungsgemäß gewählt und vom Gouverneur bestätigt. Dieser Mann hier, Porfirio, ist der Polizeimann des Ortes.«

Es ist die Verschiedenheit der Länder und des Klimas, die Verschiedenheit der Menschen, ihrer Erziehung und des Einflusses, dem sie unterliegen, und noch vieles andere. Jedenfalls ist es so: Wenn in Mitteleuropa jemand sich mit seinem Titel vorstellt, so hat er die Absicht, in seinem Gegenüber ein schauerndes Gefühl, das der Ehrfurcht, zu erwecken, und er erwartet, daß sein Gegenüber, erschüttert von der Erhabenheit der Begebenheit und des Ereignisses, sich respektvoll verbeugt und von diesem Augenblick an dem Titelträger den schuldigen Respekt nicht versagt. Hier, auf diesem Kontinent, gilt ein Titel gar nichts, ein Name nicht viel und die Persönlichkeit selbst alles. Es verbeugt sich niemand, vielleicht in Ausnahmefällen vor einer Dame, und es würde der, der zu dem Präsidenten Exzellenz sagt, ebenso lächerlich wirken wie der Präsident, der sich mit Exzellenz anreden ließe. Der Präsident ist viel seltener der Mr. Präsident oder der Senjor Präsident, als viel häufiger und eigentlich in der Regel immer der Mr. Coolidge oder der Senjor Calles, und wer mit ihm etwas zu tun hat, der schüttelt ihm die Hand, wenn er kommt und wenn er geht, und redet mit ihm ebenso, als wenn er sein ganzes Leben lang mit ihm aus derselben Schüssel gelöffelt hätte. Das müssen die neugebügelten Zylinderhutpräsidenten der frischgekochten europäischen Republiken erst noch lernen. Denn die europäischen Präsidenten nehmen sich noch immer die absoluten Könige zum Vorbild, während die Präsidenten hier sich keine Vorbilder nehmen, sondern, wenn sie ein Vorbild brauchen, sich selbst als Vorbild wählen und dadurch eben als solche Menschen erscheinen, wie jeder andere des Landes auch. Und wenn hier jemand sagt: »Unser Präsident ist ein großes Rindvieh!«, so läßt ihn der Präsident nicht für einige Monate ins Gefängnis sperren, sondern wenn er davon hört, so sagt er zu sich oder zu seinen Freunden: »Dieser Mann weiß mehr über mich als ich selbst, er scheint ein kluger Mann zu sein.«

Wenn aber hier jemand sich mit seinem Titel vorstellt und sagt: »Ich bin der Bürgermeister des Ortes, und der da ist der Polizeipräsident«, dann hat es etwas ganz anderes zu bedeuten als in Europa.

Die drei Wegelagerer wußten sofort, was es zu bedeuten hatte und daß nun, nachdem die Titel genannt waren, das Händeschütteln ein Ende hatte. Sie setzten sofort auf und versuchten abzuziehen, ohne ihre Esel mitzunehmen. Sie hätten alle Esel jetzt für einen Peso verkauft, sie hätten sie willig verschenkt, wenn sie nur hätten das Dorf verlassen können. Aber sie wurden nun deutlich festgehalten.

Miguel versuchte, seinen Revolver zu ziehen. Aber er fand die Tasche leer. Er hatte es in seiner Aufregung gar nicht bemerkt, daß Porfirio ihm diese Mühe schon abgenommen hatte. Der Revolver hätte freilich nicht viel genutzt, denn er war ja noch immer nicht geladen. Aber die Leute konnten das nicht wissen, und sie hätten ihn vielleicht gehen lassen, wenn er die Waffe auf sie gerichtet hätte.

»Was wollen Sie von uns?« schrie Miguel.

»Bis jetzt nichts«, sagte der Alkalde. »Wir wundern uns nur, warum Sie uns so schnell verlassen wollen, ohne Ihre Esel mitzunehmen.«

»Wir können unsere Esel mitnehmen oder nicht, wir können mit unseren Eseln machen, was wir wollen«, rief Miguel wütend.

»Mit Ihren Eseln, ja, aber das sind nicht Ihre Esel. Ich kenne die Geschichte dieser Esel. Senjora Motilina verkaufte diese Esel vor zehn oder elf Monaten an drei Amerikaner, die in die Sierra auf Jagd gehen wollten. Ich kenne die Amerikaner.«

Miguel grinste und sagte: »Das ist dann ganz richtig. Von diesen drei Amerikanern haben wir die Esel gekauft.«

»Zu welchem Preis?«

»Zwölf Pesos das Stück.«

»Und nun wollt ihr sie hier für vier Pesos das Stück verkaufen? Ihr seid schlechte Verkäufer.«

Die Indianer lachten.

»Ihr habt mir doch erzählt«, sagte der Alkalde, »ihr hättet die Esel schon sehr lange. Wie lange denn?«

Miguel überlegte eine Weile und sagte dann: »Vier Monate.« Es war ihm eingefallen, daß er gesagt hatte, sie hätten in einer Mine gearbeitet und hätten eine lange Reise gemacht.

Der Alkalde sagte trocken: »Vier Monate? Das ist eine seltsame Geschichte. Die Amerikaner sind vor wenigen Tagen da drüben vom Gebirge gekommen. In den Dörfern hat man sie gesehen. Da hatten sie noch alle die Esel, die ihr von ihnen vor vier Monaten abgekauft habt.«

Miguel versuchte es wieder einmal mit seinem vertraulichen Lächeln: »Die Wahrheit zu sagen, Senjor, wir haben die Esel vor zwei Tagen gekauft, von den Amerikanern.«

»Das stimmt schon eher. Also von den drei Amerikanern habt ihr sie gekauft?«

»Ja.«

»Das können aber nicht drei Amerikaner gewesen sein, denn ich weiß, daß einer von den dreien auf der anderen Seite der Sierra in einem Dorf ist, er ist ein Doktor.«

»Es war nur ein Amerikaner, von dem wir gekauft haben.« Miguel kratzte sich im Gesicht und im Haar.

»Wo habt ihr denn die Esel gekauft?« fragte der Alkalde unerbittlich weiter.

»In Durango.«

»Das ist kaum möglich«, sagte der Alkalde. »Der Amerikaner konnte noch nicht in Durango sein, und wenn er es war, konntet ihr noch nicht hier sein.«

»Wir sind die Nacht durchmarschiert.«

»Das kann sein. Aber warum sollte denn der Amerikaner gerade euch die Esel verkaufen, wenn er schon in Durango war, wo er genug Käufer fand, andere Käufer.«

Nun mischte sich Ignacio ein: »Wie können wir denn wissen, warum er gerade uns die Esel verkaufen wollte und nicht anderen? Das war eine Laune von ihm.«

»Da müßt ihr doch eine Quittung haben«, sagte der Alkalde, »eine Quittung mit dem Preis und dem Brand, sonst kann ja die Senjora Motilina jederzeit die Esel reklamieren, weil ihr Brand eingetragen ist.«

»Eine Quittung hat er uns nicht gegeben«, erwiderte Miguel. »Er wollte die Stempelmarken nicht bezahlen.«

»Die paar Centavos hättet ihr doch dann selbst bezahlt, um einen Beweis für den Kauf zu haben«, sagte der Alkalde.

»Verflucht noch mal«, schrie nun Miguel und drohte mit beiden Fäusten. »Was wollen Sie denn eigentlich von uns? Wir ziehen friedlich unsere Straße, und Sie umzingeln uns hier. Wir werden uns beim Gouverneur über Sie beschweren, daß Sie abgesetzt werden, verstehen Sie das?«

»Das ist doch nun die Grenze.« Der Alkalde lächelte. »Sie kommen hierher in unser Dorf und wollen uns Esel verkaufen. Wir wollen die Esel kaufen und sind auch über den Preis einig. Da haben wir doch wohl aber das Recht, nachzusehen, wo die Esel herkommen. Sonst kommen vielleicht morgen früh die Soldaten und sagen, wir seien Banditen und hätten die Esel von ihrem rechtmäßigen Besitzer fortgeführt und den Besitzer erschlagen, und wir werden erschossen.«

Miguel wandte sich zu seinen Freunden und warf ihnen einen Blick zu. Dann sagte er: »Wir wollen die Esel jetzt überhaupt nicht mehr verkaufen. Nicht einmal für zehn Pesos alle zusammen. Wir wollen jetzt weiter.«

»Aber die Werkzeuge und die Felle könntet ihr uns doch verkaufen«, fragte der Alkalde.

Miguel dachte eine Weile nach, und als ihm einfiel, daß die Felle und die Werkzeuge ja keinen Brand hatten, sagte er: »Gut, wenn ihr die Felle und die Werkzeuge haben wollt ... Was meint ihr?« wandte er sich seinen Freunden zu.

»Wir sind einverstanden«, sagten die. »Die Sachen können weg.«

»Das sind doch eure Sachen?« fragte der Alkalde.

»Natürlich«, antwortete Miguel.

»Warum hat denn der Amerikaner die Felle nicht in Durango verkauft? Warum schleppt ihr denn die Felle wieder hier zurück? Ihr tragt doch auch kein Wasser auf Eselsrücken in den Fluß?«

»Die Preise waren nicht gut in Durango, und wir wollen eine bessere Zeit abwarten.« Miguel begann, ein wenig auf und ab zu gehen, soweit ihm die Männer Platz ließen.

»Ist der Amerikaner nackt zur Bahn gegangen?« Der Alkalde warf die Frage unerwartet auf.

»Was meinen Sie?« Miguel wurde blaß.

»Sie haben doch seine Stiefel an, und der da hat seine Hosen an. Warum hat denn keiner von euch sein Hemd an, das noch ganz gut war? Es war jedenfalls so gut wie ein neues, verglichen mit dem Fetzen, den Sie da tragen.«

Miguel schwieg.

»Warum hat es keiner von euch genommen?« wiederholte der Alkalde. »Ich kann es euch sagen«, fuhr er fort, »warum das Hemd niemand von euch anziehen wollte.«

Weder Miguel noch einer der beiden anderen wartete ab, was der Alkalde weiter sagen würde. Mit einem Satz war jeder auf die Männer gesprungen, die ihnen am nächsten standen. Das war den Männern so überraschend gekommen, daß sie nicht schnell genug zugriffen. Die Burschen entwischten ihnen und rannten die Straße des Dorfes hinunter, um ins Freie zu kommen.

Der Alkalde winkte einigen der Männer, und wenige Minuten später sausten fünf Leute auf ihren Pferden hinter den Flüchtlingen her. Sie hatten sich nicht einmal Zeit genommen, die Pferde zu satteln. Lediglich die Kopfleinen hatten sie den Tieren übergeworfen.

Die Strauchdiebe waren nicht weit gekommen. Die Indianer holten sie ein, ehe sie das letzte Haus des Dorfes erreicht hatten. Sie wurden an den Lasso genommen und wieder auf den Dorfplatz gebracht.

»Wir werden nun den Amerikaner suchen gehen und ihn fragen, zu welchem Preis er euch die Esel verkauft hat und warum er sich nackt ausgezogen hat, um euch seine Stiefel und seine Hosen zu schenken. Wir werden sein Hemd mitbringen, das keiner von euch haben wollte.« Der Alkalde sagte es in einem mitteilenden Ton, ohne daß er eine Antwort erwartete.

Die Burschen waren angebunden worden und wurden nun von drei Indianern, die sich ihnen gegenüberhockten und ihre Machete auf den Knien liegen hatten, bewacht.

Die Männer sattelten ihre Pferde, packten Tortillas in ihre Basttäschchen und machten sich auf den Weg. Der Alkalde und Porfirio ritten mit ihnen.

Es kann schwerlich jemand lange in jenen Distrikten reisen, ohne daß er gesehen wird. Auch wenn er versucht, allen Ortschaften und allen Leuten aus dem Weg zu gehen, immer sind Augen da, die ihn sehen, die seinen Weg verfolgen und sein Tun beobachten. Er selbst weiß es meist nicht, daß er beobachtet wird. Die ihm entgegenkommen, weichen lange, ehe er sie sieht, vom Weg ab und kriechen in den Busch, wo sie ihn vorüberziehen lassen und nicht eher wieder hervorkommen, bis er außer Sicht ist. Sie haben ihn genau gesehen, er hat nicht einmal geahnt, daß er vom Kopf bis zu den Füßen so eingehend betrachtet wurde, daß wenige Stunden später das ganze Dorf weiß, wie der Mann ausgesehen hat und was er mit sich führte. In Bewässerungsgräben, hinter Hügeln, hinter Felsblöcken, hinter Sträuchern sehen die Augen jede Bewegung und jeden Schritt, den der Fremde tut.

Die Leute auf den Pferden verfolgten den Weg, den Dobbs gegangen war, und nicht den, den die Wegelagerer gekommen waren. Da sie auf Pferden saßen und kein Gepäck hatten, waren sie schon am Nachmittag an dem Platz, wo Dobbs haltgemacht hatte. Der Platz war leicht zu finden.

Zwei der Männer verfolgten die Spuren weiter vom Platz aus zur Stadt. Aber sie fanden bald, daß die Esel nur gestreunt hatten und dann zurückgetrieben worden waren.

Nun war es ein leichtes Spiel für den Alkalden, selbst ein Vollblutindianer, die ganze Begebenheit zu erzählen. Die Esel hatten gestreunt, also hatte niemand Zeit gehabt, sich um sie zu bekümmern. Infolgedessen mußte an dem Platz etwas vorgegangen sein, was alle Anwesenden, deren Fußspuren zu erkennen waren, so in Anspruch genommen hatte, daß sie nicht gesehen hatten, wann die Esel zu streunen begannen. Und der Vorgang mußte ein schwergewichtiger gewesen sein, denn sonst hätten die Esel nicht so weit streunen können.

Weder von dem Platz aus, wo die Bäume standen, zu der Stelle, wo die Esel wieder eingeholt worden waren, noch von dieser Stelle aus weiter zur Stadt waren Fußspuren des Amerikaners zu sehen. Auch wenn er barfuß gegangen wäre, seine Spuren hätte man leicht erkannt. Die Form seines Fußes ist nicht so schön wie die eines Indianers, weil er immer Stiefel trägt und häufig solche, die die Zehen verkrüppeln. Außerdem sind die Füße der Weißen viel größer als die der Indianer, die allgemein zierliche und kleine Füße haben.

Da von dem Platz keine Spuren des Amerikaners weiterführten, so mußte er noch auf dem Platz sein. Und da er nicht tief und nicht sorgfältig genug eingegraben war, auch kein Regen gefallen war, so hatten die Männer sein Grab in wenigen Minuten gefunden.

»Wegen Mord kann man nur angeklagt werden, wenn der Leichnam gezeigt werden kann«, hatte Miguel gesagt. Damit hatte er recht gehabt. Das ist das Gesetz, und das darf man ein gutes Gesetz nennen, denn in so großen Ländern können Menschen sich so unsichtbar machen, daß ein Leichnam leichter gefunden werden kann als der Mensch, der freiwillig verschwand.

Der Leichnam war gefunden, und da die drei Wegelagerer das Eigentum jenes Leichnams besaßen, ohne das Besitzrecht beweisen zu können, so war diese Angelegenheit im Grunde abgetan.

Der Alkalde betrachtete sich den Leichnam nur eine Sekunde, dann sagte er: »Machete.«

Dann zogen die Männer dem Körper das Hemd aus, das der Alkalde an sich nahm, und hierauf gruben die Indianer den Leichnam wieder ein. Sie taten es entblößten Hauptes, und als sie die Grube, die sie tiefer gemacht hatten, obgleich sie es nur mit ihren Macheten tun konnten, wieder zugeschüttet hatten, standen sie eine Weile ohne Hut um den Hügel. Sie beteten nicht, aber sie sahen alle mit gebeugtem Kopf auf den Hügel hinab.

Während die Männer noch vor dem Hügel standen, ging der Alkalde zum nächsten Baum. Er hieb mit der Machete einen dünnen Ast ab und hieb den Ast dann in zwei Stücke. Er band sie mit einem Stück Faden zu einem Kreuz zusammen und steckte es in den Hügel, wo der Kopf lag.

Am nächsten Morgen waren die Männer wieder zurück in ihrem Dorf. Der Alkalde zeigte den Burschen das Hemd. Sie sahen es und zuckten mit den Schultern.

Zwei Männer waren inzwischen zur nächsten Station der berittenen Landpolizei geritten. Im Laufe des Vormittags kamen die Soldaten. Der Inspektor, nachdem er die Leute gesehen hatte, sagte zu dem Alkalden: »Auf dem da«, er deutete auf Miguel, »ist eine Belohnung. Ich glaube dreihundert Pesos oder zweihundertfünfzig. Genau weiß ich es nicht. Bandit. Hat vordem schon zwei umgebracht. Die beiden anderen Vögel werden wohl von derselben Art sein. Ich kenne sie nicht. Die Belohnung wird auf Sie fallen, Senjor, auf Porfirio und auf die übrigen Männer hier. Was tun Sie denn nun mit den Eseln und dem Gepäck?«

»Das bringen wir morgen zu den Eigentümern«, sagte der Alkalde. »Ich weiß, wo sie sind. Der eine ist ein Doktor, den wollen sie drüben auf der anderen Seite nicht fortlassen. Wir wollen ihn auch noch für eine Woche haben. Er bekommt ja nun seine Sachen und wird es nicht so eilig haben fortzugehen.«

Dann wurden die drei Strauchdiebe von der Polizei übernommen. Sie kamen nicht an Lassos. Sie trotteten in der Mitte der berittenen Soldaten. Da ist das Hemd, da ist die Hose, da sind die Stiefel, da sind die Esel, da sind die Packen, und da ist das Kreuzlein auf dem Hügel. Also wird die Gerichtsverhandlung wohl schwerlich länger als zwei Stunden dauern. Ein kostspieliges Gerüst wird nicht gebaut, weiße Handschuhe werden auch nicht angezogen. Für diese Dinge hat der Staat nicht viel Geld übrig. Das Geld muß für wichtigere Sachen gespart werden.

Howard war ein vielbeschäftigter Mann. Er konnte sich nicht der Ruhe so erfreuen, wie er gehofft hatte. Er war der große berühmte Wunderdoktor. Die Indianer des Hochgebirges sind alle sehr gesund, und sie erreichen ein Alter, das dem Europäer wie ein Märchen klingt. Nur gegen eingeschleppte Krankheiten sind sie wehrlos. Aber wenn sie auch alle eine beneidenswerte Gesundheit haben, so leiden sie doch an Krankheiten und Gebrechen, die sie sich so lange einreden, bis sie fest überzeugt sind, daß sie die Krankheit haben. Man braucht ihnen nur von einer Krankheit zu erzählen und die Symptome zu schildern, es vergehen keine drei Tage, und sie haben die Krankheit. Aus diesem Grund machen Ärzte und Kirchen ein so gutes Geschäft im Lande.

Da kam eine Frau zu Howard, die wissen wollte, warum sie Läuse habe, während ihr Nachbarin keine hätte. Was sollte Howard verschreiben? Lausesalbe wäre das einzige Mittel gewesen. Aber wenn sie verbraucht ist, dann sind die Läuse wieder da, und die Frage taucht erneut auf: »Warum habe ich Läuse und meine Nachbarin keine?« Howard half sich in einfacher Weise, denn er war ein echter Medizinmann. Er sagte: »Das kommt daher, daß Sie sehr gutes und gesundes Blut haben, das die Läuse lieben, während Ihre Nachbarin sehr schlechtes und krankes Blut hat.« Darauf kam die Nachbarin, eine blühend gesunde Frau, die ein Mittel verschrieben haben wollte gegen ihr schlechtes und krankes Blut. Würde sie zur Stadt zu einem studierten Arzt gehen, der würde ihr Salvarsan verschreiben, obgleich sie keine Spur von einer Krankheit hat, gegen die sonst Salvarsan gegeben wird. Aber die Leute bilden sich ein, daß Salvarsan das Blut heile, und der Arzt verschreibt es ihnen.

Howard hatte kein Salvarsan zur Hand. Er hatte überhaupt keine Medizin. Er verschrieb immer: »Heißes Wasser trinken, jeden Tag zwei Liter.« Um genügend Variation hineinzubringen, verschrieb er zwei Liter oder eindreiviertel Liter oder einundeinhalb; dann wieder heißes Wasser mit Zitronensaft oder mit Apfelsinensaft oder mit sonst irgendeinem Kraut oder Gemüse, das er kannte und das keinen Schaden anrichtete.

Merkwürdigerweise für den, der die Heilkraft des Wassers nicht kennt, wurden die Männer, Frauen und Kinder, die den Wunderdoktor belagerten, alle gesund. Sie behaupteten es wenigstens. Und es ist ja mit allen Krankheiten so, wenn man überzeugt ist, daß man nicht mehr krank ist, so ist man eben gesund.

Gegen äußere Leiden, wo »der Tod directamente dicht unter der Haut lag«, wie die Leute erzählten, und sie den Tod schon deutlich fühlen konnten, wenn sie auf die Haut drückten, da verschrieb Howard heiße Umschläge. Der Abwechslung wegen manchmal wieder kalte Umschläge. Umschläge auf den Kopf, auf den Nacken, auf die Handflächen, auf den Puls, auf den Unterleib, auf die Fußsohlen, wo immer Platz war. Und die Leute wurden auch hier alle gesund. Der Tod kroch weg unter der Haut, weil es ihm, je nachdem, zu heiß oder zu kalt wurde.

Mit Arm- und Beinbrüchen, Verstauchungen und Verrenkungen wurden die Leute allein fertig. Da konnte ihnen kein Arzt etwas zeigen. Und Geburtshilfe brauchte Howard auch nicht zu leisten. Das ging ganz glatt.

Der Ruhm Howards wuchs mit jedem Tag, und hätte er mehr Sinn und Liebe für ein Zusammenleben mit natürlichen Menschen gehabt, so hätte er hier in Frieden und Glückseligkeit sein Leben verbringen können. Aber er dachte doch täglich an seine Abreise. Es waren ihm so verschiedene Gedanken gekommen hinsichtlich der beiden Mitarbeiter, ob sie sein Gut auch ordentlich abliefern würden und ob sie sicher durchkommen möchten zur Bahn. Er tröstete sich damit, daß er jetzt nichts tun könne und sich auf die Geschicklichkeit und Ehrlichkeit der beiden verlassen müsse.

Dann kam eines Morgens ein Indianer ins Dorf geritten und suchte das Haus, wo der große Doktor wohnte. Er sprach zuerst mit dem Gastgeber selbst, und dann gingen beide auf Howard zu.

Der Gastgeber sagte: »Senjor, da ist ein Mann aus einem Dorf von drüben über das Gebirge hinweg. Er hat Ihnen eine Geschichte zu erzählen.«

Der Indianer setzte sich nieder, drehte sich eine Zigarette, zündete sie an, und dann begann er zu erzählen.

»Lazaro war im Busch und brannte Holzkohle. Er ist ein Kohlenmann. Es war früh am Morgen. Er hatte gerade aufgeschichtet. Da sah er etwas auf der Erde kriechen. Und als er nun näher hinsah, da erkannte er, daß es ein weißer Mann war, der da kroch. Er war ganz voll Blut und konnte nicht mehr weiter. Lazaro gab ihm zu trinken. Dann ließ er seinen Holzhaufen allein, packte den weißen kranken Mann auf seinen Esel und brachte ihn ins Dorf in sein Haus.

Als der Mann im Haus auf eine Matte gelegt war, war er tot. Dann kam aber ein anderer Mann, sah sich den Weißen an und sagte: ›Der ist nicht ganz tot. Der ist nur sehr krank oder sehr schwach. Da muß Filomeno hinüberreiten zu dem weißen Wunderdoktor, weil Filomeno ein Pferd hat und weil ein Esel nicht so schnell läuft.‹

Ich bin Filomeno, Senjor, und ich habe ein schnelles und gutes Pferd. Ich bin nun gekommen. Sie können dem weißen kranken Mann gewiß helfen, wenn Sie gleich mitkommen.«

»Wie sieht der weiße Mann denn aus?« fragte Howard.

Filomeno konnte ihn so deutlich beschreiben, als stünde er neben ihm, und Howard wußte, daß es Curtin war.

Er machte sich sofort bereit, zu gehen. Sein Gastgeber und noch drei andere Indianer begleiteten ihn.

Es war ein langer beschwerlicher Ritt. Aber als die Männer ankamen, hatte sich Curtin schon ein wenig mehr erholt und schien außer Gefahr zu sein. Den Leuten im Dorf hatte Curtin mit wenigen Worten erzählt, daß er auf dem Weg angeschossen worden sei, von wem, das wisse er nicht. Er wollte vermeiden, daß man Dobbs verfolge, weil sonst alles verlorengegangen wäre.

»Diese nichtswürdige Kreatur hat mich kaltblütig niedergeschossen«, sagte Curtin zu Howard, »weil ich mich weigerte, mit ihm dein Gut zu teilen. Er spielte erst einen Trick, als ob er in Notwehr sei. Aber ich wußte gleich, worauf er aus sei. Ich hätte ja eigentlich zustimmen können zu der Teilung, und wenn wir in der Stadt waren, die Sache wieder in Ordnung bringen können. Aber du wärest vielleicht früher bei uns gewesen, ehe ich erwartete, und dann würdest du geglaubt haben, ich hätte dich betrügen wollen. Du würdest sicher nicht geglaubt haben, daß ich der Teilung nur scheinbar zugestimmt hätte. Er kippte mir eine in die linke Seite und ließ mich im

Busch liegen, damit ich dort verrecke. Nun habe ich aber zwei Schüsse, ich kann mich jedoch nur auf einen besinnen. Ich denke beinahe, dieser Schurke ist später, als ich bewußtlos dalag, noch einmal zurückgekehrt und hat mir noch eine gekippt, um seiner schönen Arbeit auch ganz sicher zu sein. Spät in der Nacht kam ich zu mir und torkelte und kroch so rasch von der Stelle fort, wie es nur möglich war. Ich dachte, der kommt sicher am Morgen, ehe er weitermarschiert, noch einmal her, und wenn er sieht, daß ich immer noch einen Atemzug habe, gibt er mir den Rest. Ich bin dann auf einen Indianer gestoßen, der im Busch Kohle brannte. Zuerst lief er weg, weil er sich fürchtete. Als ich aber dann zu ihm sprach und ihm sagte, daß ich in Not sei, half er mir sofort und brachte mich hierher. Ohne seine Hilfe wäre ich sicher umgekommen, denn ich konnte nicht mehr weiter, und kein Mensch würde mich da je gefunden haben.«

»Dann ist der Bursche also mit allem durchgegangen?«

»Ohne Zweifel.«

Der Alte dachte eine Weile nach. Dann sagte er: »Eigentlich ein Lump war er nicht. Ich glaube, er ist im Grunde ein ehrlicher Kerl. Der Fehler war, daß er mit dir allein abzog. Es ist eine verdammt böse Versuchung, mit einer Menge Gold und nur mit einem Mann zur Seite, auf Seitenpfaden und Schleichwegen durch diesen einsamen Busch tagelang zu ziehen. Dieser Busch lockt und lockt und schreit und flüstert unaufhörlich: ›Ich plaudere nichts aus, greif zu, es ist eine Gelegenheit, die nicht wiederkommt, ich bin verschwiegener als Gräber.‹ Wenn ich jung wäre wie ihr, ich weiß nicht, ob ich die vielen Tage hindurch einer solchen verfluchten Lockung hätte widerstehen können. Es ist ja nur eine Sekunde, eine einzige Sekunde, um die es geht. Und rechne einmal selbst, wie viele Sekunden ein Tag von vierundzwanzig Stunden hat. Eine Sekunde, in der sich blitzschnell die Begriffe verschieben, und ehe die Begriffe sich in der nächsten Sekunde wieder in das alte Geleise einrenken, hat man schon geknipst. Dann kann man nicht mehr zurück und muß volle Arbeit tun.«

»Der Schurke hat kein Gewissen, das ist alles«, sagte Curtin.

»Der hat soviel und sowenig Gewissen wie wir alle, wenn er denkt, daß er die Ellbogen gebrauchen muß, um 'raufzukommen. Wo kein Ankläger zu erwarten ist, da schweigt es wie eine leere Schnapsflasche, die in einem verstaubten Winkel liegt. Das Gewissen wird nur lebendig, wenn es unterstützt wird. Dafür sind ja die Zuchthäuser, die Henker, die Höllenstrafen. Haben unsere Munitionslieferanten, die ihr Geld machten, indem sie halfen, die europäischen Völker abzuschlachten, ein Gewissen? Hat unser Mr. Wilson ein Gewissen gehabt, als er fünfzigtausend von unseren Jungen ermorden ließ, weil Wallstreet fürchtete, ihr Geld zu verlieren, und die Munitionsmacher noch bessere Geschäfte machen wollten? Ich habe nie davon gehört. Immer nur wir kleinen Kicker müssen das Gewissen haben, andere brauchen keins. Jetzt wird wohl dem Freund Dobbs das Gewissen lebendig werden, wenn er erfährt, daß er mit dir nur halbe Arbeit gemacht hat. Nein, lieber Junge, laß mich mit dem Gewissen nur ganz aus dem Spiel. Ich glaube nicht daran. Wir müssen uns jetzt nur darum bekümmern, wie wir dem Burschen die Beute wieder abjagen.«

Howard wollte nun sofort nach Durango reiten, um Dobbs noch einzuholen oder ihn wenigstens in Tampico zu erreichen, ehe er aus dem Land verschwand. Curtin sollte hier im Dorf in Pflege bleiben und später nachkommen.

Als Howard seinen Gastgebern erklärte, daß er nun nach seinem Eigentum sehen müsse, weil Curtin krank läge, gaben sie ihm recht, daß er abreisen müsse, wenngleich es ihnen schwerfiel, ihn so bald gehen zu lassen.

Am nächsten Morgen war Howard bereit, nach Durango zu gehen. Aber die indianischen Freunde wollten ihn nicht allein gehen lassen. Sie wollten ihn begleiten, damit er auch sicher in der Stadt ankäme und damit ihm nicht ein ähnliches Schicksal widerfahre wie seinem Genossen Curtin. Deshalb ritten sie alle mit ihm.

Sie waren gerade bis zum nächsten Dorf gekommen, als sie den Indianern begegneten, mit dem Alkalden als Führer, die auf dem Weg waren, um die Esel und die Packen zu Howard zu bringen.

»Wo ist denn euer Senjor Dobbs, der Amerikaner, der diesen Zug nach Durango bringen sollte?« fragte Howard, als er sich umgesehen hatte und keinen Dobbs finden konnte.

»Der ist erschlagen«, sagte der Alkalde ruhig.

»Erschlagen? Von wem?« Howard sagte es rein mechanisch.

»Von drei Wegelagerern, die gestern von den Soldaten gefangengenommen wurden.«

Howard sah auf die Packen, und sie schienen ihm merkwürdig dünn zu sein. Er sprang hinzu und öffnete einen seiner eigenen Packen. Die Felle waren vollzählig drin, aber die Säckchen waren fort.

»Wir müssen die Wegelagerer einholen«, rief er, »ich muß sie etwas fragen.«

Seine Begleiter waren dazu bereit. Man ließ den Zug in das Dorf bringen, wo Curtin lag. Die übrigen Männer ritten auf geraden Pfaden den Soldaten nach.

Die Soldaten hatten sich nicht sehr beeilt, voranzukommen. Bei solchen Patrouillenritten werden immer noch die Ortschaften, die in der Nähe des Hauptwegs verstreut liegen, besucht, um zu hören, was los ist, und den friedlichen Einwohnern zu zeigen, daß die Regierung sie nicht vergessen hat und sie unter Schutz hält. Die Gefangenen, die mitgeführt werden, vertiefen nur den Eindruck bei der indianischen Landbevölkerung, daß sie ruhig ihrer Arbeit nachgehen kann und daß die Regierung nach dem Rechten sieht und den Banditen und den Wegelagerern tüchtig auf den Fersen sitzt. Die Banditen und diejenigen, die vielleicht gerade im Sinn haben, es einmal mit diesem Geschäft zu versuchen, werden durch die Gefangenen, deren Los vorher hinreichend bekannt ist, eindrucksvoll genug belehrt, daß es auch seine Schattenseiten hat, auf Straßenräuberei auszugehen. Solche Warnungen sind wirkungsvoller als Berichte in den Zeitungen, die hier nicht hinkommen, und wenn sie hinkommen, nicht gelesen werden können.

Am darauffolgenden Tag waren die Soldaten schon eingeholt. Der Alkalde stellte dem Offizier Howard als den rechtmäßigen Eigentümer der Esel und der Packen vor, und Howard erhielt ohne weiteres die Erlaubnis, die Banditen auszufragen. Wie sie Dobbs umgebracht hatten, das interessierte ihn nicht, der Alkalde hatte es ihm schon deutlich genug erzählt. Er wollte nur wissen, wo die Säckchen seien.

»Die Säckchen?« fragte Miguel. »Ach ja, diese kleinen Säckchen, die haben wir alle ausgeschüttet. Da war nur Sand darin, um den Fellen mehr Gewicht zu geben.«

»Wo habt ihr denn die Säckchen ausgeschüttet?« fragte Howard.

Miguel lachte. »Was weiß ich? Irgendwo im Busch. Das eine Säckchen hier, das andere weiter fort. Es war finster. Wir sind dann in der Nacht weitermarschiert, um fortzukommen. Wir haben kein Kreuz hingenagelt, wo wir die Säcke ausgeschüttet haben. Sand gibt es überall. Sie brauchen sich nur zu bücken. Und wenn Sie gerade den Sand, den Sie vielleicht als Proben hatten, suchen gehen wollen, ich glaube nicht, daß Sie noch ein Körnchen finden. In der vorletzten Nacht hatten wir einen fürchterlichen Sturm. Der hat alles fortgeweht, auch wenn ich genau wüßte, wo es war, wo wir die Säckchen ausschütteten. Ich würde es Ihnen sonst gern sagen, für ein Säckchen Tabak. Aber ich weiß es nicht und kann mir den Tabak nicht verdienen.«

Howard wußte nicht, was er sagen sollte. Alles, was er äußern oder was er tun konnte, war nur, ein solches Gelächter anzustimmen, daß die übrigen Männer und auch die Soldaten mitlachen mußten, obgleich sie nicht wußten, wo der Witz lag. Aber das Lachen klang so gesund, daß sich niemand gegen seine Wirkung wehren konnte.

Howard warf den Strauchdieben ein Säckchen Tabak zu, dankte dem Offizier, verabschiedete sich von ihm, und dann ritt er mit seinen Freunden wieder zurück.

»Well, my boy«, sagte Howard, während er sich auf den Rand des Lagers setzte, auf dem Curtin lag. »Das Gold ist dahin gegangen, wo es herkam. Diese prachtvollen Halunken haben es für Sand gehalten, mit dem wir die Fellhändler in der Stadt betrügen wollten beim Auswiegen der Felle. Und diese Lämmer haben den Sand ausgeschüttet. Wo, wissen sie nicht mehr, weil es finster war. Und dann hat der Hurrikan in der vorletzten Nacht den Rest besorgt. Für ein Säckchen Tabak war jetzt die ganze Bronze zu haben, für die wir zehn Monate schufteten.«

Und er begann so zu lachen, daß er sich krümmen mußte, weil ihm der Bauch weh tat.

»Wie du da lachen kannst, das ist mir ganz und gar unverständlich«, sagte Curtin halb erbost.

»Das verstehe ich nicht«, sagte Howard, nur noch immer mehr lachend. »Wenn du hier nicht lachen kannst, bis du platzt, dann weißt du nicht, was ein guter Witz ist, und dann kannst du mir leid tun. Dieser Witz ist zehn Monate Arbeit wert.«

Und er lachte, daß ihm die Tränen über die Backen liefen.

»Mich haben sie zum Wunderdoktor gemacht«, blökte der Alte lachend. »Ich habe mehr erfolgreiche Kurven für weniger Medizin aufzuweisen als der beste Arzt in Chikago. Du bist zweimal totgeschossen worden und lebst immer noch, und der gute Dobbs hat den Kopf so völlig verloren, daß er ihn selber nicht einmal mehr damit suchen gehen kann. Und das alles für Gold, das uns gehört und von dem niemand weiß, wo es ist, und das billiger ist als ein Säckchen Tabak für fünfunddreißig Centavos.«

Nun endlich begann auch Curtin zu lachen, und er wollte gerade ebenso kräftig damit herausbrüllen, wie es der Alte schon die ganze Zeit tat. Aber Howard hielt ihm die Hand auf den Mund: »Nicht so laut, alter Junge, sonst platzt dir der Lungenflügel. Und den mußt du behalten, weil wir sonst nicht nach Tampico kommen. Mit der Bahn wird es wohl kaum viel werden. Wir müssen auf den Eseln zurückreiten, und die wir nicht zum Reiten gebrauchen, die müssen wir verkaufen, damit wir wenigstens Tortillas und Frijoles zu essen haben, wir Millionäre, die wir sind.«

»Was können wir denn nur anfangen?« fragte Howard nach einer Weile. »Ich überlege schon, ob ich mich hier nicht dauernd als Medizinmann niederlassen soll. Wir können das Geschäft gemeinsam betreiben. Ich komme allein sowieso nicht durch. Ich brauche einen Assistenten, und ich will dir alle meine Rezepte vermachen. Die sind gut, das kann ich dir versprechen.«

Als Howard die Packen alle einzeln durchzusuchen begann, fand er einen Packen, aus dem die Säckchen nicht ausgeschüttet waren. Entweder waren sie übersehen worden, oder der von den Strauchdieben, der sich diese Packen angeeignet hatte, war zu bequem gewesen, die Packen alle aufzuschnüren, weil er gedacht hatte, sich das für später aufzuheben, wenn sie es nicht so eilig hatten, weiterzukommen.

»Das wird gerade reichen für – für was?« sagte Howard.

»Mit dem Kino wird es wohl nichts?« fragte Curtin.

»Dazu reicht es nicht. Aber ich habe gedacht, vielleicht ein ganz kleines Delikatessen- und Konservengeschäft?«

»Wo? In Tampico?« Curtin setzte sich halb auf.

»Natürlich. Wo dachtest du denn?« erwiderte Howard.

»Aber im letzten Monat, als wir in Tampico waren, machten ja vier große Delikatessengeschäfte innerhalb von sechs Wochen Pleite.« Curtin hielt es für wichtig, den Alten daran zu erinnern.

»Das ist richtig«, sagte Howard. »Aber das war vor zwölf Monaten. Das kann sich nun geändert haben. Man muß sich doch ein wenig auf sein Glück verlassen können.«

Curtin überlegte einen Augenblick und sagte dann: »Vielleicht ist doch dein erster Vorschlag der bessere. Wir versuchen es erst einmal eine Zeit mit dem Medizingeschäft, da ist uns wenigstens das Essen und die Wohnung sicher. Ob das bei den Delikatessen der Fall sein wird, weiß ich noch nicht recht.«

»Aber Mensch, da sitzt du doch mitten drin. Da brauchst du doch nur den Büchsenöffner zu nehmen und eine Büchse aufzumachen oder auch zwei, wenn es dir schmeckt.«

»Well und schön. Aber das sollst du mir erst noch sagen, was du essen willst, wenn sie kommen und das Delikatessengeschäft versiegeln. Dann kannst du doch nicht mehr 'ran an die Konservenbüchsen.«

»Daran habe ich nicht gedacht«, sagte Howard betrübt. »Das ist wahr, dann können wir nicht mehr 'ran an die Büchsen, und der schönste Büchsenöffner ist dann wertlos. Ich denke auch, es ist vielleicht doch besser, die Delikatessen vorläufig allein zu lassen und uns lieber auf Medizin zu legen. Außerdem ist es ein höchst ehrenwerter Beruf. Delikatessenwarenhändler kann schließlich jeder Esel werden, Medizinmann noch lange nicht. Dazu muß man geboren sein. Und das darf ich von mir mit Fug und Recht behaupten. Komm nur erst 'rüber in mein Dorf, da wirst du etwas sehen und lernen. Den Hut wirst du ziehen vor mir, mein Junge, wenn du siehst, was für eine geachtete Persönlichkeit ich da bin. Die wollten mich vor einigen Tagen schon zur gesetzgebenden Körperschaft machen. Was sie sich darunter denken, habe ich aber nicht erfahren können.«

In dem Augenblick kam sein Gastgeber herein.

»Senjor«, sagte er, »wir müssen jetzt fortreiten. Es ist gerade ein Mann herübergeritten gekommen. Der sagt, es seien so viele Leute im Dorf, die den Doktor sehen wollten, daß sie im Dorf Angst bekämen. Darum müssen wir sofort losreiten.«

»Da hörst du es ja«, wandte sich Howard an Curtin, als er ihm die Hand gab.

Curtin lachte und sagte: »Ich denke, daß ich in drei Tagen 'rüberkommen kann, um den Wunderdoktor zu sehen.«

Howard hatte keine Zeit zu antworten. Die Indianer hatten ihn untergefaßt, hinausgetragen und aufs Pferd gehoben.

Dann ritten sie mit ihm davon.